초등
문해력을 키우는
엄마의 비밀

2단계 | 중학년 추천

초등 문해력을 키우는 엄마의 비밀

2단계 중학년 추천

최나야·정수정 지음

엄마표 책동아리 실전 가이드

로그인

시작하며

초등학교 6년, 문해력 성장의 민감기

'문해력(literacy)'에 대한 부모님들의 관심이 크게 증가하여 얼마나 기쁜지요. 현대 사회에서 문해력은 인간으로서 잘 살아갈 수 있게 해 주는 기본적이고 절대적인 능력입니다. 우리 아이들은 문해력의 씨앗을 갖고 태어나며, 태어나자마자 싹을 틔우고 조금씩 키워 나가기 시작한다는 것은 이미 아시지요? 영유아기는 자연스러운 방식으로 문해력의 바탕을 만들어 가는 '발현적 문해(emergent literacy)'의 시기입니다. 학습을 통해 읽기, 쓰기를 익히는 '관습적 문해(conventional literacy)'는 취학 전후로 시작되지요. 따라서 초등학교 6년은 바로 학업과 업무를 위한 기초 기술로서의 문해력을 탄탄히 키울 수 있는 민감기(sensitive period)라고 할 수 있습니다.

이 시기를 놓치면 '문해력이 떨어지는 사람'이 될 수 있다는 뜻이에요. 중학교 중간·기말고사 결과만 보아도 바로 느낄 수 있어요. 아무리 수업을 이해하고 시험 전에 내용을 달달 암기해도 처음 본 시험지의 질문을 정확히 파악하지 못하면 점수를 따내지 못하니까요.

아이의 문해력을 키워 주는 가장 좋은 활동은 책을 읽고 이해하고 생각한 것을 말하고 써 보는 것입니다. 문해력 발달을 연구하는 저도 엄마로서 아이 키우는 과정은 여러분과 똑같아요. 바쁜 시간을 쪼개어 아이의 성장에 어떤 도움을 줘야 하나 고민하고 반성도 하죠. 아이가 초등학교에 입학한 이후 어느 날, 방마다 도서관처럼 정리해 둔 책꽂이들을 바라보다 문득 생각했어요. '발품 들여 좋은 책만 갖춰 놓으면 뭘 하나. 구슬도 꿰어야 보배지. 일단 엄마가 할 수 있는 일부터 하나씩 해 봐야겠다' 하고요.

그렇게 시작했던 것이 책동아리였습니다. 혹시 '책동아리'라는 말에 주춤하셨나요? 하지만 혼자보다는 여럿이 더 쉽답니다. 저도 용기를 내기 위해서 친구들을 모은걸요. 엄마(또는 아빠)와 아이만 탄뗏목보다는 다른 아이들, 다른 어머니들과 함께 노를 저으며 나아가는 배가 훨씬 더 안정적이고 빠르며 재미도 있습니다. 이 책에 엄마표 책동아리의 장점을 모두 풀어놓았으니 살펴보시고 저한테 설득당해 주세요. 어떻게 책동아리를 꾸미면 좋을지, 어떻게 운영하고 지도하면 좋을지 설명서도 준비했으니 마음 편히 읽어 주시고요. 공통적인 내용은 어쩔 수 없이 겹치지만, 학년별 차이도 각 권에 나누어 제시했으니 독서 지도에 도움이 될 거예요.

아이들과 초등학교 6년간 밟아온 길을 되돌아가 수준별로 1~2학년, 3~4학년, 5~6학년용 세 권으로 분권하고 자세한 지도 방법과 활동지까지 담아냈습니다. 바쁜 엄마들을 위해 바로 활용할 수 있는 독서 지도안을 학년별로 20회씩 제공했어요. 저처럼 격주로 진행한다면 한 학년 동안 이것만 해도 충분할 거예요. 나아가 아이들과 함께 우리만의 책도 고르고 나만의 활동지를 만들어 아이들을 만나게 된다면 엄마는 물론 아이에게도 분명 더 의미 있는 활동이 될 거라 생각합니다. 학년 간 구분은 절대적이지 않으니 아동의 수준에 맞게 사용하면 되며, 활동지는 꼭 한번 다른 책에 응용해 보세요.

저의 오랜 연구 파트너, 정수정 선생님과 함께 이 책을 펴낼 수 있어서 기뻤습니다. 아동학 박사이자 초등학교에서 오랫동안 사서로 일해 오신 정 선생님이 제가 고른 책과 함께 읽으면 좋은 책들을 많이 추천했으니 살펴보시고 골라 보세요. 6년간 든든하실 거예요. 로그인에서 이 책에 마음을 더해 예쁘게 출간해 주셔서 참으로 감사합니다. 책의 이미지 사용을 허락해 주신 수많은 출판사의 관계자분들께도 감사드립니다.

최나야 드림

시작하며

권장 도서 목록에 지치는
아이와 엄마를 위해

초등학교 도서관 사서교사로서 가장 많이 듣는 말은 책을 추천해 달라는 거예요. 학부모님께서 "우리 아이가 ○학년인데 무얼 읽혀야 되나요?"라고 질문하실 때 당혹스럽지요. 심지어는 ○학년 '필독 도서'를 알려 달라고도 하세요. 그런데 대부분 질문을 하실 때 정작 책 읽기의 주체인 아이는 쏙 빠져 있는 경우가 많아요.

보통 학령기 아동을 나누는 객관적인 요소가 연령, 학년이라는 점은 충분히 이해됩니다. 하지만 같은 학년이라도 아이마다 읽기 수준, 배경지식, 흥미와 관심 분야가 다르기 때문에 학년만으로 아이에게 맞는 책을 고르는 일은 쉽지 않아요. 아이들의 개별성과 다양성을 무시하고 획일적으로 학년별 권장 도서를 준다는 것은 독자나 추천자 모두에게 무리가 있어요. 권장 도서라는 것은 말 그대로 권장하는 것일 뿐이고, 세상의 많고 많은 책 중에 자신이 좋아하는 책이 어떤 종류인지, 무슨 책을 읽어야 할지 모를 때 참고로 하는 기준일 뿐이지요. 또 그 학년에 반드시 읽어야만 하는 책도 없답니다.

초등학교 아이들은 신체, 인지, 정서, 사회성 등 모든 면에서 하루가 다르게 계속 성장합니다. 이에 따라 읽기 흥미와 읽기 능력도 나날이 발달해야 하지만 개개인에 따라 달라지기도 하니 익혀야 할 독서법이 달라질 수밖에 없지요. 그러므로 아동 개개인의 관심 분야나 발달과 관계없이 권위 있는 기관에서 선정했다는 이유만으로, 교과서에 수록되었다는 이유만으로 무작정 수용하는 것은 바람직하지 않다고 생각합니다.

권장 도서와 상관없이 아이의 취향, 관심사와 관계된 책을 골라 주세요. 수많은 권장 도서를 읽기에도 바쁘다 보니 정작 읽고 싶은 다른 책들은 구경도 못 해 보고 '독서는 재미없어'라는 생각이 아이에게 자리 잡기 쉽습니다. 그래서 유아기 때는 책을 좋아하던 아이들이 나이를 먹을수록 점점 책과 멀어지는 게 아닐까요?

책 선정에 어려움이 있다면 아이들에게 안전한 책은 스테디셀러라 할 수 있어요. 일시적인 유행이나 호기심이 아니라 세대를 넘어 지속적인 공감을 불러일으키고, 교훈도 주는 고전이야말로 아이들이 읽어야 하는 책이에요. 부모님들이 읽었던 《톰 소여의 모험》, 《오즈의 마법사》, 《이상한 나라의 앨리스》 등과 같은 책은 요즘 아이들도 즐겨 읽지요. 부모와 자녀가 같은 책을 읽은 경험은 서로를 이해하고 소통하는 데 아주 중요한 역할을 한다고 봐요.

〈초등 문해력을 키우는 엄마의 비밀〉에는 신간과 함께 이런 책들도 많이 다루었고, 꼬리를 물고 곁들여서 읽으면 좋은 책들을 풍부하게 소개했습니다. 활동 도서와 같은 주제의 책 외에도 같은 작가가 쓴 책 등을 제시했어요. 그중에 아이와 엄마 마음에 쏙 드는 책만 골라 읽으시면 됩니다. 학년별로 고정된 것이 아니니, 아이의 읽기 수준에 따라 자유롭게 이동해 주세요. 아이들이 부디 '필독 도서'의 함정에서 벗어나 주체적인 독자가 되길 바랍니다.

책동아리는 단거리 경주가 아니에요. 저의 멘토 최나야 교수님이 마치 마라톤을 하듯 아이 옆에서 꾸준하게 함께 뛰면서 기록한 6년간의 성장기를 공개합니다. 엄마표 책동아리의 운영은 긴 호흡이 필요합니다. 의욕만 앞서서 전력 질주를 한다면 도중에 지쳐서 포기하게 될 거예요. 여러분도 어깨의 힘을 빼고 아이의 손을 잡고 출발선에 서 보세요. 한 걸음씩 즐겁게 나아가면 됩니다.

이 책에 담은 활동 도서 중에는 현재 절판 또는 품절인 도서들도 몇 권 있는데, 활동을 빼기에는 책 자체가 너무나 좋아서 그대로 두었습니다. 도서관에서 빌려 보시거나 중고 서적을 구하는 데도 무리가 없어 소개해 드립니다. 좋은 어린이책이 계속 살아남아 사랑받으면 좋겠습니다.

정수정 드림

차 례

시작하며
- 초등학교 6년, 문해력 성장의 민감기 04
- 권장 도서 목록에 지치는 아이와 엄마를 위해 06

Chapter 1 초등 문해력, 엄마표 책동아리로 키운다

초등 3~4학년 문해력 키우는 비밀

- 비문학 도서 읽기 지도하기 13
- 읽기 동기 키우기 15
- 초등학교 도서관 이용하기 18
- 어휘 지도하기 23
- 활동지 쓰기 지도하기 31
- 한 문단 쓰기로 글쓰기에 자신감 불어넣기 33
- 원고지 쓰기와 첨삭 지도하기 35

왜 엄마표 책동아리인가?

- 독서 사교육, 꼭 해야 할까? 42
- 책동아리의 장점: 아이랑 대화하며 함께 크는 엄마 45
- 6년간 책동아리를 할 수 있었던 비결 49

엄마표 책동아리, 무엇을 어떻게 할까?

- 책동아리 꾸리기: 누구랑 할까? 52
- 책 고르기: 어떤 책을 읽자고 할까? 54
- 엄마가 먼저 읽기: 이 책의 포인트는 뭘까? 57
- 활동지 만들기: 어떤 질문을 할까? 59
- 책동아리 이끌기: 모여서 뭘 할까? 61
- 책동아리 리더 엄마의 역할: 어떻게 진행할까? 63

초등 문해력을 키우는 엄마표 책동아리 활동

독서 활동지와 원고 노트 활용법 68

3학년을 위한 책동아리 활동

뒷간 지키는 아이 74
바라우미 여우 초등학교 81
종이밥 88
온 세상 생쥐에게 축복을! 94
우주에서 온 통조림 101
내 마음 아무도 몰라요 108
프린들 주세요 116
내 이름은 삐삐 롱스타킹 123
때리지 마! 때리지 마! & 지하철역에서 사라진 아이들 130
엄마 사용법 & 엄마 사용 설명서 138
맘대로 마을 & 공부 없는 나라 145
꽃신 153
내 친구 윈딕시 161
잘못 뽑은 반장 168
내 이름은 패딩턴 176
말 안 하기 게임 184
영모가 사라졌다 191
꼬마 토끼 조지의 언덕 198
우산 타고 날아온 메리 포핀스 204
헨쇼 선생님께 212

4학년을 위한 책동아리 활동

우주 호텔 & 쓰레기는 어떻게 재활용될까? 224
역사로 통하는 맛의 항해 234
기호 3번 안석뽕 242
지구촌의 불평등 251
일수의 탄생 258
백번 읽어야 아는 바보 265
어린이를 위한 우동 한 그릇 274
부와 가난은 어떻게 만들어지나요? 281
그 여름의 덤더디 290
2등을 기록하는 역사책 297
이상한 나라의 앨리스 306
여기는 따로섬 경제를 배웁니다 315
쓰레기통에 숨은 보물을 찾아라! &
나의 탄소 발자국은 몇 kg일까? 325
나이 조절 타임머신 333
신사임당: 그림에 담은 자연 친구들 340
우리 모두 해피엔딩 349
교육 논쟁 359
호두까기 인형 368
물고기 선생 정약전 376
안녕, 베트남 383

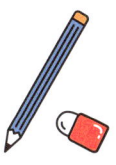

Chapter 1

초등 문해력, 엄마표 책동아리로 키운다

초등 3~4학년
문해력 키우는 비밀

초등학교 3~4학년은 본격적인 '학습'이 시작되는 시기라고 볼 수 있어요. 통합해서 배우던 교과가 도덕, 사회, 과학, 음악, 미술, 체육으로 세분화되고, 영어도 정규 수업으로 배우기 시작합니다. 활동 위주로 진행되었던 1~2학년 때 수업과 다르게 학습 위주로 수업이 진행되면서 그간 눈에 띄지 않던 학습 격차가 드러나기도 해요. 그리고 문해력은 학습 격차에 가장 큰 영향을 끼치지요. 이 시기를 놓치면 아이는 점차 학업에 관심과 흥미를 잃기 쉽습니다. 그럼 초등학교 3~4학년생의 문해력은 어떻게 키워 줘야 할까요? 다음 내용을 꼼꼼히 살펴보고 아이의 문해력이 무럭무럭 잘 자라날 수 있도록 도와주세요.

비문학 도서 읽기 지도하기

저는 아이들이 1~3학년 때는 책동아리 활동 도서를 이야기책 위주로 선정했어요. 그것도 아주 재미있는 책들로요. 아이들이 그림책을 넘어 줄글이 많아지는 이야기책을 읽을 때 저항을 줄이고, 책 읽기에 맛을 들일 수 있도록 하기 위해서였죠.

그러다 4학년 때부터 책동아리에서도 비문학 즉, 논픽션 책을 포함해 읽기 시작했어요. 한번은 문학, 한번은 비문학, 이렇게 번갈아 가면서 읽도록 목록을 구성했어요. 아이들이 각자 집에서도 다양한 책을 읽겠지만, 책동아리를 통해서도 더 다양한 책을 접하고 그에 따라 다양한 독후 활동을 경험해 볼 수 있길 바랐어요. 글쓰기와 토론, 논술을 더 강조해야 할 단계가 되었다는 판단도 영향을 미쳤고요.

다양한 분야의 책과 접할 절호의 기회

제가 직접 해 보니 서로 스타일이 많이 다른 종류의 책을 번갈아 가며 읽고 이야기 나누는 것이 아이들에게 더 체계적 접근이 된다는 걸 깨달았어요. 만약 아이들이 정보책을 좋아하는 편이라면 3학년 때도 이러한 책을 읽기 목록에 골고루 포함해도 좋을 것 같아요. 초등학생들을 위한 좋은 정보책이 얼마나 많이 출간되고 있는지 알게 되어 새삼 요즘 아이들이 부러웠답니다.

저는 역사, 경제, 과학, 인물, 문화, 환경, 예술 등을 다룬 비문학 도서를 다양하게 골라 활용했어요. 비문학 중에서도 한 분야에 치우치지 않도록 잘 살펴보고 골라 주세요. 아이마다 관심 분야가 서로 다를 텐데, 자기가 잘 몰랐던 새로운 분야의 책을 접할 기회가 될 거예요. 관심 분야를 확장할 계기도 될 테고요.

비문학 작품의 독서 활동 포인트

비문학 작품으로 책동아리 활동을 할 때는 문학 작품, 즉, 이야기책을 읽을 때와 독서 활동의 성격이 조금 달라집니다. 일단, 책의 내용을 이해하는 방식이나 그걸 확인하는 방식이 달라요. 문학은 독자의 주관성이 더 많이 개입해도 좋아요. 읽으며 든 느낌이나 생각이 서로 달라도 모두 인정할 수 있지요. 각자의 감상이 중요합니다. 하지만 비문학은 꾸며 내지 않은 내용을 서술한 책이라 정보를 전달하는 게 주목적인 경우가 많지요. 그런 텍스트는 주어진 그대로, 작가의 의도까지 고스란히 이해하는 게 중요합니다. 국어/영어 시험에서 지문을 읽는 것과 크게 다르지 않아요. 그래서 비문학 읽기에서는 먼저 아이들이 내용을 제대로 이해했는지가 중요합니다.

그러니 부모님이 먼저 책을 읽으면서 아이들에게 어려울 만한 내용에 주의를 기울여 주세요. 그런 부분은 아이들이 모였을 때 설명해 주거나, 활동지의 내용 즉, 질문으로 삼으면 됩니다. 단어나 개념일 수도 있고, 역사적 사실의 인과 관계일 수도 있겠죠. 이렇게 짚어 줘야 아이들이 더 명확하게 이해할 수 있어요.

그렇다고 계속 읽기 이해를 확인하는 질문만 해서는 재미도 없고, 앞으로 나아갈 수 없습니다. 그런 질문은 모임 초반의 3분의 1 이내로만 조절해 주세요. 그다음에는 각 책에 잘 맞는 다양한 질문이나 활동으로 연결하면 됩니다. 예를 들면 책을 통해 새로 알게 된 개념 정의하기, 정보의 내용을 요약하거나 다른 말로 풀어 보기, 작가의 의도나 주장 파악하기, 내용에 맞는 적절한 예 들기, 다른 글을 추가로 읽으면서 읽은 책과의 관련성 알아보기, 논점에 대해 찬성-반대로 나누어 토론하기, 내 경험에 비추어 비판하기 등을 해 볼 수 있습니다.

비문학 도서들은 내용이 명확해서 그런지, 저는 오히려 문학에 비해 활동지 구성이 더 쉽더라고요. 문학을 읽었을 때가 더 다양한 시도와 창의성이 요구된다고 할까요.

추가 자료 제공으로 생각을 더 깊게

비문학 도서와 비교해 추가로 읽을 만한 자료를 탐색하는 데 신경 쓰면 좋아요. 같은 주제의 다른 책도 좋습니다. 저는 가끔 책동아리 활동 도서로 두 권을 함께 선정해서 같이 읽고 비교하기도 했어요. 책 간의 공통점과 차이점을 찾는 훈련에 아주 좋습니다. 게다가 한 가지 관점에서만 정보를 접하는 것에서 벗어나 같은 주제를 바라보는 저자들의 다른 입장을 접할 수 있어 균형감을 지닌 독자가 될 수 있어요.

또는 읽은 책의 내용과 잘 연결되는 신문 기사를 그 자리에서 함께 읽고 이야기를 나누거나 글을 쓸 수도 있습니다. 이렇게 하면 신문 활용 교육(NIE: Newspaper In Education)이 되어 좋은 효과가 있더라고요. 예전에 비해 초등학생들이 신문을 접하고 제대로 읽을 기회가 많이 줄어서 아쉽습니다. 신문은 현재 일어나고 있는 일을 다루는 매우 실제적인 문해 자료로서, 글이 간명하여 읽기 이해력을 높이는 데 효과적인 매체예요. 어린이신문부터 관심 두고 살펴보고, 일반 일간지에서도 아이들이 읽는 책과 관련된 기사가 있는지 눈여겨보세요. 한 학기 독서 계획을 미리 세워 놓았다면 평소 신문을 읽을 때 책과 연결될 수 있는 기사를 틈틈이 스크랩해 두면 되고, 각 책을 읽고 활동지를 구성할 때 인터넷 검색을 하는 것도 좋아요. 키워드를 넣어서 기간별 기사를 찾을 수도 있습니다.

3~4학년은 아직 어려서 아이들의 이해 수준에 맞는 기사를 찾기 어려울 수도 있어요. 그러면 좀 짧은 것으로 고르거나 일부만 발췌해 쓸 수 있고, 어려운 개념 한두 가지는 부모님이 설명해 주면 됩니다. 모였을 때 기사를 한 문단씩 돌아가며 소리 내어 읽어도 되고, 각자 묵독을 하며 어렵거나 중요한 개념(단어)에 형광펜으로 표시해 보게 하는 것도 좋습니다.

읽기 동기 키우기

아이들이 이미 초등학교 중학년, 고학년이 되었다 해도 책동아리는 시작하는 게 좋아요. 늦었다고 생각할 때가 가장 빠를 때이니까요. 3~4학년 아이들의 읽기 동기는 1~2학년 때보다 떨어지는 게 보통입니다. 일부 책벌레 아이들을 빼고요. 그림책과 챕터북 형식의 짧은 이야기책을 넘어 삽화가 줄어드는 동화책으로 가는 길목에 고비가 나타나지요. 중학년이 되고 사교육으로 바빠지면서 책 읽을 시간이 없다고 토로합니다. 게임이나 동영상 등 다른 재미있는 일들이 책 읽을 시간을 빼앗기도 하고요.

이런 실상을 그냥 바라보는 수밖에 없을까요? 읽기 동기는 유지되거나 더 강화될 수 있어요. 읽기를 좋아하는 아이는 당연히 많이 읽고, 더 잘 읽게 됩니다. 이는 높은 수준의 학업 성취, 지적 능력, 사회·경제적 지위와 연결이 되니 무시할 일이 아니지요. 그럼 도대체 어떻게 하면 이 무렵 아이의 읽기 동기를 키워 줄 수 있을까요?

가장 먼저, 가정의 문해환경을 개선한다

유아기까지는 집이 아이의 책으로 가득했지만, 초등학생이 되면서부터 그렇지 않은 가정이 많아요. 아마도 전집을 대체할 단행본을 한 권 한 권 사 모으는 데 어려움을 느끼기 때문일 거예요.

아이가 읽을 만한 재미있는 책이 곳곳에 있어야 눈길이 가고 손길이 갑니다. 전집보다는 수준 높은 단행본으로 한 권 한 권 채워 나가는 것을 추천합니다. 책은 양보다는 질입니다!

중학년쯤 되면 아이 방에 아이만의 책꽂이를 놓아 주세요. 그 동안 읽은 책 중 좋아하는 책, 앞으로 읽을 책이 함께 있어야 하겠지요. 아이만의 기준으로 정리하게 하면 책의 위치도 기억하고, 어떤 책이 있는지 되새기게 되어 읽기 동기가 자연스레 자라납니다.

둘째, 책 읽는 분위기를 만든다

책 읽는 모습을 아이에게 자주 보여 주시나요? 의외로 어른들이 책을 잘 안 읽어요. 한 아이가 친구에게 "우리 엄마 아빠는 책 읽을 때……" 하고 말을 꺼냈더니, "엄마 아빠가 책도 읽어?"라고 묻더래요. 본 적이 없으면 신기하게 느껴지는 게 당연하지요.

부모님이 먼저 책을 즐겨 읽지 않으면서 아이에게만 책을 읽으라고 강요할 수는 없습니다. 가족 모두가 자연스럽게 책 읽는 행동이 이루어지는 가정에서 자란 어린이의 읽기 동기는 높을 수밖에 없어요. 일과 중에 모두가 책 읽는 시간을 만드는 것도 좋은 전략이에요. 매일이 힘들다면 주말 오전이나 오후, 거실이나 서재에서 가족 모두가 각자 편한 자세로 책 읽는 시간을 가져 보면 어떨까요? 그런 분위기를 경험하며 자란 아이는 책은 당연히 읽는 것이라 생각한다지요.

셋째,
서점과 도서관으로 책 나들이를 자주 간다

아이와 서점과 도서관에 함께 자주 가 보세요. 책 나들이가 잦아질수록 아이의 책 고르는 눈이 성장하기 때문에 스스로 책을 골라 보는 선택 경험은 아주 소중해요. 낱권으로 구해 자신의 책이 되어야 의미가 깊어지고 소중히 여기게 됩니다. 읽고 싶은 마음도 당연히 더 들고요.

3~4학년까지는 아직 부모와 도서관에 가려고 할 나이입니다. 함께 밥까지 먹고 돌아오는 도서관 데이트 코스를 마련해 보세요. 읽고 싶은 신간을 신청해 제일 먼저 읽는 호사를 누릴 수도 있습니다. 가기 전에 미리 인터넷으로 검색을 해 보는 것도 추천해요. 정보 문해(information literacy)를 키우기에 도서관 검색이 아주 좋지요. 바퀴 달린 카트를 가져가서 가족 수대로 대출 제한 범위까지 빌려 오면 부자가 된 느낌이 들 거예요.

무엇보다 학교도서관을 자주 이용하는 게 좋습니다. 아이가 책을 빌려 오면 관심을 갖고 격려해 주세요. 부모용 책도 빌릴 수 있으니 활용하시고요. 엄마가 내가 다니는 학교와 도서관에 관심을 가지고 있다는 사실만 아이에게 전달되어도 의미 있어요. 어릴 때 도서관에 자주 간 아이들은 읽기 동기와 학문적 호기심 수준이 유의하게 높답니다.

넷째,
책 읽기 강요는 금물

아이들이 부모님께 가장 자주 듣는 잔소리가 "숙제 다 했니? 공부해라"와 함께 "책 좀 읽어" 아닐까요? 잔소리로 듣고 하는 행동은 몸에 배지 않아요. 스스로 좋아서 하는 행동이 진짜 자기 것입니다. 좀 치워 볼까 하는데 청소하란 말 들으면 하기 딱 싫어지잖아요. 3~4학년 무렵부터 학교에서 추천 도서 목록이 본격적으로 활용되면서 독서가 학교 숙제와 연관되니 괜히 더 읽기 싫다고 합니다.

"책 읽으면 뭐 사 줄게, 뭐 해 줄게" 하는 회유도 좋지 않습니다. 교육학적으로 보상은 강화하고자 하는 그 행동 자체여야 효과가 있다고 해요. "책 읽으면 게임하게 해 줄게/TV 봐도 돼/피자 사 줄게"가 아니라 "네가 원하는 책

더 사 줄게/방해 안 받고 책 읽을 시간 만들어 줄게"가 되어야 한다는 것이죠. 전자처럼 달콤하기만 한 보상이 결합되면 아이들에게 '책은 보상을 위해 꾸역꾸역 참고 읽어야 하는 힘들고 귀찮은 것'이라고 인식되어 버려요. 물론 후자처럼 설득할 일이 없으면 가장 좋습니다. 아이가 스스로 책 읽기를 즐겁게 여기는 상황이 된다면 말이죠.

칭찬은 좋습니다. 책을 스스로 읽었을 때, 읽기에 집중할 때, 책에 관심을 가질 때, 책에서 원하는 정보를 찾아냈을 때, 진심을 담아 아낌없이 칭찬해 주세요. 이런 칭찬을 많이 들은 아이는 '난 책을 잘 읽는 아이, 책을 좋아하는 사람'이라고 스스로 지각하게 돼요. 커 가면서도 이런 생각이 유지될 가능성이 높지요.

마지막으로, 초등학생 자녀에게도 가끔씩은 책을 읽어 준다

유아 때도 아이가 어리고 글을 잘 못 읽어서 읽어 준 게 아니고 부모라서 읽어 준 거잖아요. 책을 소리 내어 읽어 주는 것은 아이의 언어 발달에 지속적인 효과가 있을 뿐 아니라, 자녀와 부모 모두에게 정서적인 만족감도 줍니다.

중학년 때도 가끔씩은 짧은 시간 엄마 목소리, 아빠 목소리로 책을 듣는 시간을 선물해 주세요. 한 챕터씩 나누어진 흥미진진한 이야기책이 좋아요. 다른 나라의 옛이야기나 신화도 자기 전에 읽어 주기에 적합합니다. 이런 듣기는 집중력과 이해력도 크게 높여 줍니다. 무엇보다도, 이 시간은 평생 기억에 남을 만큼 따뜻하고 소중해서 책에 대한 이미지도 계속 좋게 남을 거예요.

초등학교 도서관 이용하기

도서관을 단 한 번 방문해 보는 것도 아이들의 문해력에 영향을 미친다는 연구 결과가 있어요. 학교도서관은 학교 안의 큰 교실이자 보기 드문 문화공간으로서, 학생들이 읽기를 좋아하고 즐길 수 있는 환경과 기회를 제공하고자 노력하고 있습니다. 다양한 종류의 책을 구비하고, 여러 가지 독서 프로그램을 운영하고, 읽기 목적에 맞는 공간과 친절한 사서 선생님을 갖추려고 해요.

요즘 학교도서관은 예전처럼 엄숙하거나 조용한 곳, 독서를 하거나 공부만 하는 공간이 아니에요. 학교도서관의 이모저모를 소개해 드릴게요.

다양하게 활용 가능한 효율적인 공간

놀이터 대신 친구들과 만나 노는 장소로 학교도서관을 이용할 수 있도록 도와주세요. 소파와 매트를 깔아 놓은 바닥이 있고, 겨울이면 따뜻한 온돌이 있어 편히 쉬어 갈 수 있어요. 편한 자세로 앉거나 뒹굴면서 책을 보기도 하고 친구들과 소곤거리며 즐겁게 이야기를 나눌 수도 있지요. 단체 생활을 해야 하는 학교라는 공간에서 유일하게 편안하고 자유로운 곳입니다.

중학년 이상은 특히 학교도서관 활용을 권장합니다. 3학년 이상부터는 현실적으로 돌봄교실의 대상이 되기 어렵고, 방과 후에 여러 학원을 전전하는 경우가 많아요. 방과 후 학원에 가기 전까지 집에 오갈 상황이 못 된다면 학교도서관을 거점으로 움직이면 어떨까요? 교내 방과 후 프로그램이나 도서관 프로그램에 참여하고, 학교 숙제도 할 수 있어서 좋고 아이도 덜 힘들고, 안전하며, 틈새를 이용해 책 읽는 시간도 확보할 수 있어요. 사정에 따라 다르지만, 학교도서관은 보통 4시 30분까지는 운영을 합니다. 부모와 자녀의 만남의 장소로 활용해 보는 것도 추천해요.

3~4학년 시기는 다양한 영역에 대해 호기심이 왕성해져요. 그래서 도서관을 가장 효율적으로 활용할 수 있는 시기입니다. 아이의 관심이 넓어지는 만큼 다양한 책을 제공해 주면 좋겠지만, 책을 일일이 다 사 주기에는 어려움이 있지요. 또 고심한 끝에 구입한 책이 마음에 들지 않을 때도 있고요. 어떤 책을 읽혀야 할지, 요즘 아이들의 관심사를 헤아리기는 쉬운 일이 아니에요. 학교도서관에서는 전문 사서(사서교사)들이 아이들의 올바른 책 선정과 읽기를 도와주고 있으니 적극적으로 활용해 보세요. 도서관은 다양한 고민을 말끔히 해결해 주는 아주 효율적이고 경제적인 공간입니다.

정보 문해력 성장을 위한 최적의 공간

학생들은 학교도서관에서 도서관 교육과 교과 수업에 참여하기도 하고, 개별적으로 책을 찾으며 공부하거나 책을 빌려 가기도 하고 숙제를 하기도 합니다. 필요한 책을 찾고 컴퓨터로 정보 검색을 해서 문서 작성도 하고 출력해서 발표 자료까지 만들 수 있지요. 사서 선생님께 원하는 자료를 요청해 도움을 받을 수도 있고요. 이처럼 도서관 연계 활동은 능동적으로 지식을 구성해 나가는 것을 배우는 과정이에요. 부모님도 자녀들이 도서관에 있는 다양한 자료를 최대한 잘 활용할 수 있도록 독려해 주세요. 정보 문해력(information literacy)도 쑥쑥 성장할 거예요.

3학년 교육 과정부터는 국어사전을 시작으로 다양한 정보원을 활용하는 수업이 있어요. 3~4학년 도서관 교육은 다양한 사전, 도감, 백과사전 등 참고 정보원을 활용하는 방법과 정보 활용을 위한 정보 문제 해결 방법을 익히는 교육을 해요. 이 시기 국어 교과서에서 사전의 종류와 사전 찾는 방법이 나오는 것도 상위 인지 능력을 계발하는 것과 관련이 깊기 때문이지요.

1~2학년 때까지는 주어진 정보를 이해하고 받아들이는 정도에 머물렀다면 이제는 그동안의 경험과 지식을 바탕으로 더 많은 것을 알려면 어떤 책을 읽어야 하는지, 그밖에 어떤 방법이 있는지 등 자신이 가진 능력을 최대한 발휘해 문제를 해결해 나가야 해요. 그러기에 도서관이 최적의 장소인 거지요. 학생들이 직접 필요한 정보를 파악해서 적절한 정보를 찾고 선별해 문제를 해결할 수 있습니다.

수업 시간에 도서관 자료 활용법 등에 대해 배우고 나서 방과 후엔 도서관에서 사전 찾기 놀이를 하거나 주제별 서가를 돌아보며 독서 계획표를 만들어 보면 어떨까요? 부모님도 책의 분류 번호를 보면서 함께 서가를 뒤지며 책을 찾아보세요. 자신이 관심 있는 책이 어디에 꽂혀 있는지 알게 되고, 한 권의 책이 꼬리에 꼬리를 물고 그 분야의 다양한 책을 만날 수 있게 해 줄 거예요. 함께 책을 찾는 사이, 도서관과 더욱 친해질 거고요.

독서교육종합지원시스템 활용하기

독서교육종합지원시스템이란, 학교의 독서 교육과 학생들의 다양한 독후 활동을 온라인상으로 지원하기 위해 교육부에서 개발한 시스템이에요. 책을 검색하여 클릭하면 독서 퀴즈, 독서 토론, 감상문 쓰기 등의 다양한 독후 활동이 가능하고, 읽은 책을 체계적으로 기록할 수 있어요. 개인 독서 활동을 관리해서 포트폴리오, 문집 만들기도 가능하고요. 학교도서관 업무지원시스템(DLS)과도 연계되므로 도서 검색, 도서 예약도 할 수 있어요.

3학년부터는 '독서교육종합지원시스템' 이용 방법을 알고 활용할 수 있으면 좋아요. 현재 초등학교에서 활발히 활용되고 있지는 않지만, 중·고등학교에서 독서 이력으로 활용하기도 하고, 특히 요즘같이 코로나19 감염증 사태로 인해 온라인, 집콕 독서를 해야 경우 다양한 온라인 콘텐츠를 무료로 이용할 수 있어서 좋습니다.

'독서교육종합지원시스템(http://reading.ssem.or.kr)' 사이트에 접속해서 왼쪽 상단의 '지역'(서울, 경기, 부산 등)을 선택한 후 이용하세요. PC와 스마트폰 앱을 통해서도 이용할 수 있어요. 회원 가입을 위해서는 DSL 아이디가 필요해요. 학교도서관에 문의해 보세요.

학교도서관의 다양한 행사 참여

학교도서관에서는 대규모 독서 축제와 가족이 함께 참여할 수 있는 독서 캠프를 비롯해 책의 날 행사, 원화 전시회, 작가와의 만남, 책 사진전, 북 큐레이션, 도서교환전 등과 같이 책과 관련된 여러 가지 행사가 월별 또는 시기별로 1년 내내 열려요. 아이가 이런 행사에 자주 참여하도록 독려해 주세요. 그러면 아이는 도서관을 좋아하게 되고, 책 읽기는 의미 있는 활동이라고 생각하게 될 거예요. 사서 선생님들은 도서관 이벤트를 기획할 때도 아이들에게 작은 위로와 즐거움이 되길 바라요. 행사 참여를 위해 빌린 한 권의 책이 그 아이의 인생을 바꿀 수도 있다고 기대하며 믿고 있지요. 그래서 언제나 고심하며 감동과 재미, 유익을 적절히 배합하여 도서관 프로그램을 만든답니다.

독서 관련 대회에 참가하는 것도 추천해요. 대회 참가를 준비하는 동안 아이는 부쩍 자라기 마련입니다. 독서 대회에 참가해서 상이나 칭찬을 받게 되면 자신감이 자라나요. 또, 책 읽기에 더 큰 관심을 갖게 되고 책을 더욱 효율적으로 읽을 수 있게 되는 장점이 있어요. 무엇보다 친구들이나 주변의 의미 있는 사람에게 인정을 받게 된다는 점도 무시할 수 없습니다. 중요한 독서 대회를 놓치지 않으려면 도서관에 자주 드나들어야겠죠. 사서 선생님의 도움을 받아 대회의 일정이나 규모를 파악하고 아이의 특성 등을 고려해서 준비하면 좋은 결과를 얻을 수 있을 거예요. 하지만 가장 중요한 건 아이의 의지랍니다. 참가 전에 반드시 아이의 의사를 물어봐 주세요. 부모의 강요로 참여해서 결과까지 좋지 않으면 책 읽기에 대해 부정적인 감정을 형성할 수도 있어요. 아무리 어린아이라 하더라도 자신이 동의한 것과 그렇지 않은 것에 대해서는 태도가 다르기 마련입니다. 그리고 대회에 참가하는 과정을 즐기게 하는 것이 중요해요. 부모가 너무 결과에 집착하는 모습을 보이면 오히려 역효과가 날 수 있어요.

주 1회 규칙적인 방문

학교도서관은 최고의 체험 학습 장소이기도 합니다. 학교도서관에는 단행본, 잡지, 신문 등 인쇄 매체 읽기 자료 외에도 DVD, 전자책 등 멀티미디어 자료가 많아 흥미로운 교육을 할 수도 있어요. 도서관의 풍부한 읽기 환경은 더 많은 독서를 하게 하고, 즐거운 독서는 학생들의 읽기 성적에 긍정적인 영향을 미칩니다. 그러므로 학교도서관은 아이들의 읽기 동기를 길러 줄 수 있는 최적의 공간이라 할 수 있어요.

일주일에 하루 정도 요일을 정해 놓고 규칙적인 방문을 하는 것도 좋아요. 오전 시간에는 학급별 도서관 활용

수업이 있기 쉬워 방과 후 시간을 이용하면 좋습니다. 학교도서관에 새 책이 들어오는 날을 방문하는 날로 삼는 것도 좋겠지요. 새 책이 들어오면 평소에 책을 별로 좋아하지 않았던 아이들까지 서로 책을 보려고 도서관은 북새통입니다. 새 책은 아이들에게 읽기 흥미와 의욕을 불러일으키는 마중물인가 봅니다.

학교도서관에서는 해마다 책을 구입하기 전에 도서관 모든 이용자를 대상으로 희망 도서 신청을 받아요. 이왕이면 부모님과 아이가 읽을 책을 아이와 함께 신청해 보세요. 내가 필요로 하는 책이 새 책으로 들어와 누구보다 먼저 맞이할 수 있는 것도 기쁨이랍니다.

아이가 스스로 도서관에서 책을 빌려 오면 칭찬을 아끼지 말아 주세요. 부모님의 이런 관심과 정적 강화는 지속적인 책 읽기를 불러올 거예요.

도서관 친구 사귀기, 함께 읽기

아이들은 다른 사람이 책 읽는 모습을 보면 더 많이 읽는답니다. 그래서 교사나 부모님 역시 즐겁게 책을 읽는 모습을 보여야 해요. 아이들은 특히 또래의 영향을 많이 받아요. 학교에서 도서관에 자주 다니는 아이라는 인식은 자존감 향상과 함께 또래 친구들에게 인정받는 중요한 지표 중 하나가 될 수 있어요.

아이가 즐겁게 지속적으로 책 읽기를 바란다면 도서관 친구를 사귀게 하는 것이 좋아요. 학교도서관에서 자주 마주치는 친구가 있다면 책 친구로 더할 나위 없지요. 서로에게 책을 추천하고 빌려 주거나 선물할 수도 있고요. 책을 매개로 자연스럽게 가까워진 도서관 친구는 평생 좋은 친구로 남을 수도 있겠죠.

요즘은 학생 자율 동아리나 학부모, 교사들의 독서 동아리 모임을 지향하는 분위기랍니다. 친구와 함께 하는 즐거운 경험은 아이를 평생 독자로 남게 할 거예요. 학교도서관은 독서동아리 모임 장소이자 동아리 모임에 필요한 자원을 지원해 줄 수 있는 공간입니다. 도서관 친구가 책동아리 멤버로 발전하면 좋겠네요.

학교도서관 사서와 친분 쌓기

"선생님, 뭐 재미있는 책 없어요?" 아이들에게서 가장 많이 듣는 질문 중 하나예요. "뭐가 재미있을까? 같이 한번 찾아볼까?" 서가를 돌며 간단한 책 소개와 함께 한두 권의 책을 골라 주면 "우와! 선생님은 여기 있는 책을 다 읽으셨어요?"라고 묻지요. 사실 초등학교 도서관에 근무하는 사서 선생님들이 아이들 책을 읽을 시간은 그리 많지 않아요. 그런데도 책을 손에서 놓지 못하고 책의 서평이라도 틈틈이 읽는 까닭은 아이들과 대화하기 위해서예요. 책을 매개로 한 대화만큼 값진 것이 또 있을까요?

방앗간을 찾는 참새처럼, 꿀단지를 모셔 둔 꿀벌처럼 학교도서관에 매일 들르는 단골손님들이 있어요. 대부분

책이 좋아서 방문하지만, 교실을 벗어나 편안한 분위기가 좋다는 등 도서관에 들르는 이유는 다양해요. 그중에는 사서 선생님이 좋아서 방문하는 아이들도 꽤 있어요. 아이가 도서관에 자주 다니길 바란다면 학교도서관 사서 선생님과 친분을 쌓게 하는 것 또한 좋은 방법이에요.

학부모 총회, 공개수업, 학부모 상담 등으로 학교를 방문하게 된다면 학교도서관도 꼭 들러 보세요. 사서 선생님과 인사도 나누고 자녀의 독서 상담도 해 보세요. 부모가 자녀에게 쏟는 관심만큼 사서 선생님도 아이에게 더 관심을 갖고 지켜볼 거예요. 사서 선생님은 가정 또는 교실 환경에서 볼 수 없는 아이의 재능을 발견해 낼 수도 있고 아이의 마음을 읽어 낼 수도 있어요.

학부모 대상 독서 연수나 봉사 활동 참여

학교도서관에서는 학부모 교육과 학교 교육 참여를 위해 다양한 연수 프로그램을 운영하기도 해요. 부모 독서 프로그램을 통해 자녀 독서 지도를 위한 역량을 개발하고 자기 계발도 할 수 있어요. 교육 활동(예: 책 읽어 주기, 전래놀이, 보드게임 지도 등)이 적성에 맞는다면 학교도서관이 경력 개발에 디딤돌 역할을 하기도 해요. 자연스럽게 마음 맞는 학부모들의 모임이 생기기도 하고, 아이들 책동아리 구성의 구심점이 될 수도 있겠지요.

한편, 사서 선생님이 혼자서 다 해내기에는 학교도서관의 일은 아주 많습니다. 학교도서관은 첨단 시설과 풍부한 장서 등 물리적 환경도 중요하지만, 도서관 서비스와 정서적 지원을 해 줄 인적 자원도 중요해요. 학부모님들이 적극적으로 도서관 봉사 활동에 참여해 주실 때 학교도서관은 훨씬 더 활성화될 수 있답니다. 전문적인 지식이 없어도 다양한 경험을 쌓아 나갈 수 있어요. 책 골라주기, 책 읽어 주기, 도서관 이용 지도하기, 책 대출 반납, 책 보수, 도서 정리, 장서 점검 등 할 수 있는 영역은 다양합니다. 직장이 있더라도 약간의 시간만 낼 수 있다면 할 수 있는 일은 얼마든지 있어요. 학부모의 학교 봉사와 자녀의 학교생활 적응, 학업성취 간에는 상관관계가 있답니다.

어휘 지도하기

아이들의 어휘력에 빨간 불이 켜진 것, 알고 계시죠? 요즘 아이들은 점점 떨어지는 어휘력 수준을 보인다니 걱정입니다. 중고생들은 교과서의 내용도 이해 못 하는 경우가 태반이라고 해요. 어휘는 언어의 실제 활용을 좌우하는 가장 중요한 소재예요. 외국어도 그렇잖아요? 아무리 문법 공부를 해도, 실전에서 알아듣고 말하고 읽고 쓸 때는 해당 외국어의 어휘를 얼마나 알고 있는지가 절대적 역할을 합니다.

아동의 어휘력 발달에는 세 가지 열쇠가 있어요. 첫째, 영유아기에 어른의 풍부한 말을 얼마나 많이 들었는지, 둘째, 자라는 내내 책을 얼마나 잘 읽었는지, 셋째, 부모와 교사로부터 어휘 지도를 어떻게 받았는지가 중요합니다. 이미 지난 시간은 어쩔 수 없다고 쳐도 초등학생일 때 책동아리를 하면 둘째와 셋째 요소는 잡을 수가 있다는 점, 매력적이지요?

모든 단어를 알 필요는 없다

책동아리 모임을 통해 아이들의 어휘력을 탄탄하게 다져 줄 수 있습니다. 일단 책을 꾸준히 읽을 기회를 마련해 주는 것 자체가 중요한 시작입니다. 자라면서 책을 충분히 읽지 않으면 어휘력 성장 곡선은 허물어지고 말아요.

책에 나온 모든 단어를 알 필요는 없습니다. 아이가 이미 다 아는 단어만 나오는 책은 오히려 너무 쉬워서 읽기 동기를 자극하지 못해요. 그래서 영미권에서는 책마다 그 책의 어휘 수준을 중점적으로 고려하여 아동과 청소년 독자가 자신의 읽기 수준에 맞게 책을 고를 수 있도록 돕는 '렉사일 지수(Lexile measure)'를 사용하기도 합니다.

책에서 아이가 모르는 단어가 나올 때마다 멈춰서 어른에게 의미를 물어 보게 하거나 사전을 찾을 필요도 없어요. 일단 맥락을 통해 단어의 의미를 추측하는 것이 독자에게 아주 유익한 행동입니다. 방해받지 않는 유창한 읽기를 위해서도 중요하고요(글을 빠르고 정확하게, 막힘없이 읽는 능력인 읽기 유창성이 확보되어야 이해력도 함께 성장합니다). 아이들은 영아 때부터 이런 방식으로 수많은 언어 데이터를 처리하고 의미를 유추하다가 갈수록 한 단어에 정확한 의미를 부여하게 된답니다. 이렇게 뛰어난 인간의 언어 처리 능력이 계속 작동하려면 수준 높은 단어를 지속적으로 접할 필요가 있고, 이를 위해선 독서가 최선이겠지요.

책동아리 모임 때마다 두세 개 정도의 단어에는 집중할 수 있는 계기가 마련되면 좋아요. 그 책에서 핵심이 되는 단어도 좋고, 아이들이 자연스럽게 의미를 묻는 단어도 좋습니다. 한 명이 한 단어씩 알고 싶은 단어를 찾아보라고 해도 좋고요. 그리고 바로 사전적 의미를 찾아 알려 주기보다는 그 단어가 무슨 뜻일지, 어떤 때에 쓰이는 단어일지 생각해 보고 이야기 나누는 것을 추천합니다. 이를 통해 아이들에게 현재 형성된 의미가 대략적으로 어떠한지 파악할 수 있고, 아이들 간의 대화를 통해 점점 더 실제적 의미에 가까워질 수 있어요.

사전 활용법

그러고 나서 사전적 정의를 함께 찾아봅니다. 이때 진짜 종이 사전을 사용하면 사전이라는 도구에 친숙해지게 할 수 있으니 모일 때마다 한 권 갖다 두고 시작하면 좋아요. 3~4학년쯤 되면 학교에서도 사전 찾기 연습을 시작하더군요. 가나다순, 모음 순서에 익숙해지는 것도 사고를 조직화하는 데 도움이 됩니다. 온라인 사전을 활용하는 것도 나쁘지 않아요. 태블릿 PC나 스마트폰으로 금방 찾을 수 있습니다.

이때 정의를 천천히 읽어 들려주고, 그 의미를 풀어서 말해 주면 됩니다. 무엇보다 주목해야 하는 것은 사전이 제시하는 예문이에요. 그 단어가 어떤 맥락에서, 어떤 단어들과 어울려 활용되는지를 알 수 있고, 기억에도 더 오래 남게 해 줍니다. 아이들과 함께 예문을 읽고, 예문처럼 해당 단어를 넣어 짧은 문장을 완성하도록 하면 더 좋습니다. 아이마다 두세 개씩 서로 다른 단어로 작업하게 한 후에 스마트폰으로 사진을 찍어 공유하면 금방 10개 내외의 새 단어 목록이 만들어지니, 이것도 책동아리의 힘입니다.

한자어와 친해지기

한자로 구성된 단어에 아이들이 너무 겁먹지 않게 해 주세요. 우리말 단어의 절반 이상은 한자어라서 이에 대한 학습을 포기할 수는 없습니다. 학년이 올라갈수록 교과서를 비롯해 많은 텍스트에서 한자어의 비중이 높아지지요. 특히 학습도구어들은 대체적으로 한자어입니다.

저는 아이가 유아일 때, 구독하는 일간지에 나오는 '포켓몬 한자 코너'를 스크랩했어요. 매일은 아니어도 신문을 볼 때마다 이 코너가 눈에 띄면 가위로 오려서 지퍼 달린 비닐 봉투에 모았습니다. 신문지가 워낙 얇다 보니 수백 장씩 들어가더군요. 아이가 좋아하는 포켓몬의 그림과 이름, 특성이 나오고, 그 특성과 관련된 한자나 한자어가 소개되는 손바닥만 한 종잇조각이었어요. 예를 들면 '야도농'이라는 포켓몬이 꼬리의 불꽃으로 체액을 가열해서 독가스를 발생시킨다는 문장이 쓰여 있고, '더울 열(熱)' 자와 함께, 가열(加熱), 열심(熱心)이라는 한자어와 그 정의가 작은 글자로 쓰여 있었죠.

제가 바란 건 아이가 거기 소개된 한자를 외우거나 한자어의 정의까지 익히는 게 아니라, 한자어의 존재를 인식하는 것이었어요. 들어 본 적이 있는 '가열', '열심'이라는 단어가 한자로 이루어졌나 보다, 熱(열) 자가 뜨거운 것과 관련이 있나 보다……. 이런 생각을 스치듯 잠시라도 하고 지나가는 게 결코 무시할 일이 아니거든요. 좋아하는 캐릭터니까 카드 모으듯이 모으다가 어떤 날은 정의도 무심코 읽어 볼 테고요. 이처럼 어휘력은 눈에 안 보이게 아주 조금씩 쌓여 나간답니다. 잘 안 보인다고 무시하다가는 나중에 큰코다칠 수 있으니 꾸준히 신경 써야 해요.

책동아리 시간에도 한자어를 구성하는 글자를 짚어 주면 좋아요. 어렵다 싶은 한자어가 나왔을 때, 그중 하나의 글자에 집중하여 뜻을 강조하고, 우리가 사용하는 어떤 단어에 이 글자가 들어갈지 돌아가며 말해 보게 하면 효과적입니다. 예를 들면, '신체(身體)'라는 단어에 쓰인 몸 신(身), 몸 체(體) 자가 또 어떤 단어에 쓰일까를 생각해 보는 것이지요. 의미를 담은 글자인 한자는 한번 익히면 전파력이 커서 어휘력 성장을 오히려 가속할 수 있어요.

낯선 언어로 키우는 '상위언어능력'

아이들이 모를 만한 단어를 아이 앞에서 일부러 안 쓰는 부모님도 계시지요. 하지만 아이들은 맥락 속에서 새로운 단어를 접하며 의미를 유추하고, 반복적 경험을 통해 확고하게 자기 단어로 만들기 때문에 새롭고 어려운 단어도 많이 만나야 해요.

책동아리에서 책의 주제나 내용과 관련된 단어를 풍부하게 사용해 주세요. 그 단어가 무슨 뜻이냐고 아이가 물으면 더 잘된 거죠. 설명해 주고 같이 생각할 수 있는 기회가 저절로 만들어진 것이니까요.

이렇게 어휘력이 중요하지만, 책동아리에서 단어만 공부할 수는 없습니다. 모일 때 두어 개씩 강조하면 충분해요. 왜냐하면 이런 경험을 통해 아이들은 단어를 추상적으로 생각하는 연습을 하게 되고, 새로 만나는 단어는 사전을 찾아보면 좋겠다는 마음가짐을 갖게 되거든요.

언어를 사고의 대상으로 여기는 것을 '상위언어(meta-language)'라고 합니다. 아동기부터 상위언어 인식 또는 능력이 발달하면 전반적인 언어 능력이 우수해지고, 국어, 문학, 한문, 외국어 등 관련 과목에 큰 도움을 준답니다. 더 무서운 건 언어 능력이 우수하면 전 과목의 학업 성취도가 높아진다는 것이지요.

사전 찾기 대회

아동의 언어·문해 능력을 구성하는 요인 중에서 발달에 가장 긴 시간이 필요한 것은 무엇일까요? 바로 어휘력입니다. 책동아리를 통한 독서 활동은 아이들의 어휘력을 꾸준히 조금씩 키워 주는 최고의 방법이라고 생각해요. 그러나 욕심은 내지 마시고, 한 권의 책, 한 번의 모임에서 몇 개의 새 단어에만 집중해 주세요. 그 정도로도 아이들은 '단어 배우는 법'을 알게 돼요. 이러한 단어 학습 경험이 쌓일수록 아이의 어휘력 성장은 가속화됩니다.

사전을 이용하는 것도 추천합니다. 3학년 교육과정에서 사전을 다루기 때문에 사전 찾기 수행평가도 하더군요. 학교에서의 수행평가가 정확한 단어를 빨리 찾는 것이라 하니, 집에서 연습도 좀 필요하겠죠? 그래서 저도 사전 찾기 대회를 열어 봤어요. 그 날 읽은 책에서 나온 새롭고 어려운 단어들을 몇 개 뽑아 해 보세요. 인원수대로 단어 개수를 정하면 좋아요.

대회 진행 방법

1. 단어 목록을 보고 각 단어의 뜻이 무엇일지 추측해서 각자 정의를 써 봅니다. 28쪽의 활동지를 이용해요.
2. 스마트폰의 스톱워치 기능으로 각 단어를 찾는 데 걸린 시간을 재요. 모든 단어를 찾는 데 걸린 시간을 합산합니다.
3. 사전에서 단어의 품사, 뜻, 비슷한 말 또는 반대말 등을 읽고 나서 보지 않고 각자 하나씩 친구들에게 설명합니다.
4. 각 단어가 들어가도록 문장을 만들어 말해요.
5. 시상식을 합니다. 작은 부상으로 책갈피, 형광펜, 메모지, 인덱스 스티커 등을 줘도 좋아요.

수상 부문

- **사전 뺨치는 예측상**: 사전을 찾기 전에 단어의 뜻을 가장 가깝게 맞힌 친구
- **빛보다 빠른 속도상**: 사전을 이용하여 가장 빨리 단어를 찾은 친구
- **알기 쉽게 설명상**: 사전에서 찾은 단어에 대해 잘 설명한 친구
- **실전에 바로 적용상**: 단어를 사용하여 우수한 예문을 만든 친구

> **지도 팁**

책동아리에서도 사전을 활용해 보세요. 필요할 때 스마트 기기로 단어의 뜻을 찾아보는 것도 좋지만, 전통적인 종이 사전으로 얻을 수 있는 게 많아요. 우선, 사전은 단어의 배열 순서에 민감하게 해 줍니다. 한글 자모의 약속된 순서에 따라 배열된 단어 중에서 찾고자 하는 단어를 찾으려면 그 순서를 머릿속으로 계속 떠올릴 수밖에 없어요. 실제로 그에 따라 배열된 단어들을 보면서 재확인도 하고요. 이 순서는 단순한 약속이 아니라, 사고 조직에 중요한 규칙이라서 익숙해질수록 아동의 인지 체계화에 도움이 됩니다. 아이들은 기역부터 히읗까지 열네 개 자음의 순서 자체보다는 ㅏㅑㅓㅕㅗㅛㅜㅠㅡㅣ 순서의 모음과 결합되었을 때 찾기에 어려움을 느껴요. 쌍자음이나 이중모음이 들어가는 단어 찾기도 경험이 필요하고요.

스마트 기기 이용보다 종이 사전 찾기의 또 다른 좋은 점은 다른 단어들도 같이 보게 된다는 거예요. 찾는 단어 주변의 다른 단어들은 서로 연관이 있기 쉽습니다. 자연스럽게 그런 단어들을 같이 보면서 머릿속에 단어를 정리하는 방식이 정교해져요. 여유가 있다면 찾은 단어의 품사, 비슷한 말과 반대말, 예문도 살펴보는 게 최선이에요.

어린아이들에게 "'사탕'이 뭐야?" 하고 물으면 '설탕이나 엿 따위를 끓였다가 식혀서 여러 가지 모양으로 굳힌 것. 맛이 달고 물에 잘 녹는 결정체'와는 거리가 먼 "맛있어요/단 거요/어제 먹었어요"처럼 대답합니다. 그래서 3~4학년 때부터는 사전이 단어를 정의하는 방식에도 익숙해지면 좋아요. 그러면 점차 스스로 머릿속 단어의 뜻을 말이나 글로 표현할 때 사전의 방식을 따라가게 될 거예요. 또한 사전의 얇은 종이를 손으로 넘기며 단어를 빨리 찾아보려 하는 것은 손의 조작 훈련에도 도움이 된답니다.

제 　 회 사전 찾기 대회　　　　　　　　　　이름:

단어	예상 정의	짧은 글 짓기	찾는 데 걸린 시간

찾는 데 걸린 시간 총합

* 복사해서 사용하세요.

사전 뺨치는 예측상

이름:

위 어린이는 제　　회 사전 찾기 대회에서 사전을 찾아보기 전에 단어의 뜻을 가장 유사하게 맞혔기에 이 상을 수여합니다.

20　년　월　일

빛보다 빠른 속도상

이름:

위 어린이는 제　　회 사전 찾기 대회에서 사전을 이용해 가장 빨리 단어를 찾았기에 이 상을 수여합니다.

20　년　월　일

알기 쉽게 설명상

이름:

위 어린이는 제　　회 사전 찾기 대회에서 사전에서 찾은 단어에 대해 잘 설명했기에 이 상을 수여합니다.

20　년　월　일

실전에 바로 적용상

이름:

위 어린이는 제　　회 사전 찾기 대회에서 단어를 사용해 우수한 예문을 만들었기에 이 상을 수여합니다.

20　년　월　일

활동지 쓰기 지도하기

독서 교육에서 활용되는 활동지 작성 활동은 '읽기 반응(reading response)'의 일환으로, 말 그대로 읽은 책에 대해 뭔가 남기는 것을 말합니다. 질문에 대해 머릿속으로 생각만 해 보고 끝내는 게 아니라, 쓰기 활동을 통해 다시 한번 생각을 가다듬어 글로 정리하면서 책 속에 담긴 깊은 뜻을 이해하게 돼요. 친구들의 생각을 잘 들으면 활동지 작성이 쉬워진다는 점을 강조해 주세요.

아이가 쓰기에 흥미와 자신감을 갖게 하는 법

활동지에는 아이들이 무언가를 쓰게 될 텐데, 쓰기 지도를 할 때 유의할 사항이 있어요. 아이들에게 정답을 강요하면 안 됩니다. 책동아리 활동지는 다양한 쓰기 기회를 제공하여 아이가 쓰기에 흥미와 자신감을 갖게 하는 데 목적이 있기 때문이에요. 친구들마다 각자 다른 내용을, 다른 스타일로 쓴 결과물이 오히려 서로에게 좋은 자극이 될 수 있어요. 그러니 개인적으로 쓰고 끝내지 말고, 결과물을 공유하는 시간을 꼭 가져 주세요. 몇 번 하다 보면 점차 부끄러워하지 않게 될 거예요. 그것만으로도 매우 바람직한 변화입니다. 옳든 그르든 자신의 생각을 타인 앞에서 당당하게 펼칠 수 있게 된 거니까요.

내용과 의미만큼 형식도 중요

3~4학년 때부터는 철자에 조금 더 신경을 쓸 필요가 있습니다. 1~2학년 때에는 편안한 마음으로 일단 글을 써 보는 것이 중요했다면 이제는 정확한 철자를 기반으로 무엇을 묻고 있는지에 대해 명확히 인식해야 해요.

저학년 때 해독이 충분히 마스터되지 않았다면 중학년이 되어도 문제를 보이는 경우가 있습니다. 문제까지 외워서 하는 받아쓰기는 그럭저럭 넘어갔어도 실질적인 해독 학습이 제대로 이루어지지 않은 것이죠. 음운론적 인식의 발달이 좀 지연되었거나 주의를 기울이며 책을 읽은 경험이 부족한 경우에 해당합니다. 이런 아동들이 철자

오류를 자주 보이는데, 철자 규칙을 잘 파악할 수 있도록 도와줄 필요가 있어요. 친구들 앞에서 '틀렸다'고 지적만 하기보다는 (빨간색보다는 덜 감정적인) 초록색이나 파란색 펜으로 올바른 철자를 나란히 써 주세요. 틀린 글자에 너무 집중하면 움츠러들어 생각을 자유롭게 글로 표현하지 못해요.

그렇지만 쓰기의 형식보다는 내용과 의미가 더 중요한 것은 중학년 때도 마찬가지입니다. 읽기 유창성이 중요한 것처럼 쓰기에서도 유창성이 발달해야 합니다. 자신의 생각을 바라보고, 꺼내어 글로 표현한다는 것 자체가 발전이에요.

특히 너무 성급하게 쓰기부터 하지 않게 꼭 여유를 주세요. 책동아리 활동지는 시험처럼 문제에 정답을 제출한다기보다 생각을 가다듬어 이야기 나누고, 마지막에 글로 나타내어 친구들과 공유하기 위한 것이랍니다. 그러니 글로 옮기기 전에 충분히 생각을 정리할 시간을 갖도록 해 주세요.

한 문단 쓰기로 글쓰기에 자신감 불어넣기

3~4학년 때부터 문단 쓰기를 충분히 연습해 보는 게 좋아요. 문단 쓰기는 논문을 쓰는 대학원생이나 전문적 일을 하는 성인에게도 모두 중요한 기술이에요. 그런데 우리나라 국어 교육에서는 문단 쓰기를 덜 강조하는 것 같아요. 영미권의 학문적 글쓰기(academic writing) 또는 에세이 쓰기에서 문단 완성이 핵심인 것에 비해서요.

책동아리 모임에서 활동지 쓰기나 원고지 쓰기를 할 때, 문단 구성하기를 자주 포함해 보세요. 반복 연습이 정말 중요한 부분입니다.

한 문단 쓰기의 중요성

문단은 문장이 모여 하나의 중심 생각을 나타내는 덩어리입니다. 그러니 단 하나의 긴 문장으로만은 문단이 성립하지 않아요. 중심 생각을 간결하게 담은 것이 중심 문장이 되고, 이를 지원하는 문장들이 뒷받침 문장입니다. 중심 문장은 문단의 처음(두괄식)이나 끝(미괄식)에 오는 게 일반적이고, 처음과 끝에 반복하는 경우도 있어요.

문단을 바꿀 때 줄을 바꿔 새로운 문단을 시작하지요. 문단을 나누어 쓰는 목적은 하나의 생각을 효과적이고 명확하게 전달하는 데 있습니다. 글을 쓰는 사람도 자신의 생각을 잘 정리해 나타내고, 무엇보다 읽는 사람이 효율적으로 읽어 이해할 수 있게 배려하는 것이지요.

현재 3학년 1학기 국어(가) 교과서 2단원이 〈문단의 짜임〉으로, 3학년생들은 이 내용에 대해 꼼꼼하게 배우더라고요. 아이들이 학교에서 배운 내용을 잘 알고 있어서 놀랐고 기뻤어요. 지금이 가장 잘 알 때이니 꾸준히 연습해 나가야 합니다. 그렇지 않으면 문단을 잘 쓰는 방법을 점점 잊는 것 같아요. 저도 대학원에서 학생들의 논문을 지도할 때 문단 쓰기부터 다시 시작해야 할 때가 잦거든요.

그래서 3~4학년 때는 쓰기 활동을 강화해서 문단 완성하기를 거의 모든 활동지에 포함했어요. 딱 한 문단만 쓰는 걸로도 충분합니다. 그러니 너무 긴 글을 목표로 해서 아이들에게 겁을 주지는 마세요.

중심 문장과 뒷받침 문장 만들기

우선 내가 글로 무엇을 말하고 싶은지 정해서 그 생각을 잘 나타내는 한 문장을 뽑아내는 거예요. 책을 읽고 오늘 쓸 글의 주제나 제목을 대부분 제시해 주기 때문에 이 생각을 정리하는 것은 그리 어렵지 않습니다. 그리고 그 생각을 도와줄 다른 문장들을 곁들이는 거죠. 그래서 중심 문장을 마지막에 두는 미괄식보다 앞에 두는 두괄식부터 강조해 지도하는 게 유리합니다.

글을 다 쓴 뒤에는 친구들의 글을 돌려 읽거나 한 명씩 소리 내어 읽게 해서 중심 문장을 찾아내는 연습을 해 봐도 좋아요. 생각이 비슷하더라도 문장 표현은 다를 수 있다는 것을 경험할 수 있어요. 만약 부모님이 자녀 한 명만 지도한다면 책 이외의 다른 글(예: 어린이신문의 기사)을 보여 주어 문단의 중심 문장을 찾게 하고, 뒷받침 문장들이 잘 쓰였나 확인해 보는 것도 좋은 연습이 됩니다.

이렇게 문단 구성을 잘하게 되면 비로소 글쓰기에 자신감을 가질 수 있어요. 한두 개의 문장만 쓰던 때와는 다르죠. 즉석에서 말로 하는 것보다도 논리적이고 정갈하게 글로 표현할 수 있다는 걸 아이가 깨닫게 됩니다. 같은 주제와 질문에 대한 또래의 글을 많이 보는 것도 자신감 형성에 도움이 됩니다.

글쓰기를 돕는 마중물 질문 마련해 주기

"자, 책을 읽었으니 글을 써 보자!"라고 아무런 준비 없이 단도직입적으로 지시하면 대부분의 아이들이 움츠러들어요. 뭐라고 써야 할지, 첫 문장과 첫 단어를 뭘로 시작해야 할지 막막해하는 게 당연하지요. 그래서 저는 책의 내용이나 포인트에 대한 이러저러한 대화를 충분히 하며 문해 활동을 하다가 마지막에 마무리로 쓰기 활동을 했어요.

본격적인 쓰기를 위해서는 맞춤 질문부터 잘 던져야 한다는 걸 특히 강조하고 싶어요. 활동지를 준비하기 위해 책을 읽으면서 '오늘은 이 책을 읽었으니 아이가 어떤 글을 썼으면 좋겠다'는 생각이 들 거예요. 그에 맞춰 마중물 역할을 할 질문을 생각해 주세요. 아이가 그 질문(들)에 대해 생각하며 자기만의 답을 찾다 보면 글 쓸 거리가 생겨나고 넘쳐나게 된답니다. 그 답변들로만 문단을 구성해도 완성도가 꽤 높은 결과가 만들어져요. 그게 곧 초등 중학년생의 글쓰기 자신감으로 이어집니다.

원고지 쓰기와 첨삭 지도하기

저는 아이들이 4학년이 되었을 때부터 200자 원고지를 활용하기 시작했어요. 조금 이르다 싶은 감은 있었지만, 다른 아이들은 논술 학원도 다닌다는데 책동아리 모임의 수준을 조금은 강화할 단계가 되었다는 생각이 들었거든요. 그래서 비문학 읽기와 함께 새로운 시도로 원고지 쓰기를 시작했습니다. 어차피 생각을 쓸 종이는 필요하니, 이왕이면 '쓴다'는 느낌이 더 강하게 드는 전통적인 용지를 사용해서 아이들이 글쓰기의 매력을 느끼는 동시에 원고지도 별게 아니라는 생각을 하길 바랐어요. 특별 부록으로 원고 노트를 준비했으니 원고지 쓰기를 시작해 보세요.

형식의 중요성과 글 쓰는 재미를 맛볼 수 있는 원고지 쓰기

제가 사립대학에서 9년간 논술고사 채점을 해 보니 원고지 쓰는 것도 중요하더라고요. 문제마다 써야 할 분량을 지키는 것이나 맞춤법, 원고지 사용 수준은 형식 점수로 평가되는데, '형식'이 F등급이면 '내용'도 자동적으로 F등급으로 처리되는 게 충격이었어요. 학원에서 논술고사 대비를 많이 했다는 학생들이 원고지 쓰기 자체에 숙달되지 않은 게 안타까웠습니다.

4학년생들에게 처음 원고지를 쓰게 했을 때는 꽤나 낯설어했지만, 의외로 금세 적응해서 매번 마지막 활동으로 200자 원고지 한 장 정도를 쉽게 완성했답니다. 처음엔 '원고지 사용법'에 대한 참고 도서를 활용해서 규칙을 같이 살펴보았어요. 부모님들은 오래전에 배운 것이라 기억이 가물가물할 테니 제가 뒤에서 핵심을 요약해서 보여 드릴게요. 아이들과 함께 익혀 보세요.

아이들은 제목의 글자 수를 헤아려 좌우 균형을 맞추는 걸 재미있어 했어요. 구두점이나 숫자 쓰기, 교정 부호 활용하기에도 흥미를 보였고요. 한국인의 고민, 띄어쓰기는 역시나 가장 어려운 부분이지요. 띄어쓰기에 대한 큰 원칙은 초반에만 일러 주고 종종 반복해서 알려 주세요. 단어는 띄어 쓰는 게 원칙이고, 조사는 예외라고요. 의존 명사는 아주 골치 아픈 녀석이니 좀 천천히 다루어도 괜찮습니다.

문장을 써 나가며 "여기 띄어 써요, 붙여 써요?" 하고 자주 질문하는 아이도 있어요. 그럴 때 간단한 것은 바로 일러 주었지만, 그 부분에 너무 매달리지 않도록 지도해 주세요. 아직은 이런 부분에서 좀 틀리더라도 생각을 글로 유창하게 나타내는 게 더 중요하니까요.

몇 년간 꾸준히 쓰니 원고지 쓰기는 친숙한 방식이 되어서 중학생이 된 지금도 모임에서 책 읽고 기록을 남길 때는 200자 원고지 두 장 정도로만 글을 씁니다. 학교 과제도 대부분 컴퓨터 문서 작성으로 많이 하다 보니 손으로 종이에 글을 쓰는 일은 많지 않지요. 원고지에 쓰면 '내가 글을 쓰고 있다'라는 느낌을 더 강하게 받게 됩니다.

첨삭 지도 시 유의점

아이들의 글쓰기까지 맡게 되니 책임감이 점점 더 느껴졌어요. 원고지를 사용한 후부터는 더욱요. 그래서 가볍게 첨삭도 해 주었습니다. 초록이나 파란색 사인펜(전통적인 빨간색은 정서적으로 아이들의 글에 부정적인 반응 자국을 남기는 것 같아서요)을 사용했어요.

틀린 맞춤법도 고쳐 주긴 했지만, 가장 중점적으로 보고 피드백을 해 준 부분은 논리적 연결이었습니다. 주제와 질문에 맞는 내용을 썼는지, 앞부분을 잘 이어받아 다음 문장을 썼는지, 문단이 여러 개라면 연결어를 적절히 사용했는지, 각 문단의 관계는 유기적인지……. 만약 그렇지 않은 부분이 보이면 의견을 적어 주었어요. 즉석에서 첨삭한 원고지를 돌려주며 그 부분을 설명해 주었고요. "이렇게 쓴다면 더 좋을 것 같은데?"라고 말해 주었지요.

아주 가끔(한 학기에 한 번 정도) 활동이 많거나 이야기가 길어져 모임이 한 시간으로 부족한 날은 글쓰기를 숙제로 내 준 적도 있어요. 아예 작심하고 신문 기사 같은 추가 텍스트를 준비해서 들려 보내기도 했습니다. 그럴 땐 숙제로 글을 써서 다음번 모임에 가져오도록 했고, 아이들이 다른 활동을 하고 있을 때 첨삭을 해 줬어요. 생각보다 얼마 안 걸립니다.

그리고 첨삭 지도를 마친 원고지를 아이들끼리 서로 돌려 읽게 했어요. 혼자 하지 않고 친구들과 함께 하면 바로 이런 점이 좋습니다. 같은 주제에 대해서도 생각이, 특히 글로 얼마나 다르게 표현되는지를 직접 목격할 수 있거든요. 부모가 고쳐 주거나 의견을 준 내용을 서로 확인할 수 있으니 몇 배로 도움이 된답니다.

원고지 쓰는 법

200자 원고지를 기준으로, 책동아리 모임에서 사용할 수 있는 내용을 중심으로 요약했습니다. 4학년 쯤 되어도 낯설고 어려울 수 있으니 기본만 알려 주세요. 책동아리에서 가볍게 한 장 써 볼 때 활용하면 되므로, 글의 종류나 부제, 소속, 이름 쓰기 등은 생략했습니다.

✏️ **제목은 두 번째 줄 중심에 놓이게 합니다.**
한 줄이 20칸이므로 {20-(띄어쓰기를 포함한 제목의 글자 수)}/2로 계산하면 제목을 쓸 때 몇 칸을 띄고 시작해야 하는지 알 수 있어요.

✏️ **한 칸에 한 글자씩이 원칙입니다.**

✏️ **본문을 시작할 때 제목 줄에서 한 줄을 띄고 씁니다.**

✏️ **본문의 첫째 칸은 비우고 시작합니다. '들여쓰기'라고 해요.**
문단을 바꿀 때도 한 칸을 비우고 들여 씁니다.

✏️ **대화체를 쓸 때도 한 칸 들여 씁니다.**
대화가 다음 줄로 넘어갈 때도 제일 왼쪽 한 칸은 비워 둡니다.

✏️ **문단을 시작할 때가 아니면 첫 칸을 비우지 않습니다.**
줄의 마지막에 한 단어가 끝나고 다음 줄에 새로운 단어가 시작해도 띄어쓰기를 위해 칸을 남길 필요가 없습니다. 윗줄의 글자 오른쪽 끝 여백에 띄움표(v)를 해도 되지만, 의미가 잘 통한다면 안 써도 됩니다. 아이들이 어려워하는 부분이에요.

✏️ **숫자는 한 칸에 하나씩 쓰는 게 원칙이나, 두 자 이상의 아라비아 숫자는 한 칸에 두 자씩 씁니다.**

✏️ **알파벳 대문자는 한 칸에 한 글자, 소문자일 경우는 한 칸에 두 글자씩 씁니다.**

✏️ **문장 부호는 한 칸에 한 부호씩 쓰는 게 원칙입니다.**

가운뎃점, 느낌표, 물음표 등은 칸의 가운데에 쓰면 됩니다. 예외도 있습니다. 말줄임표(……)는 한 칸에 점 세 개씩을 찍어 두 칸에 걸쳐 씁니다. 또한 한 칸에 두 개의 부호를 쓸 수도 있어요. 대화가 끝날 때 온점과 따옴표는 한 칸에 함께 쓰기도 합니다(.").

✏️ **온점(.)과 반점(,)은 한 칸을 따로 차지하지 않아요.**

그래서 다음 글자를 부호의 바로 다음 칸에 쓰면 됩니다. 아이들이 자주 헷갈려 해요. 온점과 반점은 한 칸을 넷으로 나눴을 때 왼쪽 아랫부분에 찍습니다. 큰따옴표와 작은따옴표는 글자에 가까운 쪽 윗부분에 씁니다.

✏️ **한 줄의 끝 칸에서 문장이 끝났을 때는 온점을 글자 칸 안에 함께 찍거나 오른쪽 여백에 찍어요.**

아래의 새로운 줄에 문장 부호를 넣지 않습니다. 따옴표, 느낌표, 물음표, 말줄임표, 괄호 등도 마찬가지예요.

교정 부호 알기

아이들이 원고지에 좀 익숙해졌다면 원고를 고치는 교정 부호도 배울 수 있어요. 연필로 쓰면서 바로 지우고 다시 쓰기도 하지만, 글을 다 쓴 뒤에 실수를 발견하거나 더 좋은 생각이 떠오르기도 하니까요. 다음 부호를 이용해 직접 교정을 할 수 있습니다.

- 빠진 말을 표시하는 끼움표(⌣)
- 잘못 띄운 것을 붙이는 붙임표(⌒)
- 낱말 사이를 띄우는 띄움표(∨)
- 줄바꿈표(⌐)
- 글자나 단어의 앞 뒤 순서를 바꾸는 순서바꿈표(⌒⌒)
- 글자를 앞으로 내미는 앞으로 밀어냄표(⌐)
- 글자를 뒤로 당겨 칸을 비우는 뒤로 당겨들임표(⌐)
- 틀린 글자를 바르게 고칠 때 쓰는 글자바꿈표(/고치기\ )
- 필요 없는 글자를 없애는 말 빼냄표(♂) 등이 있습니다.

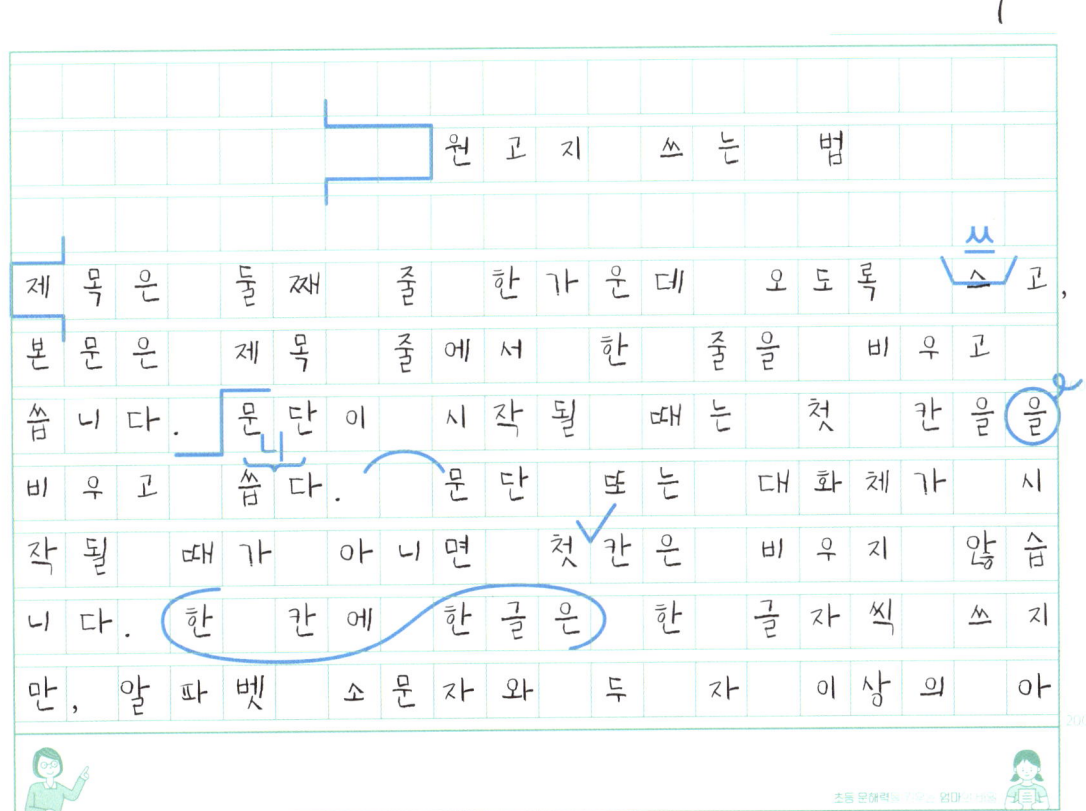

'책 읽어 주는 엄마'
최나야 교수의 초등학교 도서관 봉사활동 후기

요즘은 초등학교 도서관이 정말 좋아졌더라고요. 어릴 때 저 같으면 집에 안 가고 거기서 살고 싶었을 것 같아요. 아이가 학교에 들어가면 먼저 학교도서관에 가 보세요. 보통은 걸어갈 수 있는 거리에 학교가 있으니 집에서 가장 가까운 도서관이 될 거예요. 어떤 책이 어느 서가에 있는지 미리 훑어보고, 아이랑 하교하면서 책도 빌려 오세요. 아이 책, 부모 책 함께 빌릴 수 있습니다.

급식 검수, 등·하교 교통지도, 학습 준비물 마련 등등 아이의 입학과 함께 어머니들이 열심히 참여하는 봉사활동이지요. 약간의 노력만 하면 되는 재능 기부로 딱 좋은 걸 추천합니다. 바로 '책 읽어 주는 엄마' 활동이에요. 학교도서관에서 아이 친구들도 만날 수 있고, 아이들이 좋아하는 책도 살펴볼 수 있어요. 아이들에게 좋은 책을 추천하겠다는 의지도 샘솟고 뿌듯함도 상당하답니다. 저는 아이가 1~3학년 때, 2~3주에 한 번 간격으로 학교도서관에 가서 아이들에게 책을 읽어 주었어요. 다음번엔 어떤 책을 읽어 줄지 고르고, 주제나 작가별로 그 밖의 추천 도서들을 골라 A4 용지 한 장에 담았어요. 제가 읽어 준 책에 대해 아이들이 생각해 봤으면 하는 질문도 몇 개 넣고요. 반짝반짝 빛나게 컬러 출력해서 아이들에게 나눠 주면 왠지 배가 부른 느낌이 들었어요. 이 중에서 한 권이라도 아이들이 관심을 갖고 읽어 보길 바라면서요.

어떤 아이는 유아기에 어른의 책 읽어 주기를 별로 경험하지 못한 것이 티가 나기도 했어요. 어찌나 신기해하며 집중을 하던지……. 이렇게 공립학교에서는 아이들의 읽기 경험에 큰 차이가 있답니다. 이 활동을 통해 정말 의미 있는 일을 하고 있다고 느꼈어요.

잘 모르는 어휘에 대해 묻는 아이도 있고 듣다가 불쑥불쑥 자기 얘기를 꺼내는 아이, 제가 질문을 할 때마다 손을 높이 들고 대답하려는 아이, 집중하지 못하고 친구를 괴롭히는 아이…… 한 학급에도 이렇게 다양한 아이들이 있다는 것을 알게 되니 초등학교 선생님이 존경스러워지더군요. 내 아이만이 아닌, 많은 아이들을 만날 수 있다는 것도 큰 기쁨이었어요.

이런 활동을 하기 위해 엄마들끼리 조직(?)도 생기고 가끔은 회의도 했어요. 그러다가 '책 읽어 주는 엄마' 모임이 '책 읽는 엄마' 모임으로 변질되기도 했답니다. 책을 아이들한테 읽어만 주지 말고 우리도 좀 즐겨 보자는 생각에서 시작되었죠. 한 달에 한 번 학교 앞 카페에서 만나 차 한 잔 마시면서 지난달에 정해서 읽은 책에 대해 이야기를 나누었어요. 소설, 시집, 아동문학, 평론집……. 아이들 키우는 얘기에서 살짝 벗어나 엄마가 아닌 내가 되는 비밀 서클을 만든 것 같았어요. 책 읽는 엄마 모임도 꼭 한번 해 보시라고 권하고 싶어요.

왜 엄마표 책동아리인가?

문해력이 훗날 아이의 사회경제적 지위에 영향을 미친다는 연구 결과를 보고 서둘러 독서 논술 학원을 알아보셨나요? 독서 논술 학원에 보내기만 하면 정말 내 아이의 문해력이 쑥쑥 길러질까요? 문해력은 정말 사교육으로밖에 기를 수 없을까요? 다른 교육은 몰라도 독서 교육만큼은 엄마표로 해 보시라고 권하고 싶습니다. 사교육에 비해 훨씬 다양한 장점이 있거든요.

지속적이고 꾸준한 독서 지도를 위해서는 아이와 단둘이 하는 독서 활동보다는 친구들과 '약속'처럼 정하고 하는 책동아리가 더욱 효과적입니다. 잘 아시다시피 독서는 생각을 깊게 해 줍니다. 혼자 하는 독서도 좋지만, 주변의 친구들과 함께 읽고 이야기를 나누면 생각은 깊어질 뿐 아니라 넓어지기까지 합니다. 혼자 가면 빨리 가지만 함께 가면 멀리 갈 수 있다지요. 함께 문해력을 키워 나가는 건 어떨까요?

독서 사교육, 꼭 해야 할까?

과연 독서까지 사교육에 매달려야 할까요? 제가 아이 키우며 경향을 살펴보니 이 영역에서도 아이가 3~4학년에 접어들 무렵부터 엄마들이 바빠지더군요. 독서 논술을 위해 학원에 보낸다, 팀을 짜서 전문가에게 맡긴다 하면서요. 저도 아이가 딱 이 시기일 때 독서 논술 팀에 들어오라는 연락을 여러 차례 받았습니다. 제가 직접 지도한다는 말씀을 드리며 거절해야 해서 죄송했지요.

학원에서는 초등학생에게 독서 논술을 어떻게 지도하나 조사해 보았어요. 학원에서 밝힌 도서 목록도 보고, 사용한다는 교재도 살펴보았습니다. 결론은, '내가 한번 해 보자!'라는 용기였답니다.

재미있는 책부터 읽는다

제가 보기에는 이른바 '필독 도서' 목록이 너무 어렵고 따분하게 느껴졌어요. 특히 3~4학년 때까지는 독서에 재미를 느껴 읽기 동기를 탄탄하게 갖추어야 할 때로, 꼭 읽어야만 한다는 책들이 흥미롭지 않으면 오히려 동기를 떨어뜨릴 우려가 있거든요. 그래서 저는 일단 아이들이 좋아할 만한 재미있는 책을 같이 읽고 싶었습니다. 4학년 때 읽기 자료를 확대해 보기로 하고요.

아이를 자발적인 독자로 키우는 독서

사교육 시장에서는 책을 요약해 아이들에게 떠먹여 주는 전략을 쓰는 것 같았어요. 선행 학습처럼 일찌감치 많은 책들을 읽히고 떼는 것에 집중하면서요. 시간에 쫓기며 다이제스트로 책의 줄거리와 주제, 교훈 등을 훑어보는 게 과연 독서일까요? 시도 읽는 사람에 따라 다르게 읽히는 게 맞지, '이 시어는 무엇을 상징한다, 외워라' 하고 배우는 것이 얼마나 무의미한지 다들 아시죠?

저는 아이 자신이 책을 읽고 스스로 느끼고 정리하는 게 중요하다고 믿어요. 어른은 옆에서 필요한 도움만 주고요. 자녀에게 물고기를 잡아 주는 것보다 잡는 방법을 가르쳐 주는 게 부모가 해야 할 역할이고, 훨씬 효과적이니까요.

책마다 지닌, 책의 지문을 활용하자

독서 논술 교재에서는 독후 활동이 너무 천편일률적인 점이 눈에 띄었어요. 일단 무슨 책인지에 상관없이 활동지가 똑같이 생기고, 같은 질문이 계속 반복되더군요. 그렇게 되면 책 읽기가 지루하고 재미없어져요. 아이들이 '이 책 읽으면 또 느낀 점 말해야 해', '주인공한테 편지 쓰기 지겨워', '아무것도 안 하고 그냥 읽고만 끝내고 싶어' 이런 생각을 할 수 있어요.

'논술'이라는 표현도 사실 거리감이 좀 느껴지지 않나요? 저는 사립대학에서 가르칠 때 9년간 입시 논술 채점을 해 봤지만 어린아이들의 독서에까지 논술이라는 단어를 붙여 공부로 만드는 게 안타까워요. 초등학생들에게 대학 입시 준비를 시키는 것같이 삭막한 느낌이 들어서요.

물론 우리나라 아이들에게 문해력 교육은 더 강화되어야 한다고 생각합니다. 학교에서 경험하는 읽기, 쓰기 교육만으로는 부족하거든요. 그래서 저는 문해력을 강화하는 독서 활동을 기획하고 싶었어요. 특히 책마다 다른 방식으로요. '책에서 지문 찾기'를 신조로 해 보자고 다짐했습니다. 독해 문제를 풀기 위한 '주어진 내용의 글'인 지문(地文)이 아니고 '사람마다 다른 손가락무늬'인 지문(指紋)이요. 저는 각각의 책은 고유한 힘을 갖고 있다고 믿어요. 내용이 다른 것은 당연하고, 아이들의 사고력과 문해력에 도움이 될 수 있는 포인트도 제각각이거든요. 독서 지도에서 그런 점을 찾아낼 수 있다면 매번 다르고, 매번 재미있는 활동을 할 수 있겠다고 생각했어요.

독서 지도만은 엄마표로

아이들 공부 지도하기 힘들지요? 정보 구하랴, 학원 보내랴, 그룹 만들어 체험학습이나 과외 시키랴……. 각종 '엄마표' 학습이 유행인 요즘은 유아기 때부터 엄마들의 마음이 더 분주할 겁니다. 책임감까지 더해져서요. 하지만 내 아이를 직접 가르친다는 건 쉬운 일이 아니에요. 진도 짜고 교재 고르는 것도 어렵고, 아이가 이해를 못 하거나 하기 싫어하거나 속도를 못 따라오면 화도 나지요.

하지만 독서 지도는 좀 달라요. 엄마랑 아이랑 얼굴 붉히며 씨름하지 않아도 되거든요. 왜 그런가 생각해 봤더니, 책을 읽고 이야기 나누는 건 다른 학습과 좀 다른 것 같아요. 질문하고 대답하는 과정에서도 명확한 정답이 있는 게 아니기 때문에 마음 편하고요.

특히 내 아이만 지도하는 게 아니라 아이 친구들까지 같이 모이면 그냥 다 사랑스러워 보여요. '이 또래 아이들은 다 이렇구나'라는 생각을 자주 하게 되어서 편안한 육아 마인드로 돌아가기 좋지요. 아마 독서 지도 역시 내 아이만 앉혀 놓고 단둘이 하다 보면 엄마는 마음 급해져서 소리 높이고, 아이는 엄마랑 책을 놓고 얘기하는 게 어색하다고 도망가기 바쁠 거예요.

책동아리, 자신 있게 시작하자

그래서 독서 지도만은 엄마표로, 그리고 책동아리의 형태로 해 볼 것을 강력 추천합니다. 내 아이만 챙기는 게 아니라서 근사한 '재능 기부'가 될 수 있어요. 물론 여기서 '엄마'는 대명사로 쓴 거고, 아빠가 해 줘도 최고이니 용기 있고 자녀 사랑하는 아버님들, 힘내 주시길 바랍니다.

저는 책동아리를 시작할 때도, 격주로 아이들을 만날 준비를 할 때도, 6년이 지나서도 계속 설레었어요. 학원이나 전문가에게 보내지 않아도 아이들과 함께 즐겁게 책을 읽으며 모두가 조금씩 발전하고 있다는 생각이 들 거예요. 인간은 누구나 그런 발전이 중요해요.

사교육이 반드시 성과를 보장하는 것은 아니지요. 오히려 아이의 진을 빼고 동기를 갉아먹을 수도 있습니다. 부모는 비싼 학원비를 지출하며 안심을 할지라도, 이에 시달린 아이의 눈에서는 이미 총기와 호기심이 사라진 경우를 정말 자주 목격합니다. 그러니 불안한 마음이나 팔랑귀는 버려 두고, 흔들리지 않는 엄마로 살아 보아요!

책동아리의 장점:
아이랑 대화하며 함께 크는 엄마

저 또한 바쁜 엄마로서 아이한테 해 주는 게 많지 않아 늘 아쉽고 반성도 하게 됩니다. 아이를 낳아 지금까지 키우면서 정말 잘한 게 뭐였나 돌아보면, 오래 기다리던 아이를 임신했을 때 인생 최고로 행복하게 지내며 태교에 신경 쓴 것과 함께, 바로 초등학교 6년 내내 책동아리를 이어 온 것이에요. 이 책을 정리하며 절실하게 느꼈습니다. 어떤 점이 좋았는지 말씀드릴게요.

최소한의 독서를 보장한다

아이는 부모의 축소판이 아닙니다. 하지만 우리는 자식이 나를 닮았을 거라고 착각을 많이 하지요. 제가 제일 이상했던 부분은 '얘는 왜 나처럼 책을 좋아하지 않을까?'였어요. 아이가 모든 면에서 아빠나 엄마를 꼭 닮는 것은 아니라고 한 담임선생님이 말씀하셨던 게 기억나네요(하지만 책 읽기 싫어하는 것은 아무래도 아빠를 닮은 것 같긴 해요).

제 아이는 영유아 때 그림책을 아주 좋아했답니다. 그림책을 연구하며 소장 도서도 꽤 많은 저는 열과 성을 다해 그림책 육아를 실천했지요. 아이는 초등학교에 들어가서도 책을 많이 읽는 편이긴 했어요. 하지만 학년이 올라갈수록 스스로 읽는 양이 초라해지기 시작했어요. 제가 워낙 잔소리하기를 싫어해서 "책 읽으렴"이라는 말을 잘 안 하지만 속으로는 참 아쉬운 부분입니다.

많은 아이들이 이와 비슷한 경향을 보이긴 해요. 읽기 동기의 발달 경향을 살펴보면, 초등학교 이후 학년이 올라갈수록 읽기 동기가 낮아집니다. 사교육 받느라 바쁘고, 여유 시간은 게임이나 동영상 시청이 우위를 차지하니 어쩔 수 없다고 포기하기에는 가슴 아픈 현실이지요.

그런데 책동아리를 하면 적어도 주(또는 격주) 한 권의 좋은 책을 공들여서 읽게 됩니다. 엄마가 먼저 읽고 챙기는데 안 읽을 수는 없고, 그 내용으로 친구들과 독서 활동을 하니 다른 책보다 더 꼼꼼하게 읽게 돼요. 이렇게 읽은 목록을 무시할 수 없더라고요. 책동아리를 하지 않았으면 절대로 안 읽고 지나갔을 책이 꽤 됩니다. 고학년이 될수록 자산이 되지요. 물론 책동아리에서 읽은 책은 그야말로 꼭 필요한 최소량입니다. 지도적 읽기(guided reading)를 위한 독서니까요. 아이들이 그 이상을 읽을 수 있게 계속 격려해 주세요. 아이 혼자서 읽는 책도 아주 중요합니다.

아이의 문해력과 사고력 발달이 보인다

이 책을 준비하면서 6년간 쌓인 활동지를 다시 들춰 보다가 여러 번 놀랐어요. 어쩌면 이렇게 컸지 싶을 만큼 아이의 문해력과 사고력의 발달이 여실히 보여서요. 아이가 했던 말, 글로 남긴 표현에 새록새록 과거의 순간들도 기억났고요. 아무래도 저의 기억이 잘 남아 있을 6학년부터 1학년의 순서로 거슬러 올라갔더니, 학년별로 보인 아이의 변화가 더 크게 느껴지더라고요. 책동아리를 하지 않았으면 아이 친구들을 가끔 마주치더라도 겉모습의 성장만 보였을 텐데, 이렇게 속속들이 내면의 성장을 들여다볼 수 있으니 얼마나 의미 있는 일인지요.

거기에 더해 독서 모임을 꾸준히 하면 아이들의 문해력과 사고력이 확실히 탄력 넘치는 성장을 보입니다. 읽기 동기가 줄어들기 쉬운 초등학생 시절에 수준을 점점 높여 가며 좋은 책들을 읽고, 학교 공부와 별도로 쓰기 경험을 갖게 되니 당연한 것이겠죠. 특히 이야기를 나누고 질문에 답하려면 깊이 있게 생각해야 하니 생각하는 힘도 자연스레 길러지고요.

문해력은 읽고 쓰기뿐 아니라 의사소통을 포함한 넓은 영역을 포괄합니다. 개인의 문해력 수준은 진로뿐 아니라 사회경제적 지위까지 좌우한다고 봐도 과언이 아닐 만큼 중요합니다. 사회와 국가적 수준에서도 문해력 발달은 핵심적인 교육 목표입니다. 집안의 기둥에 눈금을 그어가며 아이의 키가 커 가는 것을 지켜보듯이, 책동아리를 통해 아이의 독서 이력과 글쓰기에 나타나는 성장을 관찰해 보세요. 양육의 기쁨을 느낄 수 있을 거예요.

쳇바퀴 돌 듯 사교육에 길들기 시작하면 아이들의 눈빛이 흐려지고 기본적인 스트레스 수준이 높아지는 걸 관찰하게 돼요. '이 아이도 벌써 지쳤구나' 하는 생각이 듭니다. 질문을 해도 귀찮아만 하지요. "질문하지 말고, 빨리 그냥 답을 말해 주세요. 쇼처럼 문제 푸는 과정만 보여 주세요"라고 말하는 것 같아요.

하지만 스스로 생각하고 스스로 문제를 해결하는 것은 인간에게 절대적으로 중요한 능력입니다. 평생 끊임없이 발달하며 굳건하게 살기 위해서는 이름 있는 대학에 가는 것보다 사고력과 문제해결력을 갖추는 게 훨씬 가치 있어요. 이 모든 건 문해력에 달려 있습니다. 그러니 아이들이 좋은 책을 읽을 시간, 다양한 글을 써 볼 기회, 질문을 듣고 생각을 정리해 나만의 답을 말해 보는 경험을 충분히 제공해 주세요.

노력하는 모습과 성실성을 모델링할 수 있다

우리는 아이를 사랑한다는 이유로 "공부해라, 책 읽어라, 운동해라" 등의 잔소리를 하게 됩니다. 이런 말이 합당한 이유나 설명 없이 전달되면 그야말로 잔소리에 그치게 돼요. 하지만 부모의 행동 그 자체로 보여 주면 전달력이 크지요. 부모가 공부하고, 책 읽고, 운동하면 아이들은 따라 하게 되어 있어요.

엄마가 딸이나 아들을 위한 책을 읽고, 독서 활동 자료를 만들고, 친구들과의 모임을 위해 청소를 하고, 간식을 준비하고, 목소리가 떨릴 만큼 열정적으로 모임을 리드하는 모습은 그 자체로 살아 있는 교육이 됩니다. 무엇보다도 노력과 열정의 의미를 전달하는 일이 될 거예요.

제 아이도 '엄마가 나를 위해 이 일을 해 준다는 생각'을 하긴 하는 것 같더라고요(비록 단 한 번도 고맙다거나 하는 말을 들은 적은 없지만요!). 독서량은 엄청나게 줄었지만, 모임에서 읽기로 한 책만은 진지하게 읽어 주고 친구들과의 모임에도 책임감을 갖고 임하는 모습에서 알 수 있었어요. 그런 부분도 책동아리가 아이랑 엄마를 연결해 주기에 가능하다고 느꼈어요.

또 저는 무엇이든 시작하면 꾸준하게 해야 한다는 것을 강조해요. 아이에게만 강요하고 말로만 그러면 안 되겠죠. 약속처럼 철저히 지키는 책동아리 모임을 통해 이런 태도를 보여 주고 키워 줄 수 있어요. 춘계, 추계 학술대회가 있는 날도 참여 가족들에게 미리 양해를 구해 모임을 좀 일찍 가진 뒤 학회장으로 출발하곤 했었지요.

가정의 분위기라는 게 있긴 있나 봐요. 부모의 가치관은 자녀에게 자연스럽게 스며든답니다. 저희 아이도 뭐든 시작하면 지치지 않고 꾸준히 해요. 피아노, 야구, 축구 모두 초등학교 입학 전부터 중학생인 지금까지 줄곧 하고 있거든요. 그러니 책동아리를 꾸준히 해 보세요.

읽고 준비하고 이끌며 엄마도 성장한다

6년간의 책동아리 자료들을 보며 또 하나 느낀 것이 있어요. 저 자신도 그 시간 동안 많이 컸다는 것이었죠. 아이들이 1학년 때는 그야말로 마음 하나로만 시작했다는 것이 보여 부끄러울 만큼…….

아동문학을 읽고, 질문거리와 활동지를 만들고, 아이들을 직접 만나 반응을 접하고……. 그러면서 다음번 모임에선 그 전보다 조금 더 나아지게 돼요. 아무래도 책임감이 생기니 이것저것 아이들의 독서에 관심을 갖게 됩니다. 어떤 신간이 나왔나, 도서관에서는 어떤 책을 추천하나, 요즘 아이들은 교과서에서 무엇을 배우나, 독서 논술 학원에서는 무엇으로 가르치나 등등요.

양육효능감(부모 노릇을 잘하고 있다는 신념이에요)도 긍정적인 영향을 받는 것 같아요. 모임이 잘 진행될 때는 대학 강의 이상으로 희열을 느끼고요. 무엇보다 내가 아이들과 이 일을 꾸준히 하고 있다는 사실이 주는 만족감과 기쁨이 상당히 크답니다. 시작을 하지 않으면 성장도 할 수 없으니 일단 시작하세요. 처음에는 잘 못해도 괜찮아요.

책을 매개로 아이와 대화할 수 있다

아동문학을 공부하고, 그림책 수집가인 저는 아들이 3학년일 때까지는 아이가 읽는 책은 저도 다 읽었어요. 집은 책으로 가득 차 도서관이나 다름없었지요. 한 권 한 권 정성스럽게 골라 둔 단행본들이 작가별로, 장르별로 정리되어 있답니다. 왠지 아이가 읽는 책을 엄마가 모른다는 것이 용납이 안 되고 아쉬웠던 것 같아요.

아이가 고학년이 되면서 제가 모르는 책도 읽고, 특정 책에 대한 선호도 생기다 보니 자연스럽게 독서 분리가 일어나더군요. 책뿐 아니라 생활 습관이나 행동에서도 점점 개성을 찾아가며 성장하는 게 당연하지요. 이제 엄마보다는 친구를 찾고, 혼자만의 시간을 원하고……. 특히 남아는 성별이 다른 엄마가 이해하기 어려운 특징이 많잖아요.

첫 아이의 사춘기가 찾아올 때, 부모는 당황하기 쉽습니다. 어떻게 나한테 이러나 싶어 배신감도 들고, 이제 어떻게 키우나 하는 불안감에도 휩싸이지요. 잔소리도 잘 안 먹히고, 도대체 무슨 생각을 하며 지내는 건지 알 수 없고요. 그런데 책동아리를 함께 하면서 이런 과정이 부드럽게 흘러간다고 느꼈어요. 부모-자녀 관계에 책이 다리를 놓아 주는 느낌이랄까요. 일단 적어도 한 달에 2~4권의 책을 둘이 함께 읽는 거잖아요. 그 공통 분모를 무시할 수 없습니다. 하나의 이야기, 한 작가, 책에 대해 나눈 이야기와 남긴 글을 공유하며 서로 간에 교집합이 생겨요. 아이가 커 갈수록 함께 할 일이 점점 줄어드는데 이야기할 거리가 생긴다는 건 참 기쁜 일입니다.

'요즘 아이들'에 대한 감을 유지할 수 있다

아이들은 어찌나 빨리 크는지요. 아이의 어린 시절 사진을 보며 시간을 붙잡고 싶은 마음이 들 때가 참 많습니다. 책동아리를 통해 아이의 친구들을 계속 만날 수 있다는 것도 장점이에요. 학교 일은 집에 와서 절대로 얘기 안 하는 아이인데 친구들을 통해 이런저런 학교 얘기도 듣고, 아이들의 신조어나 최신 유행 패션도 알게 되고, 눈부신 속도로 매일 달라지는 아이들의 관심사도 눈치 챌 수 있으니 아이 키우며 참 좋은 방법이다 싶어요.

지속적으로 교류하며 정을 쌓을 수 있는 친구가 생긴다

책동아리를 통해 만난 가족들은 보물 같아요. 서로 같은 마음으로 같은 곳을 바라보는 친구가 생긴 것 같지요. 아이들은 아이들대로 수년간 정기적으로 보면서 안정적인 친구를 갖게 돼요. 요즘은 아이들이 집에 모여서 놀 일이 적고 학원이 아니면 만날 일도 없는데 책동아리를 통해 모이게 해 주는 건 선물이 될 수 있어요.

엄마들도 친구가 생기는 건 마찬가지랍니다. 엄마가 되고 아이가 어린이집, 유치원, 학교에 가면서 아이 친구 엄마가 내 친구가 되지요. 하지만 주로 그 해에만 가깝게 지내다 시간이 조금 지나면 흐지부지되기 쉬운 관계입니다. 그런데 책동아리를 꾸준히 하면 아이 친구 엄마를 넘어 정말 내 친구 같다는 느낌이 들기 시작해요. 경조사를 함께 하고, 안부를 묻고, 서로의 편안함과 행복을 빌어 주는……. 지역 사회는 부동산, 자녀의 학교, 상점으로만 의미가 있는 게 아니지요. 사람, 즉, 이웃이 먼저입니다.

6년간 책동아리를 할 수 있었던 비결

제가 아이들과 해 온 책동아리 얘기를 들은 지인들은 "좋은 아이디어인데?"와 함께 "어떻게 그렇게 오랫동안 할 수가 있어?"라는 반응을 많이 보입니다. 저도 아이도 성격상 꾸준한 편이긴 하지만, 격려를 위한 감탄이라기보다는 비결을 묻는 질문으로 들렸어요. 어떻게 하면 지치지 않고 꾸준하게 책동아리를 할 수 있을까요?

책동아리 회원이 곧 원동력

곰곰이 생각해 보니 저와 아이의 꾸준한 성격보다는 다른 곳에 비결이 있는 것 같더라고요. 바로 '회원들'입니다. 회원이라고 하니 거창하게 들리지만, 책동아리를 구성하는 아이들을 말하는 거예요. 이 아이들이 없었다면 결코 오래는 하지 못했을 것이라는 생각이 들었어요. 내 아이만 챙기는 방식이었다면 몇 번, 길어야 한 학기, 1년 정도 아니었을까요?

'아이의 친구들이 온다!'는 생각은 꽤 대단한 자극이 됩니다. 늘어지고 싶은 주말 오후에 함께 읽을 책을 붙들게 되고, 읽고 생각해 낸 활동 아이디어가 사라질까 서둘러 활동지를 만들게 되니까요.

독서 지도가 아무리 '공부를 가르치는' 방식이 아니라고 해도 부모가 직접 지도할 때 자녀는 반발심을 갖기 쉽습니다. 책을 사이에 두고 하는 문해 활동이고, 언어적 상호작용도 일상 대화와는 차이가 있으니까요. 저도 제 아이 한 명만을 대상으로 책에 대한 이런저런 질문을 하고, 첨삭해 줄 테니 글을 써 보라고 하는 건 상상이 잘 안 되네요.

반대로, 친구들과 함께 하는 모임에서 뭔가 다른 아이의 눈빛과 태도를 보면 엄마로서 얼마나 힘이 나는지요. 우리 집에 친구들이 왔고, 우리 엄마가 이런 준비를 했다는 사실에 조금은 의기양양해지고, 열심히 참여해야 한다는 책임감도 느끼는 것 같았어요.

그런데 그런 눈빛이 여러 개입니다. '우리는 모였다'가 느껴지거든요. 그걸 바로 '멤버십'이라고 생각해요. 학원과는 많이 다른 분위기지만, 그냥 놀기 위해 모인 것과는 확연히 다르지요. 일단 같은 책을 읽고 모였거든요. '나는 회원이다, 지금 뭔가 의미 있는 일을 하고 있다'라는 마음이 모인 책동아리, 어른에게도 책임감과 기쁨이 되어 시작한 이상, 지속하게 만드는 원동력이 됩니다.

부담 없고 여유 있는 일정

그리고 비결이 또 하나 있어요. 제가 바쁜 편이고, 매주 모이면 아이들도 부담스러울 수 있다는 핑계로 격주로 모였습니다. 이렇게 여유 있는 주기로 모이니 서로가 부담감이 덜 하고, 아이들 만날 날이 많이 기다려집니다.

일하시면서 바쁜 부모님이라면 처음에 너무 빡빡하지 않게 일정을 짜 보세요. 여러 어머니가 돌아가며 진행한다면 부담은 더 줄어들겠지요.

책동아리가 한두 번의 쇼가 되지 않으려면 많은 사람들이 합심해야 해요. 부디 많은 분들이 꾸준하게 책동아리 모임을 지속하게 되길 바랍니다.

엄마표 책동아리, 무엇을 어떻게 할까?

아이의 문해력을 위해 엄마표 책동아리를 한번 시작해 보고 싶어지셨나요? 제가 했던 방식을 공유해 드릴게요.

적정 인원수를 비롯한 멤버 구성부터 함께 읽을 책 목록을 작성하고 활동에 사용할 활동지 만드는 법과 실제 활동에서 엄마의 역할까지 세세하게 알려드려요. 차근차근 따라만 해도 한 학기가, 1년이 쓱 지나가 있을 거예요. 그리고 아이들의 문해력도 쑥쑥 자라나 있을 겁니다.

책동아리 꾸리기: 누구랑 할까?

책동아리는 구성원이 정말 중요해요. 일단 아이와 잘 맞는 친구들이 모여야 하고, 엄마들끼리도 잘 통해야 하지요. 어떤 친구랑 함께 책동아리를 꾸리면 좋을까요? 성비는? 인원수는? 초기 구성에 대해 궁금한 점을 알려드릴게요.

적합한 책동아리 멤버 구성

이미 아이가 3~4학년이 되었으니 책동아리를 시작하기에 늦었다고 생각하시나요? 절대로 그렇지 않습니다. 일단 시작하는게 중요해요.

아이 친구 중에서 이런 친구들을 눈여겨 살펴보세요. 서로 즐겁게 놀 수 있고, 둥글둥글하게 잘 어울리는 아이들이요. 책 읽기가 아무래도 정적인 활동이다 보니, 만나면 늘 격하게 노는 친구랑은 좀 안 맞을 수 있어요.

성비도 중요한데 저는 동성끼리 모이기보다는 반반 섞는 걸 추천해요. 여아 둘, 남아 둘 이런 식으로요. 일단 남자아이들끼리 진지한 의견 나누는 모습은 상상이 잘 안 가잖아요. 성별에 따라 독서와 문해력의 성향이 많이 다르기 때문에 그런 차이를 어릴 때부터 서로 경험하고 존중하며 장점을 관찰해서 나눌 필요가 있습니다.

인원도 지나치게 많으면 고르게 지도해 주기 어려울 수 있어요. 어른이 동시에 여러 명의 아이들을 케어하는 데에도 한계가 있으니까요. 저는 네 명 정도가 적정한 것 같습니다. 토론을 할 때도 있다 보니 홀수보다는 짝수가 좋다고 생각해요.

가족들의 합심이 중요

그다음엔 아이 친구 엄마들한테 취지를 설명해서 의기투합을 해야 합니다. 한 집에서만 모인다고 해도 리더 엄마 혼자 해 나가는 게 아니니까요. 일단 시작하면 꾸준함이 참 중요하다 보니 모든 엄마들의 진심과 노력도 계속 필요하답니다. 가족마다 돌아가며 바쁜 일이 생기기도 하고, 학원도 아닌 독서 모임이라 소홀해지기도 쉽다 보니 모두가 책동아리 자체를 중요하게 여겨야 오래갈 수 있거든요. 제가 아이들과 초등학교 6년 동안 책으로 만날 수 있었던 것도 모든 가족의 합심 덕분이었어요. 그러니 여러분도 궁합이 잘 맞는 아이들, 엄마들을 꼭 만나게 되길 바랍니다.

엄마(또는 아빠) 한 사람이 여러 아이들의 독서 지도를 떠맡는 게 부담스러울 수 있어요. 복수의, 또는 모든 어머니가 돌아가면서 지도하는 것도 좋다고 봅니다. 방식을 통일할 필요도 없고요. 그러니 부담 갖지 마시고 일단 시작해 보세요!

이렇게 모여 꾸준히 책 모임을 갖다 보면 일종의 '케미'가 생겨납니다. 저는 아이들이 중학교 3학년이 된 지금도 격주로 만나며 책동아리를 계속 하고 있어요. 서로 말을 안 해도(사춘기 이후 아이들의 말수가 줄었습니다) 속을 다 아는 친구랄까요? 이제는 이런 모임 어디 가서 못 구한다고 생각해요. 여러분도 꼭 만나게 될 거예요.

책 고르기: 어떤 책을 읽자고 할까?

책동아리에서 읽을 책은 어떤 게 좋을까요? 아이에게 어떤 책을 읽히면 좋을지 고민하는 분들이 정말 많아요. 앞에서도 여러 번 말한 것처럼 '필독 도서'나 '권장 도서'에 얽매여 책 목록을 구성하지 마세요. 아이들의 읽기 동기를 꺾지 않고 모두가 지치지 않고 지속적으로 해 나가려면 무엇보다 재미있는 책이어야 합니다.
제가 어떠한 방법으로 책 목록을 구성했는지 힌트를 드릴게요.

___

최소 한 학기 단위로 목록을 정한다

적어도 학기 단위로 책 목록을 미리 정해 두는 것이 좋아요. 책을 구매하든 도서관에서 빌리든 몇 주 후에 읽을 책은 준비되어 있어야 하니까요. 책 제목, 글·그림 작가·옮긴이, 출판사, 출판연도 등의 서지 사항과 책 표지(인터넷 서점에서 캡처해서 작은 사이즈로)를 표에 담아 목록을 만드세요.

모일 날짜를 각 가족들과 논의해서 정한 뒤, 날짜별로 책을 배정해 둡니다. 한 학기라 하더라도 아이들의 발달은 무시 못 해요. 그러니 텍스트의 양과 주제의 깊이 등을 고려해 난이도를 따져 쉽고 부담 없는 것부터 수준 높은 것까지 순차적으로 배열하는 것이 좋아요.

또는 계절이나 특별한 날을 고려해서 책을 배정하는 것도 좋은 방법이에요. 봄에 어울리는 책, 가을에 딱인 책이 따로 있으니까요. 예를 들어, 소년들이 사막에서 종일 삽질을 하는 내용이 담긴 《구덩이》는 읽기만 해도 목말라지는 책이에요. 그래서 저는 여름방학을 앞둔 학기 마지막 날에 배정했지요.

각 가정이나 아동이 함께 선정한다

도서 목록을 작성할 때는 마치 영양사가 영양소의 균형을 고려해 식단을 짜듯이, 책의 장르나 주제, 국내 창작서와 번역서 등을 골고루 고를 필요가 있어요. 엄마 한 명의 식성대로 한쪽에 치우친 책을 고르면 그 영향은 여러 아이들에게 강력하게 미치게 되겠죠. 어린이는 독서 측면에서도 하얀 도화지 같아서, 아직 어떤 책을 좋아하는지 알기 어렵고 취향을 단정할 수 없어요. 다양한 책을 읽어 보아야 읽기 경험이 쌓이고 책에 대한 취향도 생겨납니다. 다양한 책을 만날 기회를 주는 건 어른들의 몫이에요.

읽을 책 목록은 리더 엄마가 혼자 정해도 되지만, 각 가정에서 원하는 책들을 모아서 정해도 좋아요. 그리고 매 학기 적어도 한 권씩은 참여하는 아동이 스스로 골라 보는 것도 추천합니다. 서점이나 도서관에 직접 가서 친구들과 함께 읽고 싶은 책을 고르는 거지요. 이렇게 자신이 추천한 책을 함께 읽을 때는 활동에 주인의식도 생기고 더 몰입해서 참여하게 될 거예요.

온라인 서점, 블로그, 도서관 등의 각종 정보를 활용하자

아이들이 읽을 책을 고를 때는 여러 출처의 정보를 활용할 수 있어요. 일단 다니는 학교에서 제공하는 추천 도서 목록을 참고할 수 있지만, 그건 굳이 책동아리에서 다룰 필요는 없어 보입니다. 이미 아이들 모두에게 주어진 목록이니 각자 흥미에 따라 스스로 선택해서 읽을 기회를 만드는 것이 더 좋지요.

권장 도서의 함정이 뭔지 아시죠? 읽으라고 하니 읽기 싫어지는 면이 있고, 숙제같이 느껴지기도 하니까요. 사실 아이들 눈높이에서 선택되지 않은 책은 읽기 동기를 떨어뜨리는 경우가 많아요.

도서관이나 도서협회, 그 밖의 공신력 있는 기관에서 제공하는 추천 도서 목록도 참고할 수 있습니다. 아이들 눈높이에 맞는 양질의 책을 출판하는 회사들의 모임(예: 한국어린이출판협의회)에서 추천하는 단행본들도 안심하고 찾아보세요.

온라인 서점도 좋은 정보원이 됩니다. 여기에서는 학년별로 적절한 책을 추려 볼 수 있다는 것이 장점이에요. 물론 스테디셀러, 베스트셀러 순위도 무시 못 하죠. 다른 아이들은 어떤 책을 읽고 있나, 어떤 책이 오랫동안 사랑받고 있나에 대한 정보에는 관심을 기울일 수밖에 없어요. 어린이책은 미리 보기 기능을 통해서 어느 정도 책의 질에 대한 감을 잡을 수 있어요. 소비자들의 짧은 서평도 살펴보세요. 부모님들뿐 아니라, 아이들의 소감도 볼 수 있어서 생생한 목소리를 접할 수 있지요.

블로그, 카페, 개별 출판사나 작가의 홈페이지에서도 좋은 책에 대한 정보를 얻을 수 있어요. 온라인 서점보다 더 길고 전문적인 서평도 많답니다. 책을 고르는 엄마가 전부 읽어 본 책이 아니기 때문에 이런 정보는 많이 얻을수록 결정에 도움이 될 거예요.

신간 소식은 신문, 잡지, 뉴스레터 등을 통해 접할 수 있어요. 짤막한 소식을 보고 특별히 눈길이 가는 주제, 작가, 내용의 책이라면 바로 검색을 해서 더 알아본 후에 책동아리에서 읽을지 여부를 결정해 보세요.

예전처럼 오프라인 서점에 자주 방문하지 않는 세태가 안타깝습니다. 책이 가득한 공간에서 오감을 만족시키며 읽고 싶은 책을 고르는 경험은 단순하지 않아요. 직접 손으로 책장을 넘겨 보며 고르는 맛은 스크린 속의 미리 보기와는 차원이 다르지요. 그러니 서점 나들이를 자주 해 보세요. 아이와 함께 가는 것이 최선이지요. 물론 도서관도 비슷한 기능을 해요. 대출이 무료라서 더 좋기도 하고요.

하나 더, 혹시 부모님이 어릴 때 읽었던 책 중에 잊지 못할 책이 있나요? 그런 책이 지금도 서점이나 도서관에 여전히 남아 있다면 아마도 고전 또는 그에 준하는 책이겠지요. 이렇게 세대를 넘어 이어질 수 있는 책도 책동아리용 도서로 아주 좋아요. 그러니 어릴 적 기억을 되살려 보세요.

저학년 및 고학년용 도서 선정 포인트

초등학교 저학년생과 고학년생들을 위한 책동아리용 도서 선정의 포인트는 조금 다를 수 있어요. 제 생각에는 저학년 때는 일단 재미있는 이야기책이 우선시됩니다. 그림책 수준을 벗어나 글 텍스트의 양이 많아지는 무렵에 읽는 재미를 느껴야 독서와 친한 아이가 되거든요. 특히 요즘에는 TV뿐 아니라 유튜브 동영상이나 각종 게임과 경쟁해야 하는 책의 운명이 다소 암담해요. 아이들의 눈높이에서 비교해 보면 이런 경쟁 상대에 비해 책이 주는 자극이 훨씬 잔잔한 건 사실이라서 여유 시간이 생겼을 때 아이가 먼저 책을 펼치기를 기대하는 것이 점점 어려워지고 있어요. 그렇기 때문에 저학년 때 책 읽기의 재미를 확실하게 느껴야 독서라는 세계의 문턱을 넘을 수가 있답니다. 물론 저학년 때도 정보책을 다양하게 보는 것은 좋아요. 다만 책동아리에서 함께 읽고 나눌 책으로 이야기책을 제가 우선시한 것뿐이에요.

고학년이라면 읽기 경험도 쌓였을 테고, 다른 교과와의 연결도 생각하지 않을 수 없지요. 게다가 '논술' 학원에 다니는 친구들도 많다 보니, 사고력과 쓰기 능력을 키우는 활동도 반드시 필요하고요. 그래서 비문학이라고 불리는 논픽션 책들도 반반 섞어서 선정했습니다(사실 '비문학'이라는 표현에는 어폐가 있어요. 논픽션도 문학의 범주에 들어가거든요). 격주로 진행하면서 한 번은 문학, 한 번은 비문학 이렇게요. 역사, 인물, 사회, 문화, 과학, 예술, 환경, 철학 등등 다양한 내용이 골고루 포함되게 신경을 썼어요. 하지만 고학년용 도서 역시 '아이들이 재미있어 할까?'의 기준을 중요시해서 골라야 합니다. 마치 '쇼는 계속 되어야 한다'처럼 '책동아리는 재미있어야 한다'를 전제로 삼아 주세요.

엄마가 먼저 읽기: 이 책의 포인트는 뭘까?

책동아리를 진행하기 위해서는 우선 엄마가 먼저 책을 읽어야 합니다(이 책에서 아무리 활동지를 다 만들어 드렸어도 책은 꼭 읽으셔야 해요!). 학기 초에 책들을 고르기 위해 훑어보며 읽을 수도 있고, 어떤 이유로든 이미 읽어 본 책도 있을 수 있어요. 하지만 보통은 모임 1~2주일 전에 제대로 정독하는 게 일반적이에요.

저는 격주로 주말에 모임을 열었기 때문에 한 주는 책을 읽고, 한 주는 활동 자료를 준비하며 보냈어요. 매주 모인다면 엄마가 좀 더 부지런해야겠지요. 어린이책이기 때문에 한 권을 읽는 데는 1~3시간 정도면 돼요. 다만 바쁜 일과 중에 책을 틈틈이 펼쳐야 할 때도 있고, 활동 계획을 위해 생각할 시간도 필요하니 여유롭게 준비하는 게 좋겠지요.

즐겁게 책을 읽는다

일단 부모가 책을 즐겁게 읽는 게 아주 중요해요. 일, 의무, 숙제로 생각하지 마시고 어린 시절로의 회귀, 일상 탈출, 스트레스 해소, 아이들을 위한 봉사라고 생각하면 힘들지 않을 거예요.

특히 부모가 책 읽는 모습을 아이가 보는 것은 말로 설명할 수 없는 긍정적 효과가 있답니다. 책 좀 읽으라는 잔소리보다 부모가 독서하는 모습을 보여 주는 모델링이 더 효과적인 데다, 아이가 보기에 자신을 위해 어린이책을 읽는 부모의 모습이 얼마나 신선하고 강력하게 각인되겠어요. 저는 아이가 어릴 때 일부러 아이 보는 앞에서 어린이책을 읽으면서 혼자 낄낄대기도 하고, "이 책 진짜 재밌다!" 하고 말을 건네기도 했어요. '도대체 어떤 책이길래 엄마가 그럴까?' 하는 마음이 들도록 '낚은' 거지요. 꽤나 효과적인 방법이랍니다.

어른의 시선에서 아이의 입장을 고려하여 읽는다

어른의 눈으로 읽지만 아이의 마음으로 읽는 것도 필요합니다. 시간을 아끼기 위해 속독으로 훑어보며 줄거리만 파악한다든지, 어린이책이라 단순하고 문체도 유치하다고 생각하는 것은 좋지 않은 마음가짐입니다. 아이들이 그 책을 읽을 때 어떨지를 생각하면서 읽어야 해요. 어떤 호흡으로 읽게 될지, 무엇을 궁금해할지, 어떤 부분을 이해하기 어려워할지……. 즉, 아동용 책의 '이중독자구조'를 의식하고, 어른의 눈과 아이의 눈을 동시에 가동해야 한다는 뜻입니다.

읽으면서 표시를 하거나 메모를 남길 필요가 있어요. 금방 읽으니 다 기억 날 것 같아도, 뒤표지까지 덮고 나면 그렇지 않답니다. 생각은 풍선처럼 날아가 버리니까요. 읽으면서 뭔가 쿵 하고 느껴지는 것이나 활동을 위한 아이디어가 떠오를 때마다 기록을 하면 며칠 후에 활동 자료를 만들 때 큰 도움이 되더라고요. 접착식 메모지 아시죠? 이걸 책 뒤표지에 붙여 놓고 읽다가 기록할 일이 생기면 바로 적어 두면 좋아요. 쪽수를 먼저 적고, 알아볼 수 있게 질문이나 활동 내용을 간략히 적어 두면 됩니다.

책의 지문을 찾는다

제가 앞에서 책마다 지문(指紋)이 있어서 개성이 전부 다르다고 말씀드렸죠? 읽고 있는 책에서 어떤 점이 가장 돋보이는지를 찾아보세요. 책동아리 모임에서 그 책 한 권을 샅샅이 분석할 수는 없어요. 시간도 부족하지만, 그렇게 하면 모두가 지쳐요. 매번 비슷한 방식, 같은 이야기가 반복될 가능성이 높으니까요.

꼭 짚어야 하는 내용상의 흐름이나 아이들의 이해, 글쓰기에 도움이 될 질문들 몇 개씩은 포함할 수 있겠지만, 각 책에서 가장 중요한 포인트 한 가지에 집중하는 게 좋은 방법이라고 생각합니다.

활동지 만들기: 어떤 질문을 할까?

활동지는 독서 활동의 흔적이 되어 쌓이기 때문에 스크랩해 두고 다시 볼 수도 있어 좋아요. 저는 이번에 이 책을 준비하면서 6년 동안 쌓인 아이의 독서 활동지들을 꼼꼼히 보았는데 수도 없이 뭉클했습니다. 추억 가득한 사진첩을 보는 것 이상이었어요. 아이의 기발한 생각, 삐뚤빼뚤하고 큼직한 글씨, 한 학기 또는 일 년이 지나가면서 눈에 보이는 발전…… 틀리게 쓴 글자마저 소중하고 사랑스럽게 느껴졌습니다. 활동지를 만드는 일이 책 읽기보다 어려운 건 사실이지만, 보람 있는 창조의 시간이기도 해요. 아이에게 먹이고 싶은 영양가 높은 음식처럼, 독서 활동 자료도 각종 재료로 만들어 낼 수 있는 창작물이랍니다. 이제부터 솜씨 좋은 독서 요리사가 되어 보세요!

참고 자료를 활용한다

엄마가 먼저 책을 즐겁고 재미있게 읽었어도 '이번엔 모여서 뭘 하지?' 하고 생각해 보면 막막한 마음이 들 거예요. 그럴 때 일단 참고 자료들을 활용할 수 있어요. 어떤 자료가 있는지 찾는 데는 인터넷이 최고지요. 책 제목으로 검색을 해 보면 예상보다 많은 자료를 찾을 수 있어요. 제가 특히 좋아한 자료는 작가의 홈페이지나 인터뷰 기사예요. 그 책의 집필에 어떤 배경, 어떤 의도가 있었는지 알 수 있어서 좋고, 아이들이 추가로 읽을 텍스트가 되기도 하거든요.

독자 개인의 블로그나 인터넷 서점에서 서평도 찾을 수 있어요. 다른 사람들은 어떻게 읽었는지 살펴보는 것도 도움이 됩니다. 단, 내 생각이 어떤지 정리도 안 되었는데 남의 생각부터 읽다가는 그대로 흡수되어 버리는 수가 있어요. '아, 저게 정답이구나' 하고요. 하지만, 책을 읽은 소감에 정답이 어디 있겠어요. 그러니 다른 사람의 생각은 존중하되 복사할 필요는 없습니다.

추가 읽기 자료를 제공한다

책을 읽다가 아이들에게 소개하고 싶은, 또는 아이들이 모를 텐데 중요한 개념이나 어휘가 있다면 정의를 찾아보는 것도 필요해요. 너무 어렵게 설명된 자료라면 이해하기 쉽게 수정해 주세요. 뒤의 활동지에서 그 예를 찾을 수 있을 텐데, 예를 들면, 문학에서 '시점'이나 '액자식 구성'이 무엇인지, 독후 활동으로서의 '토론'이 무엇이며 어떻게 하는 것인지, '노블레스 오블리주'는 어떤 개념인지와 같은 내용을 정리해서 간단하게 읽을거리로 제공하는 거예요. 이런 내용은 활동지에 글상자로 넣고 모임 첫머리에 아이들과 함께 읽은 후 관련된 활동으로 들어가면 좋습니다.

그밖에 신문이나 잡지에서도 귀한 자료를 건질 수 있어요. 저는 기사를 읽다가 문해 활동으로 엮기 좋은 자료는 신문 활용 교육을 위해 스크랩해 두었어요. 관련된 활동을 할 때 추가 텍스트로 활용하면 좋습니다.

나만의 독서 활동지 만들기

나만의 독서 활동지를 만들 때는 A4 용지로 출력할 수 있게 활동지 형식을 구성해 두고 한글 프로그램이나 마이크로소프트 워드 등 워드 프로세서로 활동 내용을 작성하면 됩니다. 쓰기를 할 수 있는 공간을 충분히 제공했을 때, 저학년은 1~2쪽, 고학년은 3~4쪽 분량이 적절해요. 저는 양면 출력으로 종이를 절약하는 동시에 아이들에게 분량이 부담 없어 보이게 했어요.

제가 학년별로 20회씩 120개의 활동지는 제공해 드릴 테니 그대로 사용해도 됩니다. 또 그 방식과 내용을 참고해서 나만의 독서 활동지를 만들어 보세요.

책동아리 이끌기: 모여서 뭘 할까?

책동아리의 가장 중요한 목적은 모여서 책에 대해 이야기 나누는 것이겠지요. 하지만 그 전에 준비도 필요해요. 무엇을 어떻게 준비하면 좋을지, 모임 시간이나 전체 구성은 어떻게 하면 좋을지 알려드릴게요.

아이들이 모이기 전에 준비할 것들

일단 집 청소! 힘들다고 생각 말고 책동아리 모임 덕분에 우리 집이 자주 깨끗해진다고 여긴다면 어떨까요? 모이는 공간이 깨끗해야 마음도 안정되고 독서 활동에 집중할 수 있어요. 아이들을 산만하게 만들기 쉬운 놀잇감 등도 일단은 눈에 안 보이는 곳에 치워 주세요.

간식도 필수겠지요. 다행히 여러 가족의 아이들이 모이다 보니 간식은 끊이지 않을 거예요. 서로 부담 없으려면 한 번에 한 집씩 돌아가며 간식을 담당하는 것도 방법일 것 같아요. 그렇지 않으면 어떤 날은 무슨 잔치 같답니다. 마치 먹으려고 모인 것처럼요. 간단한 음료 정도로도 충분해요. 저는 처음 시작할 때 어린이 손님들을 위한 음료 메뉴판을 만들어 코팅해 사용했어요. 과일 주스 몇 가지나 우유 또는 생수와 과일청으로 만들 수 있는 음료 등이 적절해요. 메뉴판은 처음 몇 번 잘 사용하고 어딘가로 사라졌지만, 손님 대접은 좋은 생각 같아요. 아이들의 선택권은 언제나 소중하니까요. 보통 계절 과일이나 쿠키, 구운 계란, 작은 크기의 빵 등이 인기 간식이었답니다. 간식이 많은 날은 아이들이 집에 돌아갈 때 조금씩 싸 주세요. 책 나눔을 통해 마음도 뿌듯해지고 가방도 불룩해지니 일석이조지요.

한 시간 정도 집중해서 진행

가장 중요한 책 모임은 집중해서 한 시간 정도만 진행했어요. 자주 보는 친구들인데도 항상 모이자마자는 좀 어색한 기운이 있어요. 그런 분위기를 바꾸기 위해 워밍업이 좀 필요합니다. 그동안 지낸 이야기나 읽고 온 책에 대한 인상 같은 걸로 대화를 주고받으면 좋아요.

본격적으로 책에 대한 대화를 나누고 추가 읽기나 쓰기 활동을 진행하려면 활동지가 있는 것이 좋아요. 처음 시작했던 1학년 초반에는 아무 자료도 없이 책만 가지고 대화만 나눴는데, 활동지가 필요하다는 걸 절실히 느끼게 되어 그다음부터는 활동지 제작에 관심을 많이 기울였어요.

이 활동지라는 뼈대만 있으면 진행은 그리 어렵지 않아요. 아이들도 뭘 해야 하는지 금방 알게 되어 집중하기 좋고요. 다만, 아이들이 활동지에 답을 쓰며 활동을 금방 마치려고 하는 태도를 갖지 않도록 주의해야 해요. 쓰기는 이야기를 나누고 생각을 정리해서 최종적으로 하는 것이니까요. 서로 충분히 대화해서 생각을 더 다듬을수록 발전된 내용을 쉽게 쓸 수 있습니다.

책 모임만큼 중요한 놀이 시간

책 모임을 한다고 공부(?)만 하다 돌아가야 한다는 생각은 버려 주세요. 아이들이 함께 놀 수 있는 기회가 생겼는데 그냥 보내기는 아깝잖아요. 요즘 아이들은 친구들과 모여 노는 경험이 너무나 부족합니다. 학년이 올라갈수록 심해져요. 다들 학원 다니고 미세먼지 피하느라(이제 코로나19까지!) 모여서 놀 기회가 적으니 스트레스를 풀 수도 없고, 사회성도 제대로 발달하기 힘들어 심각한 문제예요.

아이들이 잘 크려면 놀이가 참 중요해요. 책 모임은 한 시간 정도 이내로 끝내고 적어도 30분은 꼭 온 마음으로 놀게 해 주세요. 저는 각종 보드게임을 준비해 두었고요, 아이들은 공 같은 간단한 놀잇감으로도 온갖 놀이를 만들어 내서 놀아요. 날씨 좋은 날에는 가끔 놀이터나 공원에도 나갔어요. 이렇게 주기적으로 만나서 노는 친구들이 있으면 든든해요. 서로를 잘 이해하고 점차 말 없이도 통하는 사이가 되거든요.

한 학기에 한 번씩은 엄마들까지 모두 모여 동네에서 밥도 먹고 파티 비슷하게 아이들이 그동안 열심히 참여한 것을 축하해 주었답니다. 이런 마디가 하나씩 모여 아이들은 대나무처럼 쑥쑥 크더라고요. 몸도, 마음도, 문해력도요.

책동아리 리더 엄마의 역할:
어떻게 진행할까?

책동아리 모임을 진행하는 MC, 사회자로서 엄마는 어떠한 역할을 해야 할까요? 소위 명MC라고 불리는 사람들의 모습을 한번 떠올려 보세요. 왜 그들이 명MC라고 불리는지도 생각해 보시고요. 그들은 전체적인 흐름을 통제하지만 마이크는 항상 패널들에게 주고 있지 않나요? 질문을 던진 뒤 답을 경청하고, 전체 분위기를 끌어올리거나 전환시키고, 사람들을 격려합니다.

책동아리에서 리더 엄마의 역할도 이와 같아요. 질문, 촉진, 격려로 아이들을 이끌고 뒤에서 조용히 뒷받침해 주면 됩니다. 구체적인 방법을 하나씩 함께 짚어 볼까요?

좋은 질문을 준비한다

요즘 아이들은 스스로 질문하기 싫어하는 것 같아요. 어려서부터 동영상 시청에 익숙하고 학원 수업과 인터넷 강의도 일찍 접하다 보니 앉아서 시청(?)하며 수동적으로 받아들이는 것에 길들여졌나 봐요. 질문을 해도 단답식으로 하기 일쑤입니다. 남과 다른 대답을 하는 것을 두려워하고, 틀릴까 봐 겁을 먹어요. 이런 점은 활발한 독서 모임을 통해 개선할 수 있어요. 어릴 때부터 충분히 연습할 수 있거든요. 무엇보다 개인마다 생각이 다를 수 있음을 느껴야 하는데, 그러기에는 독서를 중심으로 하는 이야기 나누기가 최고로 좋은 기회입니다.

그렇다고 시작하자마자 아이들이 앞다투어 뭔가 말을 하는 것은 기대할 수 없어요. 그래서 질문이 필요합니다. 우문(愚問) 말고 현문(賢問)이어야 하지요. 그럼 어떤 질문이 좋은 질문일까요? 단답식의 대답만 가능한 수렴적, 폐쇄적 질문 말고, 어떤 대답이든 가능하고 생각이 꼬리에 꼬리를 물 수 있는 확산적, 개방적 질문이 좋아요. 아이들의 이해를 파악하기 위해 시험 문제 같은 질문을 일삼는 것은 피해야 합니다. 한두 번이야 필요할 수도 있지만, 이런 질문이 반복되면 아이들은 움츠러들게 돼요. 책을 읽고 모여서 친구 엄마에게 검사를 받거나 시험을 본다는 느낌이 들거든요. 모든 책을 암기하듯 정독해야만 한다고 여기게 되지요.

반면에, 육하원칙은 '언제, 어디서, 누가, 무엇을, 어떻게, 왜'를 다루지요. 소위 Wh-question에 해당하는 질문입니다. 이 중에서도 '어떻게'와 '왜'가 가장 풍부한 대답을 이끌어내요. 엄마가 미리 책을 읽으면서 아이들이 생각해 보면 좋을 만한 포인트를 찾아내고 미리 질문을 만들어 두세요. 즉석에서도 가능하지만 푹 익힌 질문이 강력한 법입니다. 이런 질문을 활동지에 담아내면 진행하기 편리해요.

아이의 생각에 불꽃을 붙이는 엄마

아이들이 맥락을 파악하고 생각을 확장하려면 지금 무슨 이야기를 하고 있는지에 초점을 맞추어야 하는데, 그럴 때 진행자의 말을 잘 듣는 게 도움이 되지요. 어떤 개념을 소개했을 때 이해를 잘 못 하는 것 같거나 질문에 뭐라고 대답할지 모르고 멍할 때(아주 자주 있는 상황입니다), 당황하지 말고 부연 설명을 하거나 예시를 들어 주어야 해요. "예를 들면 이런 거야"로 시작하는 말은 아이들의 이해를 강화해 줍니다.

주변의 일상에서 일어나는 일이나 엄마 때 옛날이야기도 가끔은 괜찮아요. 잔소리 타임이 아닌 독서 모임을 통해 세대 간의 이야기가 나오는 것은 나쁘지 않습니다. 특히 책의 시대적 배경과 관련된 실제 이야기라면 아낄 이유가 없죠.

또, 진행하는 엄마 자신의 감상이나 생각을 들려주는 것도 큰 도움이 됩니다. 성인과 아동 간의 수준 차이가 명확한, 거창한 정답만 떠먹여 주는 건 금물이지만, 어느 정도 멍석을 깔아 줘야 마당놀이가 신나게 진행되더라고요. "이 부분을 읽어 보니 나는 이런 생각이 들더라"와 같은 말이라면 충분히 마중물 역할을 합니다. 책동아리를 이끌면서 아이들의 생각에 불꽃을 붙이는 건 엄마의 몫이라고 생각하게 되었어요.

칭찬은 고래도 춤추게 한다

독서도 하고 배우는 것도 있는 책동아리지만, 딱딱한 의미의 공부나 숙제는 아니니 아이들이 언제나 즐겁게 모이는 시간이 되어야 해요. 그래야 꾸준하게 모이고 힘들지 않게 해 나갈 수 있습니다. 함께 읽기로 한 책을 다 읽고 모인 것만으로도 칭찬받을 만해요. 처음부터 끝까지 즐겁게 읽기만 하면 됩니다. 모임에 가서 잘하라고 한 권을 여러 번 반복해서 읽게 할 필요까지는 없어요. 자발성을 잃는 순간, 독서가 괴로움이 될 수 있습니다.

그러니 모였을 때 칭찬부터 해 주세요. 그리고 대화를 이어나가는 내내 아이가 스스로 먼저 말을 하거나 친구에게 도움을 주거나 질문에 대답했을 때, 그런 행동 자체에 대해서도 칭찬을 해 주세요. "굉장히 창의적인 생각을 했네!", "딱 맞는 어휘를 써서 표현했구나!", "아주 순발력 넘치는 대답이었어!"처럼 구체적인 행동을 언급하면서요.

칭찬을 받은 아이는 뿌듯해지고 참여 동기가 더욱 강화됩니다. 다른 아이들에게도 자극과 모델링이 되고요. 독서 모임에서는 정해진 정답이 없기 때문에 아이들의 발화가 대부분 가치 있고 귀해요. '이런 말을 해도 괜찮을까?' 하고 살짝 걱정하면서 한 말에 기대 이상의 칭찬을 들었을 때, 아이들의 눈빛이 반짝 빛난답니다. 그걸 보는 엄마에게도 감동적인 순간이에요.

때로는 상장이나 먹거리, 기념품 같은 보상도 필요해요. 저는 낭독 대회, 사전 찾기 대회, 토론 대회를 열어 봤어요. 이런 특별한 이벤트를 마련해서 대회를 열고 상장을 줄 수 있습니다. 저학년들에게 특히 환영받는 행사지요. 아이들 수대로 개성 있는 상 이름을 정하면 좋아요. 골고루 못 받으면 속상할 수 있으니까요.

그 나이대 아이들이 좋아하는 간식도 돌아가며 준비해 주세요. 한 학기에 한 번씩은 같이 모여 식사해도 좋아요.

옛날 서당에서 했다는 책씻이처럼 그동안 책 잘 읽고 잘 자랐다는 상입니다. 아이스크림 매장에서 했던 디저트 파티도 기억에 남네요.

아이들에게 주도권 넘기기

책동아리에서는 학년이 올라갈수록 아이들의 비중이 커져야 해요. 말 그대로 '동아리'잖아요. 아이들이 회원이고 주체입니다. 엄마는 조직하고, 자료를 준비하고, 진행을 돕는 존재라고 생각하시면 돼요.

저학년 때라면 엄마의 진행이 주가 되겠지만, 고학년이 될수록 점점 아이들이 말하고 묻고 대답하는 비율이 높아지는 게 좋습니다. 엄마가 조금씩 빠지는 거죠. 그런데 엄마가 빠지기 위해서는 기술이 필요합니다. 그야말로 슬쩍 빠지기 위해 아이들의 대화를 촉진해 주어야 해요. 처음에는 일단 아이들이 입을 많이 여는 게 중요하니 적절한 질문이 도움이 됩니다. 어떤 질문은 구성원 모두에게 묻지 마시고, '콕' 찍어 지명을 해서 물어보는 것도 좋아요. 아이들이 집중하며 어느 정도의 긴장을 하는 것도 필요하니까요(대학 수업에서도 마찬가지랍니다).

그다음이 좀 어려운 부분인데, 아이의 발화에 어른이 바로바로 응답해 주는 방식이 굳어지지 않게 해야 해요. 어른은 질문하고, 한 아이가 대답하고, 그에 대해 다시 어른이 평가해 주는 식이면 여러 아이들이 섞일 수 있는 여지가 줄어들기 때문입니다. 방식이 이렇게 굳어지면 아이가 먼저 질문을 하거나 생각을 표현하지 않게 돼요. 한 아이에서 다른 아이로 발화가 이어지는 순간을 기다렸다가 격려해 주세요. 어떤 활동은 다양한 의견이 우르르 나올 수 있게 짜 보고, 특히 토론을 집어넣으면 좋아요. 개인별로, 또는 팀별로 찬성과 반대로 나누어 의견을 개진하다 보면 활발한 표현이 이루어질 거예요. 진행자 어른은 필요할 때만 중재하면 됩니다.

한편, 팬데믹으로 온 인류가 어려움을 겪는 요즘, 불가피하게 온라인으로 책동아리 모임을 한 적이 있어요. 아이들은 이미 학교나 학원을 통한 온라인 수업에 익숙해져서 별문제 없이 진행이 되더군요. 이럴 때 아이들이 좀 더 주도적이 될 수 있게 신경 써야 해요. 소집단이니 학교 수업과는 달리 개인 오디오를 꺼 두지 않고 언제든 말할 수 있게 규칙을 정하세요.

아이들이 중학생이 된 후에는 단톡방도 만들었어요. 온라인 모임 후, 각자 쓴 글을 사진이나 파일로 올려서 공유하기도 하고, 다음번 읽을 책에 대한 안내나 과제도 전달하니 편하더라고요. 초등 고학년 정도면 적용할 수 있겠네요.

Chapter 2

초등 문해력을 키우는 엄마표 책동아리 활동

독서 활동지와 원고 노트 활용법

Chapter 2에는 학년마다 총 20회의 책동아리 활동을 할 수 있는 독서 활동지를 수록했어요.
회차별로 활동 도서를 소개하는 페이지와 활동을 지도하는 방법,
그리고 아이가 실제로 활용하는 독서 활동지로 구성되어 있어요.
특별 부록 원고 노트도 꼭 함께 사용하세요!

1 활동 도서 소개 페이지
책동아리에서 함께 읽을 메인 도서를 소개합니다.

간단한 서지 정보와 함께 이 책에
담긴 주제를 해시태그로 보여 줘요.

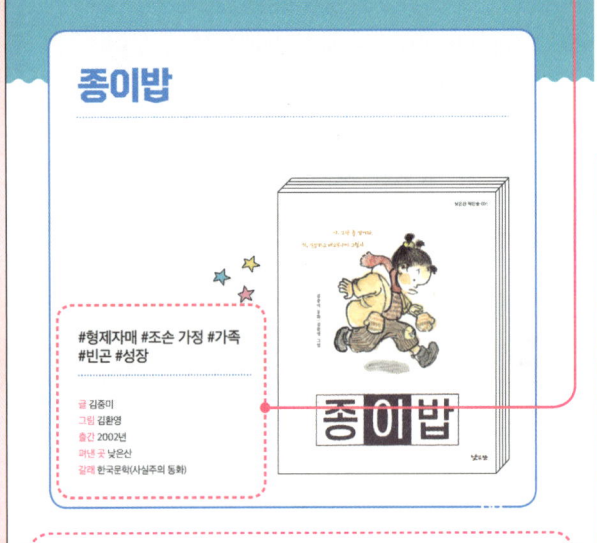

이 책을 소개합니다
줄거리 등을 엿볼 수 있습니다.

도서 선정 이유
책동아리 도서로 이 책을 선정한 이유를 알려드려요.

함께 읽으면 좋은 책
활동 도서의 주제와 비슷한 주제가 담긴 책들과 활동 도서의 글 또는 그림 작가가 쓴 다른 책들을 소개했어요. 아이가 이 책의 주제를 마음에 들어 하거나 작가를 마음에 들어 한다면 곁들여 읽을 수 있도록 도와주세요.

이렇게 활용해 보세요

지도 방법뿐 아니라 왜 이러한 질문을 했는지, 질문에 담긴 의도를 설명합니다. 이 책에서 소개한 활동 도서 외의 책으로 책동아리 모임을 할 때, 이 내용들을 참고로 나만의 독서 활동지를 만들어 보세요.

2. 문해력을 높이는 엄마의 질문

독서 활동지를 활용해 지도하는 방법을 알려드려요.

아이들이 대답할 법한 답은 이렇게 민트색의 손글씨 서체로 표기했어요. 대부분의 질문에는 확실한 정답이 없습니다. 허용할 수 있는 범위 내에서 모두 답으로 인정해 주세요. 명확한 정답이 있는 경우에는 민트색의 고딕 서체로 표기되어 있습니다.

3. 독서 활동지와 원고 노트

아이들이 활용하는 독서 활동지입니다. 질문에 대해 곰곰이 생각해 보고 답을 쓸 수 있도록 지도해 주세요.

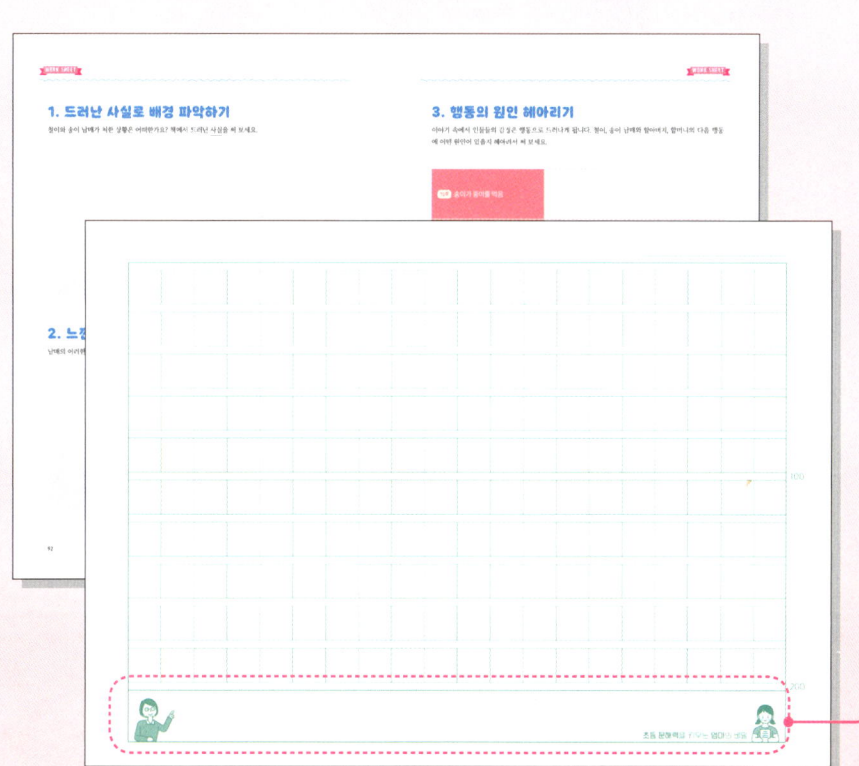

원고 노트 하단에는 아이가 쓴 글에 대한 짧은 코멘트를 해 주세요. 저는 별 다른 말 없이 영어로 'good!', 'great!'로 나누어 적어 주었어요. 이 정도로도 충분합니다.

3학년을 위한
책동아리 활동

중학년에 접어든 아이들은 책 읽기에 익숙해지고 그림 의존도가 낮아집니다. 삽화가 없어도 글의 내용을 잘 파악할 수 있어요. 그래서 글이 더 많아지고 구조가 복잡한 책도 읽어 낼 수 있습니다. 짤막한 챕터로 나뉜 책이 아니어도 충분히 읽을 수 있기 때문에 책동아리 도서 목록의 후보가 될 수 있는 책이 많지요.

1~2학년 때에 비해서 좀 더 실제적인 내용이 담긴 학교생활이나 친구 관계에 대한 이야기책을 좋아할 거예요. 관심 주제에 따라 정보책을 잘 읽어 낼 수 있는 시기이기도 하고요. 교과 연계 도서들 중에서 사진과 그림도 풍부하게 들어간 책이라면 지루하지 않게 읽고 학습에도 도움을 받을 수 있어요. 읽기 유창성이 계속 발달해야 하는 시기이므로 주기적으로 소리 내어 읽어 보게 하는 것도 필요해요.

이 책에 담긴 책동아리 활동에 등장하는 질문들을 활용해 이해에 깊이를 더해 주세요. 원인과 결과를 이어 보기, 뒷이야기 꾸며 보기, 작가의 의도 이해하기도 잘 해낼 수 있는 시기예요.

초등학교 3학년 문해력 성장을 위한 책동아리 도서 목록

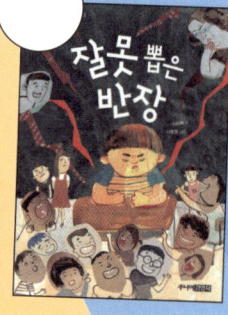

함께 한 날짜를 적어 보세요♡

GOAL

뒷간 지키는 아이

#인권 #평등 #조선 시대
#신분 제도 #배움 #스승

글 김해우
그림 이수진
출간 2014년
펴낸 곳 교학사
갈래 한국문학(역사 동화)

 이 책을 소개합니다

　이 책은 조선시대 노비 아이 솔개가 낮은 신분과 배움에 대한 열망 때문에 고난을 겪으며 성장하는 모습을 그린 장편 동화예요. 열한 살 솔개는 최 진사가 밤에 뒷간에 갈 때마다 불을 들고 따라나서야 했어요. 밑씻개로 가져오라는 책을 숨기고 그것을 소중히 여기지요. 공부에 뜻이 없던 최 진사의 아들 성학의 거짓말로 숨겨 둔 책을 들킨 솔개는 종놈이 도둑 공부를 한다는 이유로 고초를 당하고 다른 집으로 팔려 가기까지 해요.

　나무를 하다 만난 선비(정운학)는 솔개에게 인간의 평등함을 일깨워 주고, 세상을 밝히라는 뜻의 '정명세'라는 이름을 지어 줍니다. 노비라는 신분의 굴레에 묶여 좌절과 분노 속에 살아가던 솔개가 인생의 스승을 만나 새로운 세상을 열어 갈 희망을 품게 되는 이야기가 진한 감동을 줄 거예요.

 도서 선정 이유

　　제8회 소천아동문학상 신인상 수상작이에요. 조선 시대 천민들이 겪었던 가슴 아픈 사연들이 극적으로 전개되고, 천주교 박해 등의 역사적 사실도 촘촘히 엮어 이야기의 진정성을 잘 살려냈다는 심사평을 받았어요. 신분 제도가 서서히 붕괴되고 천주교 박해가 시작되는 조선 시대 후기의 분위기를 느낄 수 있어요. 함께 곁들여진 《명심보감》의 좋은 글귀들이 지혜를 전해 줍니다.

　　역사를 통해 인권에 대해 생각해 보게 되고, 내가 누리는 평등의 소중함도 느끼게 될 거예요. 솔개가 어려움을 이겨 내며 보여 준 자아 탄력성도 귀감이 될 것이고요. 이야기 나누기로 연결하기 좋은 책이라 독서 모임에 적절해요. 소개한 활동 외에도 인물 관계도 만들기, 마음에 들거나 들지 않는 인물과 그 이유 말하기, 주요 사건으로 희곡 쓰기, 조선의 신분 제도(양천제, 반상제) 및 작품 배경 알아보기 등을 시도하면 좋아요. 5학년 교육과정에서 역사를 배우게 되니 역사에 대해 흥미를 갖기 위해 3~4학년 때 읽으면 좋겠습니다.

함께 읽으면 좋은 책

비슷한 주제

○ 홍길동전: 정의를 위해 싸우다 | 이병승 글, 임광희 그림, 마음이음, 2020

○ 백정의 아들, 염 | 예영 글, 오승민 그림, 뜨인돌어린이, 2018

○ 그림으로 보는 한국사 4: 조선 전기부터 조선 후기까지 | 황은희 글, 이동철 그림, 역사와 사회과를 연구하는 초등 교사 모임 감수, 계림북스, 2013

○ 역사로 시작하는 신분 한국사 북아트 | 김현옥 글, 아보세, 2014

○ 소년 검돌이, 조선을 깨우다 | 박향래 글, 강창권 그림, 청어람주니어, 2019

○ 깨어져 빛나는 | 김영주 글, 무지개토끼, 2020

○ 양반에서 노비까지 조선의 신분 제도 | 김경애 글, 장서영 그림, 주니어RHK, 2013

같은 작가

○ 일곱 발, 열아홉 발 | 김해우 글, 임수진 그림, 푸른책들, 2015

○ 귀신 보는 추리 탐정, 콩 2: 날 버리지 마! | 김해우 글, 한상언 그림, 단비어린이, 2021

○ 골라 골라 눈코입 | 김해우 글, 박현주 그림, 크레용하우스, 2021

○ 한글 피어나다 | 정해왕 외 7인 글, 이수진 그림, 해와나무, 2009

○ 불귀신 잡는 날 | 신은경 글, 이수진 그림, 북멘토, 2019

○ 허 도령과 하회탈 | 정종영 글, 이수진 그림, 크레용하우스, 2016

문해력을 키우는 엄마의 질문

1. 등장인물 분석하기: 사실과 생각 구별하기

《뒷간 지키는 아이》에 등장하는 주요 인물들에 대해 생각해 봅시다. 다음 각 인물에 대해 이야기에 분명히 드러난 '사실'과 여러분이 읽으면서 그 인물에 대해 '생각'한 내용으로 구분해서 써 보세요.

인물	인물에 대한 사실	인물에 대한 내 생각
솔개	열한 살이다. 노비이다. 쪼깐이와 개똥이의 아들이다. 자유의 몸이 된다.	똑똑하다. 가여운 처지다. 순진하다. 용맹하다. 책 읽기를 좋아한다.
최 진사	벼슬을 못 딴 양반이다. 솔개를 종으로 부린다.	이기적이다. 자기 자식만 끔찍이 생각한다. 잔인하다.
최성학	공부를 싫어한다. 풍물놀이를 좋아한다. 거짓말을 일삼는다. 암기 능력이 떨어진다.	비겁하다. 머리가 나쁘다.
이은덕	상민이다. 솔개보다 한 살 어리다. 솔개를 좋아한다.	속마음을 잘 표현하지 못한다. 순진하다.
정운학	선비이다. 귀양을 왔다. 천주교를 믿는다. 솔개에게 책을 주고 이름도 지어 주었다. 솔개가 자유의 몸이 되는 걸 도왔다.	착하다. 어질다. 현명하다.

이렇게 활용해 보세요

이야기에 등장하는 인물들을 분석해 봅니다. 이름을 가지고 역할이 있는 대표적인 인물들을 뽑았어요. 그리고 표를 나누어 그 인물에 대해 글에서 명확히 드러난 사실과 나의 평가를 나누어 적어 보도록 합니다.

생각에 해당하는 내용은 주로 인물의 성격에 해당하겠지요. 인물의 심리여도 문장으로 분명히 드러난 경우도 있습니다. 그런데 어떤 점은 내 생각인데 사실인 것으로 착각하기 쉽고, 어떤 점은 사실인지 생각인지 구별하기 어려울 거예요. 이렇게 책을 읽으며 사실과 의견(Fact-Opinion)을 구분해 보는 연습은 정말 중요하답니다.

2. 정서 추론하기

다음 장면에서 인물은 어떤 감정을 느꼈을까요?

- 자다가 말고 최 진사의 뒷간 심부름을 가야 하는 솔개

  화가 났을 것 같다. 아직 어린아이인데 노비라고 자다가 억지로 깨야 하다니……. 나이 많은 어른이 혼자 화장실에 못 가서 자기가 따라가야 한다는 것에 어처구니가 없었을 것이다. 또 한편으로는 밤에 화장실 밖에서 기다리는 게 무서웠을 것이다.

- 멍석말이를 당하며 매 맞는 솔개를 바라보는 엄마

  너무 속상하고 마음 아팠을 것이다. 자기가 맞는 것보다 더 아팠을 수도 있다. 자식이 잘못한 게 없다고 믿었을 텐데 하소연을 할 수도 없고 마음에서 불이 났을 것 같다. 솔개가 태어나자마자 노비가 된 게 부모 탓이라고 생각해서 미안하고 속상했을 것이다.

- 책과 공부를 좋아하는 솔개를 바라보는 정운학

  어려운 환경, 낮은 신분의 솔개가 책 읽기를 좋아하고, 배우는 것을 즐거워해서 대견함을 느꼈을 것이다. 솔개의 불쌍한 처지를 이해하고, 거기에서 벗어나게 해 주려고 마음을 먹는다.

> **이렇게 활용해 보세요**

주요 장면에서 인물들은 어떤 마음일까요? 이런 활동은 행간을 읽는 것에 가까워요. 전지적 작가 시점이어도 인물의 감정을 전부 말해 주지는 않으니까요. 맥락과 상황을 잘 이해해야 인물의 감정을 추론할 수 있어요. 이런 활동을 통해서 공감 능력도 발달하게 됩니다.

3. 토의하기

친구들과 다음 질문에 대해 의견을 나눠요.

- 《뒷간 지키는 아이》의 시대적 배경은 어떠한가요? 이야기의 주제와 관련하여 어떤 시대였다고 할 수 있을까요?

  신분 제도가 엄격한 시대였다. 양반, 상민, 노비와 같은 계급이 있어서 다른 계급이 되는 것은 거의 불가능했다. 이 시대의 신분은 본인의 노력과는 상관없이 태어나면서부터 주어지는 것이었다.

- 이 이야기의 내용에서 가장 마음에 들지 않았던 부분은 무엇인가요?

  양반이 자기 할 일을 잘 못하는 점이 마음에 들지 않았다. 어떤 부모에게서 태어나느냐에 따라 처음부터 양반이었지만, 열심히 노력을 하는 것도 아니고, 능력을 보여 주는 것도 아닌 사람들이 많았다. 신분이 낮은 이들을 깔보거나 괴롭히기도 했다.

- 무엇이 바뀌어야 그 부분이 바람직하게 달라질 수 있을까요?

  시대적 상황에 따라 양반 가문에서 나고 자랐기 때문에 저절로 얻은 것이 많은 만큼 주변에 갚으며 살아야 한다. 공부도 열심히 하고 자기가 남들을 위해 할 수 있는 게 무엇일까 생각해서 많은 사람을 돕는 역할을 해야 한다. 벼슬을 해서 사회에 도움이 될 수도 있고, 어린아이들을 가르칠 수도 있다. 노비라고 막 대하지 않고, 불쌍한 사람들을 도울 수도 있다.

> **이렇게 활용해 보세요**

책의 줄거리를 넘어 주제 의식에 접근하기 위한 이야기 나누기입니다. 일단 이야기의 시대적 배경에 대해서 짚어 보고, 신분제에 대한 이해를 점검할 수 있어요.

그리고 아이마다 내용에서 반감을 느꼈던 부분이 어디인지 의견을 나눕니다. 위의 예시 외에도 주인공이 오해를 받고 멍석말이를 당하는 장면, 어린아이인데 바로 노비가 된 것, 양반의 아들이 못된 짓을 한 것 등의 의견이 나왔어요.

마음에 들지 않은 부분이 있었다면 해결책을 생각해 볼 수도 있겠지요. 문제의식을 스스로, 그리고 진정으로 느꼈을 때 해결책도 잘 생각할 수 있어요.

시대가 달라졌지만, 여전히 적용되는 노블레스 오블리주에 대해서도 이야기를 이어 가면 좋겠습니다. 용어는 다루지 않더라도, 사회 지도층 또는 리더의 역할이 어때야 하는지 토의할 수 있어요.

책동아리 POINT

일단은 충분히 이야기를 나누고, 자기가 생각해서 말한 것과 친구들로부터 들은 것을 정리해서 활동지에 문장으로도 남길 수 있도록 도와주세요.

1. 등장인물 분석하기 　사실과 생각 구별하기

《뒷간 지키는 아이》에 등장하는 주요 인물들에 대해 생각해 봅시다. 다음 각 인물에 대해 이야기에 분명히 드러난 '사실'과 여러분이 읽으면서 그 인물에 대해 '생각'한 내용으로 구분해서 써 보세요.

인물	인물에 대한 사실	인물에 대한 내 생각
솔개		
최 진사		
최성학		
이은덕		
정운학		

2. 정서 추론하기

다음 장면에서 인물은 어떤 감정을 느꼈을까요?

자다가 말고 최 진사의 뒷간 심부름을 가야 하는 솔개

멍석말이를 당하며 매 맞는 솔개를 바라보는 엄마

책과 공부를 좋아하는 솔개를 바라보는 정운학

3. 토의하기

친구들과 다음 질문에 대해 의견을 나눠요.

- 《뒷간 지키는 아이》의 시대적 배경은 어떠한가요? 이야기의 주제와 관련하여 어떤 시대였다고 할 수 있을까요?
- 이 이야기의 내용에서 가장 마음에 들지 않았던 부분은 무엇인가요?
- 무엇이 바뀌어야 그 부분이 바람직하게 달라질 수 있을까요?

바라우미 여우 초등학교

원제: 茨海小学校, 연도 미상

#자연 #생명 #사랑 #역지사지
#환상 #현실

글 미야자와 겐지
옮김 고향옥
그림 류한길
출간 2010년
펴낸 곳 우리교육
갈래 외국문학(판타지 동화)

 이 책을 소개합니다

　세계적으로 사랑 받는 작가 미야자와 겐지의 환상 동화집으로, 국내에 잘 알려지지 않은 다섯 편의 단편이 실려 있어요. 기발한 발상과 웃음, 인간의 끝없는 욕심에 대한 고민, 자연에 대한 경외감과 생명을 존중하는 마음이 담겨 있습니다. 농업학교 선생님이 여우 초등학교에 방문하는 〈바라우미 여우 초등학교〉, 생명의 소중함을 일깨우고 지나친 욕심을 경계하는 〈조개불〉, 돌 그늘에 작은 정원을 만드는 청개구리들의 이야기 〈카이로 단장〉, 아름다운 자연에서 얻은 환상적인 경험을 그린 〈아침에 대한 동화적 구도〉, 거대한 전봇대 군대와 전기를 지휘하는 전기총장의 이야기 〈달밤의 전봇대〉까지 자연과 인간, 생물과 무생물의 경계를 뛰어넘는 독특한 이야기들입니다. 생생한 자연을 무대로 한 환상적인 간접 경험으로 어린이들이 자연을 눈여겨보고, 귀 기울이게 될 거예요.

📖 도서 선정 이유

미야자와 겐지의 단편집이니 일단 읽어 볼 만하다고 생각해 골랐어요. 아이들도 이미 그림책 버전으로 그의 작품《주문이 많은 요리점》이나《비에도 지지 않고》를 알고 있을 수 있어요. 이 책에 실린 단편은 잔잔한 이야기들이지만, 모두 철학적인 질문을 던집니다. 동물이나 사물을 의인화하고 일상적인 소재에 주의를 기울인 작가의 기발한 발상에 감탄하면서 상상력이 자라날 거예요.

책의 뒷부분에 작가에 대한 소개가 있어요. 작가에 대해 알게 되면 작품을 이해하는 데 도움이 됩니다. 아이들과 함께 읽는 어른들에게도 어린 시절의 향수를 가져다줄 책이라 소중해요. '엄마 아빠가 어릴 때는……' 하는 이야기도 가끔은 필요하답니다. 잔소리 같지 않게 세대 간의 이야기를 하기에는 책동아리가 딱 좋지요.

📖 함께 읽으면 좋은 책

비슷한 주제

○ 자연이 자연으로 있기 위해 | 채인선 글, 김동성 그림, 뜨인돌어린이, 2018
○ 평화를 노래하는 초록띠 | 차은숙 글, 강창권 그림, 파란자전거, 2016
○ 왈왈별 토토 | 전은희 글, 노은주 그림, 단비어린이, 2021
○ 끝까지 초대할 거야 | 박현숙 글, 조현숙 그림, 잇츠북어린이, 2016

같은 작가

○ 바보가 만든 숲 | 미야자와 겐지 글, 이토 와타루 그림, 김난주 옮김, 담푸스, 2015
○ 주문이 많은 요리점 | 미야자와 겐지 글, 시마다 무쓰코·이토 와타루 그림, 김난주 옮김, 담푸스, 2015
○ 비에도 지지 않고 | 미야자와 겐지 글, 야마무라 코지 그림, 엄혜숙 옮김, 그림책공작소, 2015

문해력을 키우는 엄마의 질문

1. 문학 갈래 익히기

'우화'란 무엇일까요? 내가 알고 있는 우화를 친구들에게 말해 주세요.

이렇게 활용해 보세요

이 책과 연관 지어 문학 장르로서의 우화가 무엇인지 알아봅니다. 간단하게 정의를 제시했어요. 꼼꼼하게 읽어 보고 이해해 봅니다.

예로 《이솝 우화》를 들어 줬어요. 각자 기억나는 우화가 있다면 제목이나 간략한 줄거리를 말해 보게 해 보세요. 그러면서 우화의 정의를 되새길 수 있어요.

2. 교훈 찾고 비교하기

《바라우미 여우 초등학교》는 일본의 유명한 아동문학가 미야자와 겐지의 단편 동화집이에요. 판타지 동화이기도 하지만, 우화에 해당하지요.

교훈이 담긴 이야기에 대해 생각해 봅시다. 교훈이란, '앞으로의 행동이나 생활에 지침이 될 만한 것을 가르침'을 뜻해요. 〈조개불〉과 〈카이로 단장〉의 교훈은 무엇일까요? 이 두 동화의 공통된 교훈은 무엇일까요?

〈조개불〉의 교훈	으스대지 말라. 남의 말을 함부로 믿지 말라. 남을 괴롭히지 말라.
〈카이로 단장〉의 교훈	자기도 못하는 것을 남에게 시키지 말라. 남을 미워하지 말라. 생명은 소중하다.
두 이야기의 공통점을 찾아 써 보세요.	둘 다 교훈적인 이야기다. 생명이 소중하고, 남을 괴롭히지 말라는 교훈이 공통적이다.

3학년을 위한 책동아리 활동 83

> 이렇게 활용해 보세요

교훈이 담긴 우화 두 편을 비교해 보는 활동입니다. 먼저 교훈의 정의를 간단히 되짚어 보고, 각 이야기에서 얻을 수 있는 교훈을 찾습니다. 아이들의 표현으로 나타낼 수 있으면 되니 정답이 따로 없어요. 서로 다른 교훈이 여러 개 나올수록 좋습니다.

함께 인정한 교훈들을 표에 정리하고, 두 편의 이야기에서 공통적으로 나타나는 주제 또는 교훈이 무엇인지 찾아봅니다.

3. 풍자와 재미의 요소 발견하기

풍자란, '문학 작품 등에서 현실의 부정적 현상이나 모순 따위를 빗대어 비웃으면서 씀'이라는 뜻이에요. 예를 들어 이야기 속에서 어리석은 바보나 욕심 많고 못된 양반 같은 인물을 꼬집어서 나타낼 때 쓰입니다.

웃음의 요소가 담긴 이야기에 대해서도 생각해 보세요. 꼭 풍자가 아니더라도 괜찮아요. 다음 세 편의 동화에서 각각 어떤 점이 우습고 재미있었나요?

〈아침에 대한 동화적 구도〉의 재미있는 점	개미 보초병이 버섯이 무엇인지 몰라서 우스꽝스럽게 행동한 것
〈달밤의 전봇대〉의 재미있는 점	전봇대들이 군인처럼 군가를 부르며 행진한 것
〈바라우미 여우 초등학교〉의 재미있는 점	여우와 사람의 입장이 반대인 것

> 이렇게 활용해 보세요

우화는 보통 교훈을 담고 있지만, 날카로운 풍자가 쓰일 때도 많아요. 풍자가 무엇인지는 3학년 아이들이 모르기 쉬우니 의미를 알려 주세요. '어리석은 바보나 욕심 많고 못된 양반 같은 인물'이라고 쉽게 예를 들어 주었는데, 어릴 때부터 듣거나 읽은 이야기 중에서 이런 인물이 있었는지 함께 생각해 보자고 하면 바로 알아차릴 거예요.

그리고 이 책에 실린 단편 동화에서 각자 재미를 느낀 부분이 어디였는지 물어보세요. 여러 가지 서로 다른 의견이 나오는 게 책동아리의 묘미죠.

4. 단편 평점 매기기

이 책에서 가장 재미있었던 이야기와 가장 재미없었던 이야기를 뽑아 봅시다. 친구들의 의견을 모아 제목 옆에 '正' 자 표시를 해 보세요.

이렇게 활용해 보세요

여러 편의 단편이 실린 동화집을 읽었을 때 적용하면 좋은 활동입니다. 각 이야기들에 평점을 매겨서 내가 가장 좋아하는 이야기와 그 반대의 이야기를 뽑아 보는 거예요.

재미없었다는 게 꼭 나쁜 건 아니랍니다. 각자 성숙한 독자로서 엄정한 평가를 내려 보는 거예요. 다른 친구는 어떻게 읽었나 감상평을 들어 보는 계기가 될 수도 있어요. 좀 더 나아간다면 왜 가장 재미있었던 이야기로 꼽았는지 의견을 말해 볼 수 있습니다. 반대도 마찬가지고요. 단순히 일차적, 감정적인 평가에서 나아가 문학 평론의 첫발을 내딛는 거예요.

1. 문학 갈래 익히기

'우화'란 무엇일까요? 내가 알고 있는 우화를 친구들에게 말해 주세요.

> **우화란?**
> 인격화한(사람처럼 표현한) 동·식물이나 사물을 주인공으로 하여 그들의 행동 속에 풍자와 교훈의 뜻을 나타내는 이야기를 말해요.
> 《이솝 이야기》가 대표적인 우화입니다.

2. 교훈 찾고 비교하기

《바라우미 여우 초등학교》는 일본의 유명한 아동문학가 미야자와 겐지의 단편 동화집이에요. 판타지 동화이기도 하지만, 우화에 해당하지요.

교훈이 담긴 이야기에 대해 생각해 봅시다. 교훈이란, '앞으로의 행동이나 생활에 지침이 될 만한 것을 가르침'을 뜻해요. 〈조개불〉과 〈카이로 단장〉의 교훈은 무엇일까요? 이 두 동화의 공통된 교훈은 무엇일까요?

〈조개불〉의 교훈	
〈카이로 단장〉의 교훈	
두 이야기의 공통점을 찾아 써 보세요.	

3. 풍자와 재미의 요소 발견하기

풍자란, '문학 작품 등에서 현실의 부정적 현상이나 모순 따위를 빗대어 비웃으면서 씀'이라는 뜻이에요. 예를 들어 이야기 속에서 어리석은 바보나 욕심 많고 못된 양반 같은 인물을 꼬집어서 나타낼 때 쓰입니다.
웃음의 요소가 담긴 이야기에 대해서도 생각해 보세요. 꼭 풍자가 아니더라도 괜찮아요. 다음 세 편의 동화에서 어떤 점이 우습고 재미있었나요?

〈아침에 대한 동화적 구도〉의 재미있는 점	
〈달밤의 전봇대〉의 재미있는 점	
〈바라우미 여우 초등학교〉의 재미있는 점	

4. 단편 평점 매기기

이 책에서 가장 재미있었던 이야기와 가장 재미없었던 이야기를 뽑아 봅시다. 친구들의 의견을 모아 제목 옆에 '正' 자 표시를 해 보세요.

제목	재미있어요	재미없어요
바라우미 여우 초등학교		
조개불		
카이로 단장		
아침에 대한 동화적 구도		
달밤의 전봇대		

결과
가장 재미있었던 이야기: 가장 재미없었던 이야기:

종이밥

#형제자매 #조손 가정 #가족
#빈곤 #성장

글 김중미
그림 김환영
출간 2002년
펴낸 곳 낮은산
갈래 한국문학(사실주의 동화)

이 책을 소개합니다

어려운 환경에서도 함께 하며 힘이 되는 가족에 대한 내용으로, 마음이 뭉클해지는 장편 동화입니다. 부모님이 일찍 돌아가시고 할아버지, 할머니와 함께 사는 철이와 송이 남매 이야기예요. 병든 조부모와 끼니 걱정에 하루하루가 힘들어 보이지만, 아이들은 누구를 원망하지도 비관하지도 않으며 씩씩하답니다. 오빠 철이는 학교에 가고 어린 송이는 단칸방에서 홀로 지내다 배고프거나 심심하면 종이를 먹어요.

초등학교 입학식을 앞둔 어느 날 송이는 절로 보내지고 가족들은 가슴 아파 몸서리를 치지만, 부처님의 도움인지 송이는 다시 할머니를 따라 집으로 오게 되면서 오빠는 다짐합니다. 무슨 일이 있어도 동생과 헤어지지 않겠다고요. 가난한 가족의 끈끈한 사랑 이야기가 따뜻하고 긍정적인 시선으로 그려져 있어요.

📖 도서 선정 이유

《괭이부리말 아이들》을 쓴 김중미 작가의 작품이에요. 아이들은 제목에서 말하는 '종이밥'이 무엇일지부터 생각하게 되겠지요. 이 책은 가난이 무엇인지 잘 모르는 아이들에게 충격적이지만 진실되게 가난에 대해 말해 줍니다. 애달픈 조부모, 애절한 남매의 상황에 몰입하며 가족의 의미를 새롭게 느낄 수 있을 거예요. 마음이 아리지만 오히려 이 가족으로부터 위로를 받습니다.

아동 보호와 사회 복지에 대해서도 나눌 이야깃거리가 생겨요. 당위성만으로는 불가능한 일이지만, 더 좋은 사회를 위해서 우리가 할 수 있는 일, 강화되어야 할 제도에 대해서 이야기 나눠 보세요.

📖 함께 읽으면 좋은 책

비슷한 주제

○ 빈곤: 풍요의 시대, 왜 여전히 가난할까? | 윤예림 글, 정문주 그림, 풀빛, 2018

○ 드림 하우스 | 유은실 글, 서영아 그림, 문학과지성사, 2016

○ 해피 버스데이 투 미 | 신운선 글, 서현 그림, 문학과지성사, 2016

○ 보이지 않는 아이들 | 마리 조제 랄라르 · 올리비에 빌프뢰 글, 이정주 옮김, 여미경 그림, 주니어RHK, 2013

○ 밥풀 할아버지 | 박민선 글, 김태란 그림, 책고래, 2017

같은 작가

○ 내 동생 아영이 | 김중미 글, 권사우 그림, 창작과비평사, 2002

○ 똥바다에 게가 산다 | 김중미 글, 유동훈 그림, 낮은산, 2013(개정판)

○ 6번길을 지켜라 뚝딱 | 김중미 글, 도르리 그림, 유동훈 사진, 낮은산, 2014

○ 나비를 잡는 아버지 | 현덕 글, 김환영 그림, 원종찬 해설, 길벗어린이, 2021(개정판)

○ 과수원을 점령하라 | 황선미 글, 김환영 그림, 사계절, 2003

○ 빼떼기 | 권정생 글, 김환영 그림, 창비, 2017

 **문해력을 키우는 엄마의 질문**

1. 드러난 사실로 배경 파악하기

철이와 송이 남매가 처한 상황은 어떠한가요? 책에서 드러난 사실을 써 보세요.

- 부모님이 사고로 돌아가셨다.
- 할머니, 할아버지와 살고 있다.
- 할머니, 할아버지는 몸이 편찮으시다.
- 송이는 곧 초등학교에 입학한다.
- 어렵고 가난하게 살고 있다.

이렇게 활용해 보세요

 이 책에서는 주인공 남매의 상황을 이해하는 것이 배경과 줄거리를 파악하는 데 기본이 됩니다. 어렴풋이 이해하는 것에서 나아가 간결하게 정리해 말할 수 있으면 더 좋지요. 아이들이 돌아가며 한 가지씩 말하다 보면 금방 상황 파악이 완료될 거예요. 여기에서는 책에서 드러난 사실에 초점을 두었어요.

2. 느낀 점 나누기

남매의 이러한 상황에 대해 내가 느낀 점을 써 보세요.

둘 다 어린데, 부모님이 다 안 계시다는 게 불쌍하다. 남매를 돌봐 주시는 할아버지, 할머니가 아프셔서 걱정이 된다. 가난해서 같이 살지 못하고 헤어진다는 것이 슬프다.

이렇게 활용해 보세요

 이번에는 위에서 파악한 배경에 대한 나의 생각이나 느낌을 다룹니다. '좋다, 나쁘다' 수준이 아닌, 보다 폭넓은 어휘로 구체적인 느낌을 표현해 보도록 도와주세요. 느낌의 대상이나 초점, 원인 등도 같이 나타내면 좋습니다.

3. 행동의 원인 헤아리기

이야기 속에서 인물들의 감정은 행동으로 드러나게 됩니다. 철이, 송이 남매와 할아버지, 할머니의 다음 행동에 어떤 원인이 있을지 헤아려서 써 보세요.

10쪽 송이가 종이를 먹음	배가 고픈데 먹을 것은 없고 쓸쓸해서
36쪽 새 옷과 가방을 자랑하는 다솜이를 송이가 밀어 버림	자기에게는 없는 좋은 물건을 자랑하는 아이가 얄밉고 질투가 나서
62쪽 할머니가 밤에 기도하다 우심	가족에 대한 짐이 무거워서, 아이들이 걱정되어서
70쪽 철이가 저금통을 뜯은 돈과 상품권으로 송이에게 가방을 사 주려 함	곧 헤어져야 될 송이에게 마지막으로 선물을 주고 싶어서
77쪽 네 가족이 사진관에 가서 사진을 찍음	가족이 헤어지게 되기 전에 사진을 한 장 남기려고
84쪽 송이가 절로 떠난 뒤 할아버지는 드시지도 않고 누워만 계심	떠난 송이 생각에 마음이 무겁고 미안해서
87쪽 철이가 종이를 먹음	송이가 그립고, 송이의 마음을 느껴 보려고

> 이렇게 활용해 보세요

이야기의 순서에 따라 줄거리를 다시 훑고 인물의 감정을 이해하면 이야기를 더 잘 이해할 수 있어요. 정서나 원인과 결과를 나타내는 표현도 풍부하게 활용하게 되고요. 또한 책 자체를 떠나 공감 능력 발달에도 도움이 될 거예요.

WORK SHEET

1. 드러난 사실로 배경 파악하기

철이와 송이 남매가 처한 상황은 어떠한가요? 책에서 드러난 사실을 써 보세요.

2. 느낀 점 나누기

남매의 이러한 상황에 대해 내가 느낀 점을 써 보세요.

3. 행동의 원인 헤아리기

이야기 속에서 인물들의 감정은 행동으로 드러나게 됩니다. 철이, 송이 남매와 할아버지, 할머니의 다음 행동에 어떤 원인이 있을지 헤아려서 써 보세요.

10쪽 송이가 종이를 먹음	
36쪽 새 옷과 가방을 자랑하는 다솜이를 송이가 밀어 버림	
62쪽 할머니가 밤에 기도하다 우심	
70쪽 철이가 저금통을 뜯은 돈과 상품권으로 송이에게 가방을 사 주려 함	
77쪽 네 가족이 사진관에 가서 사진을 찍음	
84쪽 송이가 절로 떠난 뒤 할아버지는 드시지도 않고 누워만 계심	
87쪽 철이가 종이를 먹음	

온 세상 생쥐에게 축복을!

원제: Bless This Mouse, 2011년

#조화 #화해 #희생 #리더십
#동물권 #생명

글 로이스 로리
그림 에릭 로만
옮김 홍연미
출간 2013년
펴낸 곳 웅진주니어
갈래 외국문학(판타지 동화)

이 책을 소개합니다

뉴베리 상을 2회 수상한 작가 로이스 로리와 칼데콧 상을 2회 수상한 그림 작가 에릭 로만의 그림이 환상적인 하모니를 이룬 장편 동화입니다. 이 이야기는 '동물 축복식'에 소외당한 채 사람들에게 생명을 위협당하는 생쥐들의 유쾌한 반란을 보여 줍니다.

오래된 성 바르톨로메오 성당에는 생쥐 대장 힐데가르트를 중심으로 생쥐 219마리가 꼭꼭 숨어 살아요. 생쥐들이 가장 무서워하는 날은 성 프란치스코 축일이에요. 사람들이 반려동물을 데리고 신부님의 축복을 받으러 오는 '동물 축복식'이 벌어지거든요. 해로운 동물로 여겨지는 생쥐들만 빼고요. 어느 날 꼬마 생쥐들의 부주의로 정체가 드러나 대대적인 생쥐 박멸 작전이 펼쳐집니다. 생쥐들은 지혜와 협동 정신을 발휘해 위기 탈출에 나섭니다.

📖 도서 선정 이유

　의인화된 생쥐들의 세계가 인간 세계와 함께 펼쳐지는 낮은 수준의 환상성을 지닌 판타지 동화예요. 마냥 신나고 재미있는 모험 동화로만 읽을 수는 없어요. 우리가 무심했던 동물의 생존권, 즉 생명의 소중함에 대해 다시 생각해 보게 하는 작품입니다. 작은 생명도 함부로 내쳐져서는 안 되는 축복의 대상임을 알게 해 줍니다.

　생쥐들의 삶을 그리고 있지만, 인간의 삶에 비추어 보아도 크게 다를 것이 없다고 생각해요. 위계질서를 통해 나름의 평화를 유지하며 살아가고 있지만, 항상 갈등이 존재하며 심지어는 압도적인 힘을 가진 존재로 인해 삶이 송두리째 날아가 버릴 수 있는 모습을 보여 주거든요. 멋있는 여성 생쥐 리더 힐데가르트를 통해 올바른 방향을 제시하며 타인을 진심으로 배려할 줄 아는 리더십을 배울 수 있습니다. 우리에게 필요한 리더십은 권력이 아닌 조화와 화해 그리고 희생임을 알려 줍니다.

📖 함께 읽으면 좋은 책

비슷한 주제

○ 세상에서 가장 교양 있고 품위 있는 돼지 슈펙 | 존 색스비 글, 볼프 에를브루흐 그림, 유영미 옮김, 뜨인돌어린이, 2020
○ 황제의 선택 | 최은영 글, 배현정 그림, 바람의아이들, 2020
○ 기억해 줘 | 신전향 글, 전명진 그림, 잇츠북어린이, 2020
○ 살려 줘! | 강효미 글, 박재현 그림, 살림어린이, 2017
○ 닭답게 살 권리 소송 사건 | 예영 글, 수봉이 그림, 김홍석 감수, 뜨인돌어린이, 2015
○ 동물원을 지켜줘! | 최정희 글, 허구 그림, 바우솔, 2018

같은 작가

○ 행복 지킴이 키퍼 | 로이스 로리 글, 트루 켈리 그림, 김영선 옮김, 다산기획, 2009
○ 내가 주인공이야 | 로이스 로리 글, 미디 토마스 그림, 이어진 · 이금이 옮김, 보물창고, 2019

※ 이 책은 현재 절판된 책이에요. 해당 책을 도서관이나 중고 서점에서 구할 수 있습니다.

문해력을 키우는 엄마의 질문

1. 이야기의 구조 이해하기

　　기승전결(起承轉結)은 이야기를 크게 네 부분으로 나눌 때의 구성이에요. 원래는 한시(漢詩)를 지을 때 쓰는 방법이지요. 각각 발단-전개-절정-결말이라고 부르기도 해요. 한 부분이 빠진다면 어떨까요? 각 부분의 기능에 대해 읽어 보세요.

> 이렇게 활용해 보세요

　　대부분의 이야기책이 지닌 구조를 이해하는 데 필요한 정보를 소개합니다. 초등학생에게 한자를 사용하는 데 너무 주저할 필요는 없다고 생각해요. 당장 외우고 반복해서 쓰라는 건 아니니까요. 우리말 단어의 절반 이상이 한자어이다 보니 개별 한자의 뜻을 알면 어휘력 향상에 큰 도움이 된답니다.
　　'기승전결'이라는 말은 아이들도 많이 들어 보았을 텐데, 각 부분이 어떤 의미를 갖는지 집중해서 읽어 보는 시간이에요. 다음 활동으로 이어지게 하는 워밍업에 해당합니다. 아이마다 한 가지씩 나누어 소리 내어 읽어 보게 하면 좋아요.

2. 구조 고려하여 이야기 요약하기

　　《온 세상 생쥐에게 축복을!》의 각 장의 내용을 기승전결로 구분하고 요약해 보세요.

	장제목	내용
기(起)	1. 아기에게는 최악의 시기 2. 보호를 바라는 기도	성당에 사는 생쥐들에게 동물 축복식이라는 위험이 다가오고 있다.
승(承)	3. 생쥐들 모두 모여라! 4. 머피 신부에게 들키지 않기	대장 힐데가르트가 생쥐들을 모두 모아서 대책을 준비한다.
전(轉)	5. 한밤의 공격 6. 엑스 씨 7. 으아악! 밖이다! 8. 이냐시오가 들려준 섬뜩한 이야기 9. 용감한 생쥐가 필요해 10. 생쥐 한 마리가 사라졌다!	생쥐 소탕 작전에 맞서 밖으로 탈출했다가 용감한 생쥐들이 끈끈이 보드를 없애고 다시 돌아온다.

| 결(結) | 11. 구해 줄게!
12. 동물 축복식 | 위험에 처한 루크레시아를 구해내고 동물 축복식에서 생쥐들도 축복을 받게 된다. |

이렇게 활용해 보세요

우선 위에서 읽은 정의와 이 동화의 목차를 활용해 내용을 기승전결로 나누어 봅니다. 각자 어떻게 생각하는지 논의하며 결론을 내려요. 실제로 이 책의 구조가 위의 정의에 잘 맞는지 확인해 보는 것이 중요해요. 만약 시간이 부족하거나 아이들이 어려워하면 활동지에 미리 제시해 주어도 괜찮아요.

각 부분의 내용을 한 문장으로 요약합니다. 요약 능력의 발달은 정말 중요한데, 아이들이 많이 어려워합니다. 이 부분에서 가장 중요한 내용이 무엇인지에 초점을 맞추고 꼭 필요한 내용만으로 살을 붙이도록 도와주세요. 아이들은 중요하지 않은 세부적 내용부터 포함시켜 요약이 아닌 기나긴 문장(문단)을 쓰는 경향을 가장 많이 보인답니다.

3. 인물 들여다보기: 이름과 성격

등장인물의 이름이나 행동 특성을 보면 보통 성별을 짐작할 수 있어요.
- 이 책에 나오는 생쥐 중에 암컷의 이름을 모두 써 보세요.
- 이야기에서 이들은 각각 어떤 성격으로 묘사되어 있나요?
- 어떤 생각이 들었나요?

이름	성격
루크레시아	욕심이 많은데 지혜롭지 않다.
트리나	힘이 세고 용감하고 꼼꼼하다.
힐데가르트	리더십이 있다.
진	용감하다.

이렇게 활용해 보세요

영어 원서에서는 인물의 이름이 소개된 후 she나 he가 쓰여 바로 성별을 알 수 있지만, 번역서에서는 그렇지 않아요. 하지만 인물의 성별은 초기에 파악해야 할 주요 정보 중 하나지요.

아이들마다 하나씩 대표적인 인물(여기서는 쥐)의 이름을 골라 보게 합니다. 영어 이름도 우리말 이름도 중성적인 경우가 많지만, 일반적으로는 성별을 추측할 수 있어요. 고른 이름들이 그런 경우에 해당하는지 살펴봅니다.

그리고 그 인물이 보인 언행을 통해 성격을 추론해요. 전형적인 여성성을 따르는지 그렇지 않은지 생각할 수 있을 거예요. 더 나아가 '남자답다, 여자답다'라는 편견에 대해서 논의할 수도 있고요.

4. 관점 비교하기

생쥐에 대한 사람들의 생각이 이 책에서는 어떻게 드러나 있는지 생각해 봅시다. 긍정적인 생각과 부정적인 생각으로 대조하여 써 보세요.

생쥐에 대한 긍정적인 생각	생쥐에 대한 부정적인 생각
귀엽다. 친근하다. 소중하다. 존엄하다.	더럽다. 징그럽다. 위험하다. 추하다.

이렇게 활용해 보세요

이 책에는 사람도 나오고 의인화된 동물도 나와서 재미있어요. 동물 중에서도 생쥐가 주인공 격이지요. 우리가 흔히 갖는 생쥐에 대한 관념에 물음표를 붙이는 이야기입니다. 그런 관점이 갈려서 제시되지요. 같은 대상에 대해 어떻게 다르게 생각할 수 있는지 느껴 볼 수 있어요.

책동아리 POINT

아이마다 한 가지씩 돌아가며 말해 보면 놀이처럼 진행할 수 있답니다.

1. 이야기의 구조 이해하기

기승전결(起承轉結)은 이야기를 크게 네 부분으로 나눌 때의 구성이에요. 원래는 한시(漢詩)를 지을 때 쓰는 방법이지요. 각각 발단-전개-절정-결말이라고 부르기도 해요. 한 부분이 빠진다면 어떨까요? 각 부분의 기능에 대해 읽어 보세요.

기승전결이란?
- 기(起): 시작하는 부분 – 내용을 처음 소개하거나 문제를 제기해요.
- 승(承): 그것을 이어받아 전개하는 부분 – 중요한 내용으로 이어져요.
- 전(轉): 방향을 전환하는 부분 – 극적인 갈등이 나타나기도 해요.
- 결(結): 끝맺는 부분 – 이야기가 마무리돼요.

2. 구조 고려하여 이야기 요약하기

《온 세상 생쥐에게 축복을!》의 내용을 각 장에 따라 기승전결로 구분하고 요약해 보세요.

	장제목	내용
기(起)		
승(承)		
전(轉)		
결(結)		

WORK SHEET

3. 인물 들여다보기 〔이름과 성격〕

등장인물의 이름이나 행동 특성을 보면 보통 성별을 짐작할 수 있어요.

- 이 책에 나오는 생쥐 중에 암컷의 이름을 모두 써 보세요.
- 이야기에서 이들은 각각 어떤 성격으로 묘사되어 있나요?
- 어떤 생각이 들었나요?

이름	성격

4. 관점 비교하기

생쥐에 대한 사람들의 생각이 이 책에서는 어떻게 드러나 있는지 생각해 봅시다. 긍정적인 생각과 부정적인 생각으로 대조하여 써 보세요.

생쥐에 대한 긍정적인 생각	생쥐에 대한 부정적인 생각

우주에서 온 통조림

원제: 宇宙からきたかんづめ, 1967년

#우주 #철학 #미래 과학
#타임머신 #외계인

글 사토 사토루
그림 오카모토 준
옮김 김정화
출간 2015년
펴낸 곳 논장
갈래 외국문학(공상 과학 동화)

이 책을 소개합니다

놀라운 상상력으로 버무려진 공상 과학 동화를 읽어 보세요. 광활한 우주 속의 우리에 대해 생각하게 해 주는 책이에요.

한 소년이 엄마 심부름으로 슈퍼마켓에 갔다가 선반에서 집어 온 통조림 안에는 외계 생명체가 살고 있었어요. 우주, 인공 지능, 투명인간, 타임머신 등 이 외계인이 수다스럽게 들려주는 이야기 다섯 편이 모두 흥미진진해요. 소년과 통조림의 대화에는 우주의 진리, 생명과 마음에 대한 근원적인 질문이 들어 있어요. 과학적인 사실뿐 아니라 철학적인 생각거리까지 던져 줍니다. 지은 지 50년 이상 지났음에도 불구하고 시대를 앞서나간 기발한 발상과 창의력을 느낄 수 있는 작품이에요.

📖 도서 선정 이유

이 책이 1967년작이라는 것에 깜짝 놀랐습니다. 서지 사항을 못 봤다면 근래에 쓰인 책이라고 생각할 거예요. 공상 과학 동화로서 매력과 재미가 넘치는 책이라 아이들이 모두 좋아할 거라고 확신합니다. 어려울 수도 있는 과학적 사실에만 집중하지 않고, 상상력을 쏟아부어 지은 이야기들이라 중학년 아이들도 잘 읽을 수 있어요. 물론 아이들에게 우주에 대한 호기심과 탐구 열정도 심어 줄 수 있을 거예요.

단편집 같기도 하면서 전체 이야기가 통조림 외계인이라는 틀 안에서 흘러가는 재미도 느낄 수 있어요. 미래 이야기와 과거 설화가 만나는 부분도 재치 있어 감탄했답니다. 일상을 벗어나 크기를 가늠할 수 없는 우주에 대해서 생각해 볼 기회를 주는 책입니다.

📖 함께 읽으면 좋은 책

비슷한 주제

○ 하늘은 무섭지 않아 | 고호관·이민진·임태운·우미옥·김명완 글, 조승연 그림, 사계절, 2016

○ 외계인 편의점 | 박선화 글, 이경국 그림, 소원나무, 2019

○ 핑스 | 이유리 글, 김미진 그림, 비룡소, 2018

○ 용감한 닭과 초록 행성 외계인 | 앤 파인 글, 황윤영 옮김, 김이랑 그림, 논장, 2017

○ 우주로 가는 계단 | 전수경 글, 소윤경 그림, 창비, 2019

○ 로봇의 별(1~3권) | 이현 글, 오승민 그림, 푸른숲주니어, 2010

○ 우주, 어디까지 알고 있니? | 크리스 모나 글, 디디에 플로란츠·파브리스 레오제프스키 그림, 이세진 옮김, 푸른숲주니어, 2018

○ 한 걸음씩 알아가는 우주 수업 | 크리스토프 샤파르동 글, 로랑 클링 그림, 이지원 옮김, 풀과바람, 2015

○ 더 높이, 더 멀리 | 장피에르 베르데 글, 피에르 봉 그림, 조현실 옮김, 주니어파랑새, 2001

같은 작가

○ 커다란 나무가 갖고 싶어 | 사토 사토루 글, 무라카미 쓰토무 그림, 이선아 옮김, 논장, 2020(개정판)

○ 비밀의 달팽이호 | 사토 사토루 글, 햇살과나무꾼 옮김, 크레용하우스, 2000

○ 할머니의 비행기 | 사토 사토루 글, 무라카미 쓰토무 그림, 햇살과나무꾼 옮김, 논장, 2019(개정판)

 **문해력을 키우는 엄마의 질문**

1. 도식 위에 요약하기

이 책은 독특하게 들어가는 부분, 다섯 편의 독립적인 이야기(단편), 그리고 나오는 부분으로 구성되어 있어요. 햄버거 도안을 이용해 각 부분의 내용을 정리해 보세요.

이렇게 활용해 보세요

 저학년을 위한 1단계 편에서 소개하고 강조했던 그래픽 오거나이저(graphic organizer, 이야기 구조 도식)에 내용을 요약하는 활동이에요. 그래픽 오거나이저는 추상적인 정보를 시각적으로 구체화시켜 주는 유용한 틀입니다.

이야기의 처음과 끝이 있고, 가운데에 단편들이 들어가니 햄버거 모양이 좋겠다고 생각했어요. 빵 사이에 고기, 상추, 토마토, 양파, 치즈처럼 다섯 단의 내용물이 들어가는 거지요. 전체적인 구조를 한눈에 볼 수 있으면서 흥미를 높일 수 있는 방법이에요.

제가 책동아리를 했을 때는 검정 색연필로 쓱쓱 그려서 복사해 나눠 주었어요. 책으로 만들면서 화려한 컬러가 되었습니다. 한 문장씩 쓸 공간도 넉넉하게 만들어 주세요. '누가, (언제/어디서), 무엇을, 어떻게' 했다는 기본적 내용이 들어가면 됩니다.

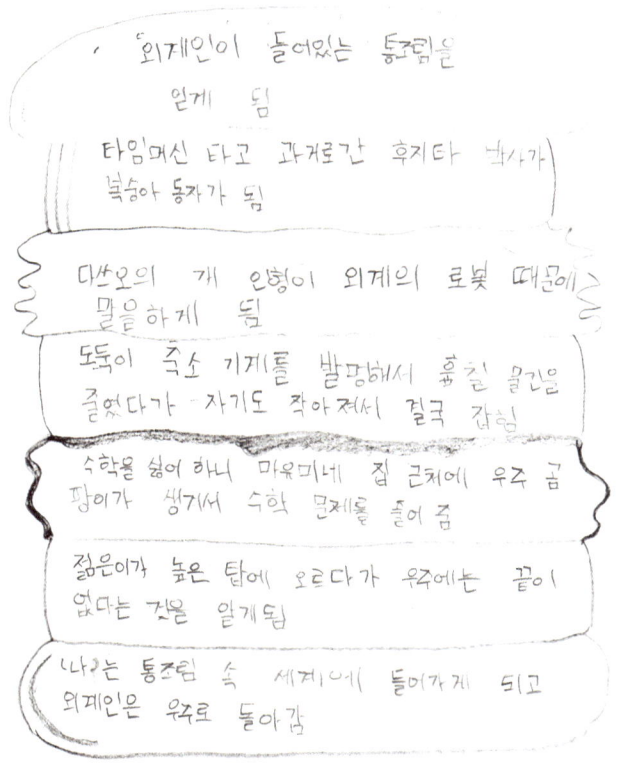

2. 장르 이해하기: 공상 과학 Vs. 옛이야기(민담)

《우주에서 온 통조림》은 공상 과학 동화예요. 통조림 속의 외계인이 들려준 첫 번째 이야기인 〈타임머신은 강으로 떨어졌다〉는 일본의 유명한 민담 〈모모타로(복숭아동자) 이야기〉의 내용과 연결됩니다. 미래와 연관된 공상 과학 동화와 과거로부터 이어진 민담이 어떻게 연결될 수 있었을까요?

그림책 《복숭아동자》(마쓰이 다다시 글, 아카바 수에키치 그림, 김난주 옮김, 비룡소, 2006)를 읽고 두 이야기의 연결고리를 찾아 써 보세요.

	〈타임머신은 강으로 떨어졌다〉	《복숭아동자》
배경	현대에서 과거(70여 년 전)로 돌아감	옛날
인물	후지타 박사(73세)가 세 살이 됨	복숭아동자
사건	박사가 타임머신을 발명해서 과거로 가게 됨 (복숭아동자가 됨)	동자가 복숭아를 타고 떠내려와 할머니, 할아버지가 키우게 됨

이렇게 활용해 보세요

이야기에 담긴 내용을 활용해 다른 책과 비교해 봅니다. 상호텍스트성이 적용되는 흥미로운 활동이지요. 아이들이 어릴 적 읽어 보았을 만한 그림책을 소개합니다. 간략하니 모임에서 처음부터 끝까지 읽어 주어도 좋아요. 3학년 아이들도 그림책 읽어 주기를 여전히 좋아한답니다.

활동지의 표에는 배경, 인물, 사건의 요소들을 파악해서 두 권을 비교해 보도록 했습니다. '어린 아이가 복숭아를 타고 물에서 떠내려왔다'는 신기한 이야기의 근거를 대는 공상 과학 이야기의 재미를 느껴 볼 수 있어요. 신비로움을 용납하는 민담에 과학적인 배경을 접목시키는 유머지요.

3. 상상력 발휘하기

기발한 나만의 이야기를 만들어 보세요.

〈타임머신은 강으로 떨어졌다〉처럼 우리가 잘 알고 있는 옛이야기에 공상 과학적 요소를 섞어서 새로운 이야기로 탈바꿈시킬 수 있을까요?

내가 고른 옛이야기	금도끼 은도끼
추가할 공상 과학적 요소	산신령은 우주에서 온 토르였다.
간략한 줄거리	나이가 든 토르는 수염이 하얘졌다. 은퇴 후 경치가 좋은 조선에 내려왔다. 망치 대신 우주 도끼들을 가지고 왔다. 어느 날 호수에서 수영하다 나무꾼이 빠뜨린 쇠도끼 자루에 머리를 맞고 화가 나 그를 골려 주려고 했다. 그러나 그가 착해서 금도끼, 은도끼에 욕심을 내지 않아 그에게 선물로 주었다. 소문을 듣고 온 다른 나무꾼은 욕심 많은 게 들통 나 토르가 우주로 던져 버렸다.

이렇게 활용해 보세요

　바로 위에서 한 활동을 확장시킨 이야기 짓기입니다. 기발한 이야기가 가득한 이 책을 읽은 아이들에게 창작 의욕이 생겼을 거예요. 하지만 익숙함에서 크게 벗어나 창작을 한다는 것은 참 어렵지요. 반복되는 문제에 정답을 내는 것에만 익숙해져 가는 아이들이 피하고 싶어 하는 유형의 활동입니다.

　과거와 미래가 만날 수 있는 흥미로운 이야기를 꾸며 봅니다. 일단 좋은 생각이 날 때까지 각자 조용히 궁리를 하다가 활동지를 완성하고 돌아가며 발표하면 재미있는 시간이 될 거예요.

1. 도식 위에 요약하기

이 책은 독특하게 들어가는 부분, 다섯 편의 독립적인 이야기(단편), 그리고 나오는 부분으로 구성되어 있어요. 햄버거 도안을 이용해 각 부분의 내용을 정리해 보세요.

2. 장르 이해하기 공상 과학 Vs. 옛이야기(민담)

《우주에서 온 통조림》은 공상 과학 동화예요. 통조림 속의 외계인이 들려준 첫 번째 이야기인 〈타임머신은 강으로 떨어졌다〉는 일본의 유명한 민담 〈모모타로(복숭아동자) 이야기〉의 내용과 연결됩니다. 미래와 연관된 공상 과학 동화와 과거로부터 이어진 민담이 어떻게 연결될 수 있었을까요?
그림책 《복숭아동자》(마쓰이 다다시 글, 아카바 수에키치 그림, 김난주 옮김, 비룡소, 2006)를 읽고 두 이야기의 연결고리를 찾아 써 보세요.

	〈타임머신은 강으로 떨어졌다〉	《복숭아동자》
배경		
인물		
사건		

3. 상상력 발휘하기

기발한 나만의 이야기를 만들어 보세요.
〈타임머신은 강으로 떨어졌다〉처럼 우리가 잘 알고 있는 옛이야기에 공상 과학적 요소를 섞어서 새로운 이야기로 탈바꿈시킬 수 있을까요?

내가 고른 옛이야기	
추가할 공상 과학적 요소	
간략한 줄거리	

내 마음 아무도 몰라요

#친구 #부모 #마음 #고민

글 김혜정, 오주영, 이송현, 조규영, 홍기운
그림 이유정
출간 2015년
펴낸 곳 찰리북
갈래 한국문학(단편 동화집)

이 책을 소개합니다

　요즘 아이들은 어떤 생각, 어떤 고민을 하고 있을지에 대해 아동문학계에서 주목받는 작가들이 쓴 단편을 한데 모았어요. 아이들이 일상생활에서 겪는 여러 가지 문제에 상상력을 버무려 제각기 다른 소재와 주제, 문체와 시각으로 읽는 즐거움을 선사합니다.

　〈금지! 잔소리 말 폭탄〉은 아이를 사랑하면서도 잔소리를 멈추지 못하는 엄마와 엄마의 따뜻한 말 한마디를 바라는 아이의 마음을 재치 있게 보여 줍니다. 〈지구별 스쿨 라이프〉는 경쟁 관계의 친구 안에 있는 외계인과 신나는 하루를 보내는 유찬이의 이야기이고, 〈부모 선택 가이드〉는 미래 사회를 배경으로 아이가 부모를 선택하는 세상을 보여 줍니다. 강원일보 신춘문예 당선 작품인 〈황금 살구〉는 황금 살구를 먹은 후 똥을 누면 그 힘이 사라진다는 설정으로, 폭력이라는 주제를 무겁지 않게 잘 풀어내요. 〈목소리를 찾은 날〉은 싫은 소리나 거절을 하지 못하던 유나가 우연히 얻게 된 손수건을 통해 자기 목소리를 내며 정체성을 찾아가는 이야기입니다.

📖 도서 선정 이유

아이들이 학교생활, 가정생활, 친구 관계에서 겪는 문제를 섬세하면서도 재치 있게 그린 단편들에 공감하게 될 거예요. 어떤 점에서는 우리 아이들이 일상에서 경험할 만한 아주 현실적인 이야기가, 또 한편으로는 상상이 더해져 킥킥대며 웃을 수 있는 이야기가 펼쳐집니다. 제목처럼 아이들의 속마음을 들여다보게 해 주는 이야기들이에요. 문장이 깔끔하고 이야기가 시원하게 진행되어 흡인력이 높은 작품들입니다. 단편 동화집은 중학년 아이들이 책 읽기에 부담을 느끼지 않게 해 줍니다.

📖 함께 읽으면 좋은 책

비슷한 주제

○ 학교 가기 싫은 아이들이 다니는 학교 | 송미경 글, 윤지 그림, 웅진주니어, 2010

○ 떡볶이 할멈(1~2권) | 강효미 글, 김무연 그림, 슈크림북, 2021

○ 속이 뻥 뚫리는 친구 고민 상담소 | 김민화 글, 시은경 그림, 개암나무, 2021

○ 초등 고민 격파 | 최옥임 글, 신동민·오승원 그림, 꿈꾸는달팽이, 2015

○ 친구들도 모르는 진짜 고민 77가지 | 조붕환·임경희 글, 원혜진 그림, 계림닷컴, 2004

○ 작별 인사 | 구두룬 멥스 글, 웁 뫼스터 그림, 문성원 옮김, 시공주니어, 2019

○ 엄마, 내 마음 아세요? | 노경실 글, 김영곤 그림, 을파소, 2010

같은 작가

○ 오늘 나 아빠 버리러 간다 | 김혜정 글, 원혜진 그림, 신철희 노움글, 계림북스, 2014

○ 내 주머니 속의 도로시 | 김혜정 글, 김숙경 그림, 푸른숲주니어, 2013

○ 이상한 열쇠고리 | 오주영 글, 서현 그림, 창비, 2009

○ 똥 싸기 힘든 날 | 이송현 글, 조에스더 그림, 마음이음, 2018

○ 신기한 복도 라주 | 조규영 글, 오윤화 그림, 잇츠북어린이, 2020

○ 지우개 똥 쪼물이 | 조규영 글, 안경미 그림, 창비, 2018

○ 달려라! 아빠 똥배 | 홍민정 글, 이유정 그림, 해와나무, 2014

문해력을 키우는 엄마의 질문

1. 인물의 마음 읽기

이 책은 다섯 편의 단편 동화를 담고 있어요. 책의 제목처럼, 이야기마다 주인공 친구들의 마음이 내용의 중요한 부분을 차지해요.

여러분 또래의 친구들은 집에서, 학교에서 어떤 생각을 하고, 무엇을 바라며, 왜 속상해하고 기뻐할까요? 각 이야기에서 어떤 마음이 숨겨 있는지 이야기해 봅시다. (마음은 이야기 중간에 바뀌기도 해요.)

제목	주인공의 마음
금지! 잔소리 말 폭탄	엄마의 잔소리가 싫다.
지구별 스쿨 라이프	친구랑 걱정 없이 놀고 싶다. 기오를 이기고 싶다. 기오랑 친해지고 싶다.
부모 선택 가이드	부모에게 사랑받고 싶다. 부모를 바꾸고 싶다.
황금 살구	태식이를 이기고 싶다. 태식이랑 친해지고 싶다.
목소리를 찾은 날	남에게 미움 받고 싶지 않다. 솔직하고 싶다.

이렇게 활용해 보세요

아이들의 마음에 대한 단편 동화집이니 여러 가지 마음을 들여다볼까요? 다섯 편의 이야기에서 주인공의 마음이 각각 어떻게 드러나거나 바뀌는지 살펴보는 거예요. 주인공의 마음이 이야기의 주제 및 전개와 뗄 수 없이 연결되어 있다는 것을 알 수 있습니다. 또한 한 인물의 마음이 한 가지가 아니며 때로는 상반된 마음이 동시에 들 수 있다는 것도 확인할 수 있고요.

인간은 영유아기부터 '마음 이론'의 발달에 따라 타인과 자신의 마음에 대한 감각과 이해 능력이 커집니다. 기본적인 사회적 능력으로 아이들에게 참 중요한 부분이지요. 책을 읽으며 인물들의 정서에 접근하는 동안 아이들의 공감 능력도 함께 자라납니다.

2. 추가 자료 읽기: 화자와 시점

다음의 글을 함께 읽어 보아요.

이렇게 활용해 보세요

책 읽기와 독서 활동에 도움이 되는 추가 자료를 함께 읽어 봅니다. 어린이들을 위한 자료를 찾아서 정리해 주면 됩니다. '화자'와 '시점'이 3학년생들에게 다소 어려울 수도 있지만 이런 기회와 설명을 통해 충분히 이해할 수 있는 개념이에요. 알게 되면 더 능력 있는 독자가 될 수 있어요.

대표적인 네 가지 시점이 무엇인지 읽어 보고 각각 어떻게 다른지 비교합니다. 처음부터 끝까지 객관적인 태도를 유지하는 관찰자 시점은 동화에서 흔하지 않다는 것도 알려 주세요.

3. 화자와 시점 파악하기: 마음이 담긴 문장 찾기

다섯 편의 이야기에서 주인공과 화자는 각각 누구인가요? 주인공의 마음속 생각을 드러내는 문장 중 가장 처음에 나오는 표현을 찾아보세요. 그 문장이 마음을 보여 준다고 생각하는 이유를 단어에서 찾아 밑줄을 그어 보세요.

제목	주인공	화자	주인공의 마음속 생각이 드러나는 문장	시점
금지! 잔소리 말 폭탄	나힘찬	나	학원으로 질질 끌려가는 동안 점점 기분이 나빠졌다.	1인칭 주인공 시점
지구별 스쿨 라이프	정유찬	작가	유찬이는 마음속에 담고 있던 궁금증을 더 이상 숨기지 않기로 결심했다.	전지적 작가 시점
부모 선택 가이드	다나	작가	그때는 새로운 환경에 적응하는 게 두려웠다.	전지적 작가 시점
황금 살구	박동구	나	나처럼 평범했던 태식이가 어떻게 갑자기 힘이 세지고 싸움을 잘하게 됐는지 모르겠다.	1인칭 주인공 시점
목소리를 찾은 날	박유나	나	나는 가람이가 나를 보면 미안해하거나 놀라는 척이라도 할 줄 알았다.	1인칭 주인공 시점

> 이렇게 활용해 보세요

위에서 화자와 시점에 대해 잘 이해했으니, 실전에 적용을 해 봐야겠죠? 이 책에서 읽은 이야기들의 화자가 누구이고, 시점은 어떠한지 알아봅니다.

일단 주인공과 화자를 찾아냄으로써 우리가 읽은 이야기들 간에 차이가 있음을 느낄 수 있어요. 화자를 통해 시점이 1인칭인지 3인칭인지 확인합니다. 만약 1인칭이라면 화자가 주인공인지 다른 인물인지를 파악해야 하고요.

그리고 각 이야기의 초반 부분을 다시 읽으면서 화자의 생각이 드러나는 문장이 있는지를 찾아봅니다. 만약 있다면 화자의 주관적인 태도가 드러난 거죠. 화자가 작가(즉, 3인칭)라면 전지적 작가 시점일 것이고, '나'(1인칭)인 화자가 곧 주인공이라면 1인칭 주인공 시점이 됩니다. 화자가 주인공을 관찰하는 시점은 만나기 어려울 거예요.

아이마다 찾은 문장이 조금 다를 수 있어요. 어떤 단어를 썼는지에 따라 인물의 마음을 나타내는 정도가 달라서 아이 스스로 확신이 드는 문장을 고른 걸 거예요. 마음을 보여 준다고 생각한 문장에서 근거를 찾아봅니다. 어떤 단어가 마음과 관련된다고 여겼는지 밑줄을 칩니다. 알다/모르다/의심하다와 같은 '인지' 관련 동사나 슬프다/ 행복하다처럼 '정서'를 나타내는 형용사가 주로 해당되겠죠.

이 활동을 통해 이야기를 읽을 때 시점에 더 민감해지고, 작가의 의도까지 생각해 볼 수 있어요. 사건만 찾아가며 흘려 읽지 않고, 단어와 문장 하나하나에 집중하는 태도도 길러지면 좋겠습니다.

1. 인물의 마음 읽기

이 책은 다섯 편의 단편 동화를 담고 있어요. 책의 제목처럼, 이야기마다 주인공 친구들의 마음이 내용의 중요한 부분을 차지해요.

여러분 또래의 친구들은 집에서, 학교에서 어떤 생각을 하고, 무엇을 바라며, 왜 속상해 하고 기뻐할까요? 각 이야기에서 어떤 마음이 숨겨 있는지 이야기해 봅시다. (마음은 이야기 중간에 바뀌기도 해요.)

제목	주인공의 마음
금지! 잔소리 말 폭탄	
지구별 스쿨 라이프	
부모 선택 가이드	
황금 살구	
목소리를 찾은 날	

2. 추가 자료 읽기 화자와 시점

다음의 글을 함께 읽어 보아요.

시점과 화자

작가가 이야기를 서술하는 관점이나 방식에 따라 이야기의 분위기가 확 달라진답니다. 작품 속에서 '말하는 이', 즉 작품에 나오는 등장인물의 행동과 사건 등을 이야기 하는 사람을 '화자'라고 해요. 화자는 작가가 작품을 이끌어 나가기 위해 내세운 허구의 인물이에요. 화자는 이야기 안에 등장할 수도 있고, 이야기 밖에 있을 수도 있어요.

이야기를 '누가 바라보는지'는 무척 중요한 문제예요. '바라보는 이'의 눈이 곧 독자의 눈이 될 수 있기 때문이에요. 이처럼 작품의 시점은 작가가 될 수도 있고, 소설 속의 주인공이나 주인공 이외의 주변 인물 중 한 사람이 될 수도 있어요. 작품에서 이야기를 들려주는 이의 위치나 태도를 '시점'이라고 해요. 다음은 화자와 시점 간의 관계를 정리한 표예요.

화자가 작품 안에 있을 때	1인칭 주인공 시점 (주인공 = 화자)	1인칭 관찰자 시점 (주인공 ≠ 화자)
화자가 작품 밖에 있을 때	전지적 작가 시점 (작가 = 화자)	3인칭 관찰자 시점 (작가 ≠ 화자)

※ 출처: 남상욱·최설희(2013), 《개념어휘 한번 알면 평생 국어왕》, 상상의집, pp. 135~136.

- **1인칭 주인공 시점**: 이야기 속 주인공인 '나'가 이야기를 서술해요. 1인칭 주인공 시점에서는 주인공의 생각이나 느낌을 쉽게 알 수 있어요. 그러나 다른 인물의 마음이나 '나'가 없는 곳에서 일어난 사건은 알 수 없어요.

- **1인칭 관찰자 시점**: 서술자가 이야기 속의 주변 인물로, 주인공과 다른 등장인물을 관찰하며 이야기를 서술해요. 주인공의 말과 행동, 사건을 관찰한 대로 나타내고 평가할 수 있어요. 관찰한 내용은 알지만 주인공의 깊은 속마음까지 알기는 어려워요.

- **전지적 작가 시점**: 마치 신의 위치에서 등장인물을 내려다보듯이 모든 인물의 마음속 생각이나 행동을 나타낼 수 있고, 모든 사건에 대해 속속들이 이야기할 수 있어요.

- **3인칭 관찰자 시점**: 등장인물의 행동이나 말, 겉모습을 객관적으로 나타내는 시점이에요. 이야기 밖에 있는 말하는 이가 겉으로 관찰한 내용만 전달하기 때문에 인물의 생각이나 속마음을 알기 어려워요.

※ 출처: 김정(2020), 《알콩달콩 초등 국어 개념 사전》, 미래와경영, pp. 71~74.

3. 화자와 시점 파악하기 마음이 담긴 문장찾기

다섯 편의 이야기에서 주인공과 화자는 각각 누구인가요?
주인공의 마음속 생각을 드러내는 문장 중 가장 처음에 나오는 표현을 찾아보세요.
그 문장이 마음을 보여 준다고 생각하는 이유를 단어에서 찾아 밑줄을 그어 보세요.

제목	주인공	화자	주인공의 마음속 생각이 드러나는 문장	시점
금지! 잔소리 말 폭탄				
지구별 스쿨 라이프				
부모 선택 가이드				
황금 살구				
목소리를 찾은 날				

프린들 주세요

원제: Frindle, 1996년

#언어 #낱말 #성장 #선생님
#신조어 #사전

글 앤드루 클레먼츠
옮김 햇살과나무꾼
그림 양혜원
출간 2001년
펴낸 곳 사계절
갈래 외국문학(사실주의 동화)

📖 이 책을 소개합니다

    교사 출신 작가 앤드루 클레먼츠는 한 학생으로부터 '단어는 어떻게 생겨나는 것이냐'는 질문을 받고 이 이야기를 구상했다고 해요. 주인공 닉은 기발한 아이디어로 따분한 수업을 재미있게 만들고, 엉뚱한 질문을 해서 수업 시간을 축내곤 해요. 5학년이 되어 만난 그레인저 선생님은 언어를 사랑하고 사전을 소중하게 여기며 아이들에게 책 읽기의 중요성을 깨우쳐 주려고 늘 노력해요.

    "말은 우리가 만든 것"이라는 그레인저 선생님의 말을 들은 닉이 '펜'이란 말 대신 '프린들(Frindle)'이라는 말을 쓰기 시작하며 그레인저 선생님과 유쾌한 '언어 전쟁'을 벌입니다. 선생님은 겉으로는 노발대발하면서 닉과 맞서 싸우지만, 실제로는 프린들이라는 말이 퍼져나가는 데 가장 큰 도움을 줍니다.

이 책은 언어와 문법, 규율, 전통은 열려 있다는 것과 학문은 창조적인 생각에 의해 성장한다는 것을 보여 줍니다. 창의력이 풍부한 아이의 성장, 그리고 그 곁에서 학생을 조용히 응원하며 자기 본분을 다하는 존경스러운 선생님의 모습이 담겨 있는 책이에요.

 도서 선정 이유

앤드루 클레멘츠의 다른 책들처럼 엉뚱하고 신나는 이야기이면서도 현실성과 설득력을 가지고 있고, 복선에서 결말까지 치밀하게 짜여 있어요. 인물들은 매력적이고, 발랄한 문체는 속도감 있게 펼쳐지지요. '재미'와 '감동'이라는 두 마리 토끼를 모두 잡은 멋진 동화입니다. 세계적으로 유명한 책으로, 크리스토퍼 상, 주디 로페즈 기념회 상, 그레이트 스톤 페이스 상, 로드아일랜드 어린이책 상, 윌리엄 알렌 화이트 어린이책 상 등 수많은 상을 받았어요.

언어의 시작과 자의성(임의성)에 대해 흥미롭게 알려 줍니다. 초등학교 3학년 1학기 국어 교과서에 일부분이 나오기도 해요. 국어사전에 대해 배우는 7단원과 관련하여 읽어 보아도 좋고요. 또한 중등 교과서의 신조어에 대한 부분에 이 책의 내용이 실렸어요. 신조어가 생기는 과정을 잘 보여 주지요(언어의 사회성, 창의성, 역사성).

이야기로 끝내지 않고, 토론거리도 건질 수 있어요. 언어의 자의성과 사회성, 신조어, 줄임말 등의 사용에 대해서, 교사의 지도 방법이나 언론의 역할에 대해서, 또는 상표권에 대해서도 이야기 나눠 보세요.

함께 읽으면 좋은 책

비슷한 주제

○ 무슨 말이야?: 생활 속 우리말 탐구 사전 | 허정숙 글·그림, 보리, 2019
○ 바른 말이 왜 중요해? | 최은순 글, 한수진 그림, 크레용하우스, 2017
○ 말과 글에도 주인이 있어요!! | 장보람 글, 최해영 그림, 팜파스, 2013

같은 작가

○ 잘난 척쟁이 경시대회 | 앤드루 클레먼츠 글, 조병준 옮김, 강봉승 그림, 국민서관, 2006
○ 쌍둥이 바꿔치기 대작전 | 앤드루 클레먼츠 글, 마크 엘리엇 그림, 이원경 옮김, 비룡소, 2010
○ 위험한 비밀편지 | 앤드루 클레먼츠 글, 이원경 옮김, 비룡소, 2011

 **문해력을 키우는 엄마의 질문**

1. 배경 정보 읽기: 언어의 임의성

언어의 특성 중 한 가지로, '임의성(자의성)'을 들 수 있어요. 언어의 뜻(의미)과 소리 사이에 필연적인(꼭 그래야 하는) 연관성이 없다는 뜻이지요. 꽃이 '꽃' 또는 '플라워'여야 할 이유는 없고, 펜이 꼭 '펜'이어야만 하는 건 아니에요. 그냥 그렇게 정해진 거죠. 《프린들 주세요》는 바로 그 특성을 재미있는 이야기로 살린 책입니다.

내가 이름을 바꾸고 싶은, 나만의 단어 하나는 무엇인가요?

> **이렇게 활용해 보세요**

본격적인 독후 활동에 들어가기 전에 이 책의 주요 사건과 직결되는 언어적 개념을 알려 주고자 했어요. 간단한 정의와 예로 단어의 이름에 대한 이해를 넓힐 수 있습니다.

워밍업과 브레인스토밍을 위해서 '프린들'처럼 새 단어 만들기에 도전해 보세요.

2. 인물 탐구

주인공 닉과 그레인저 선생님은 각각 어떤 학생, 어떤 선생님인지 묘사해 보세요. 두 사람은 이야기 속에서 서로 어떤 관계인가요?

닉	그레인저 선생님
상상력이 뛰어난 아이 생각을 행동으로 강력하게 옮김	규칙에 엄격한 선생님 수수하고 소박함 사전에 집착함
두 사람의 관계	
사건을 둘러싸고 대립 관계가 된다. 나중에는 서로를 이해하게 된다.	

> **이렇게 활용해 보세요**
>
> 주인공 닉이 학생들을 대표한다면 이 이야기를 역동적으로 만드는 또 다른 인물은 바로 그레인저 선생님이에요. 학생과 교사로서 각각 어떤 특성을 가진 인물인지 파악해 보고, 이 둘의 관계에 대해서도 어떤 변화가 일어나는지 이야기 나눕니다.
>
> 아이들이 인물과 관계를 묘사하면서 어떤 표현을 쓰는지가 중요해요. 최대한 수용해 주세요.

3. 사건 흐름 요약하기

프린들 사건이 점차 유명해지는 과정을 순서대로 요약해 보세요.

1	'볼펜' 대신 '프린들'이라는 말을 사용하기로 친구들이 약속했다.
2	학교 친구들이 점점 더 많이 '프린들'이라고 사용했다.
3	선생님과 학생들 사이에 대립이 일어났다.
4	지역 신문에 이 사건이 실렸다.
5	이 사건이 전국 방송에 뉴스로 소개되었다.
6	'프린들'이란 단어가 사전에 실렸다.

> **이렇게 활용해 보세요**
>
> 전체 이야기의 기승전결을 하나의 중심 사건(프린들 사건이 유명해지는 과정)을 초점으로 더 좁혀 볼 수 있어요. 사건이 어떻게 시작된 것인지, 어떤 흐름을 타고 더 큰 문제로 발전했는지, 결국 어떤 일까지 일어났고, 어떻게 해결되었는지 정리합니다.
>
> '요약'은 군더더기 없이 핵심만으로 의미를 전달해야 함을 일깨워 주세요. 만약 요약한 문장이 필요 이상으로 길다면 어떤 단어를 빼면 좋을지 생각해 보는 것도 의미 있는 활동입니다.

4. 내막 파악하기 / 다른 상황 예측하기

대학교 3학년생이 된 닉은 그레인저 선생님의 편지를 받습니다. 10년 묵은 편지를 다시 한번 읽어 보세요. 선생님이 과거에 프린들 사건에 대해 왜 그렇게 행동했는지 드러나지요?

- 선생님이 악역을 맡으셨던 이유는 무엇일까요?

    이 사건이 더 유명해지고 프린들이 사전에도 실리기를 바라셨기 때문에 더 엄격하게 반대하셨다. 또한 아이들이 어떻게 대처하는지를 보고 싶으셨던 것 같다.

- 만약에 어떤 선생님도 엉뚱한 새 단어의 사용에 반대하지 않으셨다면 무엇이 달라졌을까요?

    아이들이 그 단어를 유행처럼 조금 쓰다가 금방 시들해졌을 것 같다. 졸업할 때쯤에는 아무도 그런 말을 기억하지 못했을 수도 있다.

> 이렇게 활용해 보세요

아이들이 이 책을 읽는 과정에서는 권위자, 기성세대를 대표하는 선생님의 반대가 답답하거나 이해하기 어려웠을 수도 있어요. 마지막에 선생님의 편지로 당시의 상황을 둘러싼 비밀 하나가 밝혀지지요. 이를 통해 '아하, 그랬구나' 하고 깨달음과 재미를 느끼게 될 거예요.

한참 후에 밝혀진 과거의 내막을 이해하고, 나아가, 조건이 달랐다면 결과가 달랐을지 예측해 봅니다. 두 가지는 서로 연결되는 내용이에요.

알게 된 것을 문장으로 써 보는 것은 한 단계 더 발전하는 것이니 생각을 한두 문장으로 조리 있게 정리할 수 있도록 도와주세요.

5. 오늘의 토론

닉이 부자가 된 배경은 무엇인가요? 닉이 그렇게 돈을 벌게 된 것에 대해 어떻게 생각하나요?

> 이렇게 활용해 보세요

닉이 기발한 생각으로 정당하게 돈을 벌었다거나 그런 방식이 바람직하지 않다는 생각을 할 수 있을 거예요. 자유롭게 자신의 의견을 말해 봅니다. '토론'이니 찬성과 반대로 나뉘면 가장 좋고요. '내가 닉이라면 그 돈을 어떻게 쓰고 싶은지?' 같은 질문도 풍부한 대화로 이끌어 줄 거예요.

1. 배경 정보 읽기 〖언어의 임의성〗

언어의 특성 중 한 가지로, '임의성(자의성)'을 들 수 있어요. 언어의 뜻(의미)과 소리 사이에 필연적인(꼭 그래야 하는) 연관성이 없다는 뜻이지요. 꽃이 '꽃' 또는 '플라워'여야 할 이유는 없고, 펜이 꼭 '펜'이어야만 하는 건 아니에요. 그냥 그렇게 정해진 거죠. 《프린들 주세요》는 바로 그 특성을 재미있는 이야기로 살린 책입니다.
내가 이름을 바꾸고 싶은, 나만의 단어 하나는 무엇인가요?

2. 인물 탐구

주인공 닉과 그레인저 선생님은 각각 어떤 학생, 어떤 선생님인지 묘사해 보세요. 두 사람은 이야기 속에서 서로 어떤 관계인가요?

닉	그레인저 선생님

두 사람의 관계

WORK SHEET

3. 사건 흐름 요약하기

프린들 사건이 점차 유명해지는 과정을 순서대로 요약해 보세요.

1	
2	
3	
4	
5	
6	

4. 내막 파악하기 / 다른 상황 예측하기

대학교 3학년생이 된 닉은 그레인저 선생님의 편지를 받습니다. 10년 묵은 편지를 다시 한번 읽어 보세요. 선생님이 과거에 프린들 사건에 대해 왜 그렇게 행동했는지 드러나지요?

선생님이 악역을 맡으셨던 이유는 무엇일까요?

만약에 어떤 선생님도 엉뚱한 새 단어의 사용에 반대하지 않으셨다면 무엇이 달라졌을까요?

5. 오늘의 토론

닉이 부자가 된 배경은 무엇인가요? 닉이 그렇게 돈을 벌게 된 것에 대해 어떻게 생각하나요?

내 이름은 삐삐 롱스타킹

원제: Pippi Långstrump, 1945년

#용기 #모험 #도전 #고아 #상상

글 아스트리드 린드그렌
그림 잉리드 방 니만
옮김 햇살과나무꾼
출간 2017년(개정2판)
펴낸 곳 시공주니어
갈래 외국문학(사실주의 동화)

이 책을 소개합니다

1996년 우리나라에 처음 소개된 '삐삐 롱스타킹' 시리즈는 전 세계에서 가장 사랑받는 동화이자 아스트리드 린드그렌을 세계적인 작가로 발돋움하게 한 작품이에요. 《내 이름은 삐삐 롱스타킹》은 제2차 세계대전이 막을 내린 1945년 스웨덴에서 첫 출간된 이래 80여 개의 언어로 번역되어 전 세계에 소개되고 있대요. 지금도 다양한 언어와 그림을 담은 판본으로 출간되고 있으며, TV 시리즈, 영화, 연극, 뮤지컬 등으로 끊임없이 재생산되고 있답니다.

이 책은 출간 4년 전에 작가가 아픈 딸을 간호하며 들려주던 이야기였대요. 처음엔 너무나 황당한 이야기여서 여러 출판사에서 원고를 거절했지만, 우여곡절 끝에 출간이 되자 선풍적인 인기를 얻었어요. 우리나라에서도 드라마가 대단히 인기였죠. 삐삐는 아이들에게 대리 만족을 주고 꿈을 이뤄 주는 영웅이었어요.

세 권으로 완역된 '삐삐' 시리즈 중 첫 권인 이 책은 아홉 살 소녀 삐삐가 '뒤죽박죽 별장'에 오는 것부터 시작해요. 천사 엄마와 식인종의 왕인 아빠를 둔 해적이 되는 것이 꿈인 삐삐 롱스타킹. 토미와 아니카와의 첫 만남, 두 친구를 따라 학교로 가게 된 삐삐의 엉뚱한 행동, 어른들을 골려 주는 유쾌한 일화 등이 실려 있어요.

📖 도서 선정 이유

한스 크리스티안 안데르센 상 수상작이며, 아마존이 선정한 일생에 읽어야 할 100권의 책에 들어가는 책이에요. 엄마에게는 드라마로만 떠오를 가능성이 높고, 아이들에게는 지금 읽지 않으면 놓쳐 버릴 가능성이 높으니 함께 읽기에 딱 좋은 시점입니다.

재미있는 일화들을 읽으며 삐삐의 삶을 들여다보면 이 소녀가 가진 상상력, 자신감, 모험심, 용기, 힘을 나눠 갖게 됩니다. 진정한 동화가 갈 길을 보여 주는 작품이지요.

2020년에 우리나라 백희나 작가가 아스트리드 린드그렌 문학상을 수상했지요. 세계적인 아동·청소년 문학상으로도 널리 알려진 작가의 대표작인 이 책을 읽고 후속편과 다른 책들도 줄줄이 읽어 보세요.

📖 함께 읽으면 좋은 책

시리즈

○ 꼬마 백만장자 삐삐 | 아스트리드 린드그렌 글, 잉리드 방 니만 그림, 햇살과나무꾼 옮김, 시공주니어, 2017(개정2판)

○ 삐삐는 어른이 되기 싫어 | 아스트리드 린드그렌 글, 잉리드 방 니만 그림, 햇살과나무꾼 옮김, 시공주니어, 2017(개정2판)

비슷한 주제

○ 올리버 트위스트 | 찰스 디킨스 글, 김선희 옮김, 정유광 그림, 스푼북, 2019

같은 작가

○ 떠들썩한 마을의 아이들 | 아스트리드 린드그렌 글, 일론 비클란드 그림, 햇살과나무꾼 옮김, 논장, 2013
○ 에밀의 크리스마스 파티 | 아스트리드 린드그렌 글, 비에른 베리 그림, 햇살과나무꾼 옮김, 논장, 2016
○ 장난을 배우고 싶은 꼬마 이다 | 아스트리드 린드그렌 글, 비에른 베리 그림, 햇살과나무꾼 옮김 , 논장, 2016(개정판)

문해력을 키우는 엄마의 질문

1. 인상적인 장면 떠올리기

이야기를 읽으며 인상적이었던 장면을 떠올려 보세요. 다음 중 한 가지를 골라 친구들에게 말해 주세요.

- 삐삐가 가장 부러웠던 장면
- 삐삐가 가장 불쌍했던 장면
- 가장 아슬아슬했던 장면
- 가장 웃겼던 장면

이렇게 활용해 보세요

책동아리 모임을 시작하면서 워밍업으로 하기 좋은 이야깃거리입니다. 흥미로운 이야기책을 읽고 나서 머리에 남아 있는 인상적인 장면에 대해 대화하는 거예요. 막연하게 '재미있었던 장면'보다는 좀 더 구체적으로 짚어 주면 좋겠어요. 다양한 장면을 제시해주면 아이마다 골라서 말하기 편할 거예요. 이밖에도 책에 맞는 여러 가지 장면을 골라 보세요.

2. 요인별로 인물 묘사하기

이 책의 주인공 삐삐는 어떤 아이인가요? 여러 측면에서 삐삐를 묘사해 보세요.

생김새	비쩍 말랐다. 얼굴에 주근깨가 가득하다. 머리를 양 갈래로 땋아서 묶었다. 짝짝이 스타킹과 큰 구두를 신었다.
환경	스웨덴의 한 마을, 뒤죽박죽 별장에서 혼자 산다. 엄마는 일찍 돌아가셨고, 아빠는 선장이셨는데 행방불명되었다. 돈이 많다.
행동	힘이 장사여서 동물들도 들어 올리고 도둑이나 거인과도 싸워서 이긴다. 높은 곳에 올라가는 이상한 행동도 한다.
성격	활발하다. 용감하다. 눈치 없다. 순수하다. 창의성이 풍부하다.

3학년을 위한 책동아리 활동   125

> **이렇게 활용해 보세요**
>
> 인물에 대한 묘사는 다방면에서 이루어질 수 있습니다. 외양, 환경, 행동, 성격으로 요인을 나누어 제시해서 한 부분에만 집중하지 않고 고른 분석이 가능하도록 했어요.
>
> 각 요인에 들어가기에 적절한 내용인지 확인하면서 묘사합니다. 각 요인이 분리되지 않고 서로 연결된다는 것도 느낄 수 있어요.

3. 글쓰기의 기본 익히기: 문단

문단에 대해 알아봐요.

> **이렇게 활용해 보세요**
>
> 3학년생들이 학교에서도 배우는 내용이지만, 문단의 구성 원리는 정말 중요해요. 대학원생들도 보고서나 논문을 쓸 때 이 원리를 못 지키는 경우가 많답니다. 어려서부터 연습이 많이 필요하지요. 문단에 대한 이해도가 높으면 글쓰기를 잘할 수 있는 데다 효율적인 읽기에도 큰 도움이 돼요.
>
> 문단은 하나의 중심 생각을 가진 문장들의 집합이라, 한 문장만으로는 성립하지 않아요. 무엇보다도 중심 문장이 잘 잡혀 있어야 하고, 그것을 돕는 뒷받침 문장들이 적절해야 하지요.

4. 문단 쓰기: 비교와 대조

삐삐와 나를 비교하는 문단을 써 볼 거예요. 위에서 묘사한 삐삐는 어떤 점에서 나랑 비슷하고, 어떤 점에서 다른가요?

한 문단은 비슷한 점, 다른 한 문단은 차이점에 대해 써 보세요. 중심 문장을 적절한 위치에 두는 것을 잊지 마세요. 중심 문장에 밑줄을 치고, 다른 뒷받침 문장들을 쓰면 됩니다.

삐삐와 나의 비슷한 점	<u>삐삐와 나는 둘 다 성격이 활발하다.</u> 삐삐는 나무 위에도 막 올라간다. 또한 모험을 좋아하고 친구들과 잘 어울린다. 나도 여러 가지 운동과 모험을 좋아하는 편이고 친구들과도 잘 지낸다.
삐삐와 나의 다른 점	삐삐는 스웨덴의 시골 마을에 살지만, 나는 대한민국의 수도 서울에 산다. 삐삐는 힘이 세지만 나는 보통이다. 삐삐는 부모님이 안 계시지만, 나는 부모님과 함께 산다. <u>따라서 삐삐는 여러 가지로 아주 특이한 아이지만, 나는 그냥 보통 아이이다.</u>

> 이렇게 활용해 보세요

앞에서 해 본 활동들로 마무리 활동을 계획했어요. 삐삐가 어떤 인물인지 묘사한 내용과 문단 구성에 대해 읽어 본 내용을 살렸습니다.

두 문단의 쉬운 글을 완성하는 데 중심 문장과 뒷받침 문장을 활용하고, 한 문단은 비교, 한 문단은 대조를 하는 거예요. 문단 안에서 초점을 지키기 위해 중심 문장부터 설계하도록 했어요. 그리고 그에 잘 맞는 내용들로 다른 문장들을 채워 나가면 됩니다. 비교와 대조를 하는 글에서 사용되는 문장 구조나 어휘들을 활용하게 될 거예요.

1. 인상적인 장면 떠올리기

이야기를 읽으며 인상적이었던 장면을 떠올려 보세요. 다음 중 한 가지를 골라 친구들에게 말해 주세요.

- 삐삐가 가장 부러웠던 장면
- 삐삐가 가장 불쌍했던 장면
- 가장 아슬아슬했던 장면
- 가장 웃겼던 장면

2. 요인별로 인물 묘사하기

이 책의 주인공 삐삐는 어떤 아이인가요? 여러 측면에서 삐삐를 묘사해 보세요.

생김새	
환경	
행동	
성격	

3. 글쓰기의 기본 익히기 문단

문단에 대해 알아봐요.

문단이란?
글에서 하나로 묶을 수 있는 짤막한 단위로, 문장이 모여 하나의 중심 생각을 나타내는 덩어리랍니다. 보통 글을 쓸 때 문단이 바뀌면 줄을 바꾸어서 처음 한 칸을 비우고 쓰기 때문에 쉽게 알 수 있어요. 문단을 나누어 쓰는 목적은 하나의 생각을 효과적이고 명확하게 전달하는 거예요. 문단은 중심이 될 만한 내용(문장)과 그 중심 내용을 뒷받침하는 내용(문장들)으로 이루어져야 해요. 따라서 글을 읽을 때도 문단의 중심 생각을 순서대로 연결하여 생각하면 전체 내용을 쉽게 파악할 수 있겠지요. 각 문단에서 중심 문장을 찾는 것도 좋은 전략입니다. 중심 문장은 문단의 처음이나 끝에 올 때가 많아요.

4. 문단 쓰기 비교와 대조

삐삐와 나를 비교하는 문단을 써 볼 거예요. 위에서 묘사한 삐삐는 어떤 점에서 나랑 비슷하고, 어떤 점에서 다른가요?
한 문단은 비슷한 점, 다른 한 문단은 차이점에 대해 써 보세요. 중심 문장을 적절한 위치에 두는 것을 잊지 마세요. 중심 문장에 밑줄을 치고, 다른 뒷받침 문장들을 쓰면 됩니다.

때리지 마! 때리지 마!

지하철역에서 사라진 아이들

#학교 폭력 #왕따 #평화

글 노경실
그림 조윤주
출간 2015년
펴낸 곳 해와나무
갈래 한국문학(사실주의 동화)

#평화 #희망 #폭력 #싸움 #왕따

글 박현숙
그림 지우
출간 2015년
펴낸 곳 키다리
갈래 한국문학(판타지 동화)

이 책을 소개합니다

《때리지 마! 때리지 마!》는 초등학교 교실에서 가장 많이 발생하는 '언어폭력'부터 '신체 폭력'까지 어린이가 겪을 수 있는 폭력의 형태를 다양하게 보여 주는 책이에요. 공부는 못해도 운동은 좋아하는 순한 영찬이가 어느 날 자신을 놀리는 진우에게 주먹을 휘두릅니다. 자기 주먹이 세다는 걸 알게 된 영찬이는 주먹을 휘두르고 친구들을 위협하며 급격하게 달라집니다. 폭군이 된 친구를 진심으로 걱정하는 절친 현우와 성광이, 힘이 센 영찬이 옆에 붙은 창민이와 봉구, 나만 때리지 않으면 그만이라는 미미, 싸움 잘하는 영찬이를 영웅처럼 떠받들다가 뒤에서 욕하는 반 친구······. 폭력을 둘러싸고 한 교실 안에 이렇게 다양한 모습이 존재합니다. 사소해 보이는 말장난도 언어폭력임을 짚어 주고, 피해자가 가해자가 되는 모순된 상황을 실감 나게 보여 줍니다.

《지하철역에서 사라진 아이들》은 흥미로운 역발상을 통해 평화와 희망의 중요성을 말하는 이야기예요. 주인공인 비상이는 할머니와 사는 착한 어린이로 폭력과는 거리가 멀어요. 그런데 지하철역 앞에서 비상이네 학교 아이들이 하나둘 사라집니다. 주먹 센 용대의 꼬드김에 비상이는 지하철역 근처에 가게 되고요. 지하철역에서 사라진 말썽꾸러기 아이들은 '만도' 나라의 대통령으로부터 기상천외한 부탁을 받은 거였어요. 만도의 아이들에게 온갖 나쁜 짓을 가르쳐서 '대도' 나라에 빼앗긴 물건을 찾아와야 한다는 거예요. 비상이가 이 거대한 문제를 해결해 가는 과정이 흥미롭습니다.

📖 도서 선정 이유

초등학교에서도 학교 폭력 문제가 심각합니다. 부모 세대처럼 서로 별명을 부르며 놀리는 수준이 아닌 경우가 많아졌어요. 그래서 어린이들이 생각해 볼 수 있는 폭력을 주제로 하는 책 두 권을 함께 읽고 풍성하게 이야기해 보고자 했어요.

리얼리티가 돋보이는 《때리지 마! 때리지 마!》는 직접적으로 다양한 형태의 폭력을 보여 주고, 폭력의 영향, 폭력을 둘러싼 입장의 변화까지 섬세하게 다룹니다. 이 책을 통해 학교생활에서 충분히 생길 법한 상황을 간접적으로 경험해 보고, 실제 폭력에 마주했을 때 어떻게 하면 좋을지 미리 대비해 볼 수 있을 거예요.

반면, 《지하철역에서 사라진 아이들》은 노골적으로 폭력을 권하는 세상을 상상해서 평화의 중요성을 이끌어냅니다. 이 책은 기승전결이 뚜렷해서 흥미롭고, 기존의 권선징악에 참신하게 접근해요. 열린 결말을 가져, 독후 활동에서 이야기 나누기 좋은 책입니다.

📖 함께 읽으면 좋은 책

○ 소녀 H: 지독한 학교 행성 생활 | 신소영 글, 음미하다 그림, 고릴라박스(비룡소), 2018
○ 욕괴물 | 송보혜 글, 장여회 그림, 파란정원, 2016
○ 우리 반 욕 킬러 | 임지형 글, 박정섭 그림, 아이세움, 2016
○ 욕 시험 | 박선미 글, 장경혜 그림, 보리, 2009
○ 우리 반 욕 반장 | 박선희 글, 조은애 그림, 책읽는달, 2019
○ 악플 전쟁 | 이규희 글, 한수진 그림, 별숲, 2013
○ 어린이를 위한 말하기 수업 | 이정호 글, 워정민 그림, 푸른날개, 2019

○ 싸움 대장 | 박현숙 글, 김미진 그림, 생각하는책상, 2015

○ 폭력이란 무엇일까요? | 오스카 브르니피에 글, 안느 엠스테주 그림, 박광신 옮김, 상수리, 2019

○ 착한 친구 감별법 | 송아주 글, 원유미 그림, 잇츠북어린이, 2018

○ 친구가 안 되는 99가지 방법 | 김유 글, 안경미 그림, 푸른숲주니어, 2018

○ 진짜 친구를 만드는 관계의 기술 | 에일린 케네디-무어·크리스틴 맥러플린 글, 캐시 밍거스 그림, 정아영 옮김, 라임, 2017

○ 우리 반에 귀신이 있다 | 김민정 글, 이경하 그림, 라임, 2018

○ 내 멋대로 친구 뽑기 | 최은옥 글, 김무연 그림, 주니어김영사, 2016

○ 소희가 온다! | 김리라 글, 정인하 그림, 책읽는곰, 2017

○ 찢어진 운동화 | 로사 캄바라 글, 일라리아 자넬라토 그림, 황지영 옮김, 한울림어린이, 2021

○ 어린이를 위한 비폭력 대화 | 김미경 글, 이지은 그림, 우리학교, 2015

같은 작가

○ 바이러스를 막아라 | 노경실 글, 박현주 그림, 별숲, 2019

○ 열 살이면 세상을 알 만한 나이 | 노경실 글, 이영림 그림, 크레용하우스, 2012

○ 할아버지는 여든 아기 | 노경실 글, 박지은 그림, 한솔수북, 2014

○ 이상한 학교 시리즈 총 3권(선생님이 사라지는 학교, 선생님이 돌아온 학교, 아이들이 사라지는 학교) | 박현숙 글, 이상미·이승연 그림, 꿈터, 2016, 2017, 2019

○ 수상한 시리즈 총 10권(수상한 아파트, 우리 반, 학원, 친구 집, 식당, 편의점, 도서관, 화장실, 운동장, 기차역, 방송실) | 박현숙 글, 장서영·유영주 그림, 북멘토, 2014~2021

○ 잘 혼나는 기술 | 박현숙 글, 조히 그림, 잇츠북어린이, 2021

○ 잘 훔치는 기술 | 박현숙 글, 조히 그림, 잇츠북어린이, 2021

문해력을 키우는 엄마의 질문

1. 동화 비교하기

먼저 두 권의 동화를 단순하게 비교해 봅시다.

	(가)《때리지 마! 때리지 마!》	(나)《지하철역에서 사라진 아이들》
시점	3인칭 전지적 작가 시점	1인칭 주인공 시점
주인공	영찬	오비상
한 줄 요약	폭력을 휘둘렀던 영찬이가 잘못을 뉘우친다.	만도 아이들에게 폭력을 가르치려 잘못 납치된 비상이가 착한 마음으로 문제를 해결한다.
나의 평점	☆☆☆☆☆	☆☆☆☆☆

> 이렇게 활용해 보세요

주제가 유사한 두 권의 책을 읽었을 때 시도해 보세요. 표를 활용해서 먼저 책의 형식을 비교할 수 있어요. 인물, 시간적/공간적 배경도 좋고, 시점이나 주인공 이름도 괜찮아요. 한 문장으로 책의 내용을 요약하는 쉽지 않은 과제도 의미가 크고요.

또 아이들은 별점으로 평가하는 것에도 큰 재미를 느낀답니다. 주제와 읽기 수준이 비슷한 책들이기에 둘 중에서 어떤 책이, 왜 더 좋았는지 생각하고 말하다 보면 세련된 독서 능력이 길러집니다. 별을 반 개 단위로 칠해서 채우면 돼요.

2. 두 이야기의 '폭력' 비교하기

두 권 모두 아이들의 '폭력'을 다루고 있어요. 각 이야기에서 이 주제가 드러난 방식을 비교해 봅시다. 아래 표에 정리해 보면 같은 점과 다른 점이 보이게 될 거예요.

	(가) 《때리지 마! 때리지 마!》	(나) 《지하철역에서 사라진 아이들》
폭력의 주체 (저지른 사람)	영찬, 봉구, 창민	이종민, 용대, 황도식, 도심, 동심, 오심, 마심, 오비상
폭력의 대상 (당한 사람)	동석, 은태, 진우(반에서 힘이 없는 아이들)	오비상, 오심, 납치당한 아이들
폭력의 방식	주먹으로 때린다. 언어폭력	몸싸움, 욕설, 납치
폭력의 (즉각적) 효과	상대방을 힘으로 제압한다. 상대가 무서워하게 된다.	상대방을 힘으로 누른다.
폭력의 결말	폭력이 나쁘다는 것을 깨달아 더 이상 쓰지 않게 되었다.	폭력이 아닌 효도로 문제를 해결한다.

> 이렇게 활용해 보세요

같은 주제를 다룬 두 권의 동화가 서로 어떤 점이 비슷하고, 다른지 비교해 보는 활동이에요. 한 번에, 또는 연달아 두 권을 읽는 이유가 되는 중요한 경험입니다.

'폭력'이라는 주제에 대한 접근을 비교하기 위해 폭력을 저지르거나 당하는 게 누구인지, 어떤 폭력이 나타나는지, 그 결과는 무엇인지 살펴봅니다. 표의 형식과 내용(질문)을 잘 이해하지 못하면 자세하게 설명해 주세요. 구체적인 사건을 떠올릴 수 있도록 예를 들어 주어도 좋습니다. 그러면 금방 이해하고 이 표를 채워 나갈 수 있을 거예요.

활동지에 답을 채우는 게 중요한 게 아니라, 깊이 생각하면서 같이 답을 찾아 나가는 게 중요하니 현명한 발문이 필요해요. 예를 들어 "폭력을 저지르는 사람은 폭력을 당하지는 않는 걸까?" 같이 질문해서 두 가지 경험을 다 하는 인물도 있음을 깨닫게 해 줄 수 있어요. 이런 활동을 하면서 두 권을 읽는 동안에는 느끼지 못했던 세밀한 초점의 차이가 드러나고 이야기의 구성도 잘 이해하게 될 거예요.

3. 비교·대조하는 글 쓰기

앞에서 작성한 표를 바탕으로 두 이야기에서 '폭력'이 어떻게 나타나고 있는지 비교하는 글을 두 문단(비슷한 점, 다른 점)으로 써 보세요. 각각 중심 문장과 뒷받침 문장들이 있어야 하겠지요.

책 제목 대신 (가), (나)를 쓰세요.

두 이야기의 비슷한 점	(가)와 (나)에서는 모두 아이들이 친구들에게 폭력을 휘두르는 내용이 나온다. 예를 들어, 또래에게 욕을 하는 언어폭력이 나타난다. 또한 주먹을 휘두르는 신체적 폭력도 찾아볼 수 있다.
두 이야기의 다른 점	그런데 (가)와 (나)에 나타나는 폭력의 범위는 다르다. (가)는 학교의 한 반에서 일어난 싸움 같은 사건을 다룬다. 반면에, (나)에서는 나라와 나라 사이에까지 폭력이 전파된다.

> **이렇게 활용해 보세요**

연관되는 두 텍스트를 읽고 비교 분석하여 글을 쓰는 것은 아이들이 커 갈수록 자주 경험하게 될 중요한 과제입니다. 두 문단의 짧은 글을 완성하기 위해 앞에서 표를 활용해 동화들을 분석했으니, 그 자료를 바탕으로 어떤 유사점과 차이점에 집중할지 결정해 봅니다.

지난번에 경험한 것처럼 문단의 중심 문장을 먼저 생각해서 글의 뼈대를 잡습니다. 두 이야기의 유사점과 차이점이 각각 중심 문장이 되어야 하겠죠. 그리고 그 생각을 보여 주는 예를 뒷받침 문장으로 쓰면 깔끔해집니다.

책동아리 POINT

정답이 있는 것이 아니니 아이마다 자신만의 생각을 글로 잘 표현할 수 있게 도와주세요. 쓴 것을 소리 내어 읽어 보는 것도 추천합니다.

WORK SHEET

1. 동화 비교하기

먼저 두 권의 동화를 단순하게 비교해 봅시다.

	(가) 《때리지 마! 때리지 마!》	(나) 《지하철역에서 사라진 아이들》
시점		
주인공		
한 줄 요약		
나의 평점	☆☆☆☆☆	☆☆☆☆☆

2. 두 이야기의 '폭력' 비교하기

두 권 모두 아이들의 '폭력'을 다루고 있어요. 각 이야기에서 이 주제가 드러난 방식을 비교해 봅시다. 아래 표에 정리해 보면 같은 점과 다른 점이 보이게 될 거예요.

	(가) 《때리지 마! 때리지 마!》	(나) 《지하철역에서 사라진 아이들》
폭력의 주체 (저지른 사람)		
폭력의 대상 (당한 사람)		
폭력의 방식		
폭력의 (즉각적) 효과		
폭력의 결말		

3. 비교·대조하는 글 쓰기

앞에서 작성한 표를 바탕으로 두 이야기에서 '폭력'이 어떻게 나타나고 있는지 비교하는 글을 두 문단(비슷한 점, 다른 점)으로 써 보세요. 각각 중심 문장과 뒷받침 문장들이 있어야 하겠지요.
책 제목 대신 (가), (나)를 쓰세요.

두 이야기의 비슷한 점	
두 이야기의 다른 점	

엄마 사용법   엄마 사용 설명서

원제: かあちゃん取扱説明書, 2013년

#가족 #엄마 #로봇 #인공 지능 #생명 #감정 #소통

#가족 #엄마 #인간관계 #소통

글 김성진
그림 김중석
출간 2012년
펴낸 곳 창비
갈래 한국문학(판타지 동화)

글 이토 미쿠
옮김 고향옥
그림 조윤주
출간 2015년
펴낸 곳 우리교육
갈래 외국문학(사실주의 동화)

이 책을 소개합니다

《엄마 사용법》은 아빠랑 살던 현수가 '생명 장난감' 엄마와 가족이 되어 가는 과정을 재미있게 그렸어요. 로봇처럼 엄마를 조립해 사용한다는 설정은 어린이들의 호기심을 끌고, 엄마와 아이의 역할이 뒤바뀐 구도는 아이들의 마음을 대변해서 통쾌합니다. 생명 장난감 엄마가 기대와 달리 현수에게는 별 관심이 없고 집안일만 하자, 현수는 자기가 좋아하는 행동을 먼저 하며 차근차근 진짜 엄마로 만들어 가요. 책을 읽어 주고, 손잡고 산책을 하고……. 그러다 엄마의 얼굴에 미소가 떠오르자 장난감에 감정이 생겼다는 이웃의 신고로 장난감 회사의 사냥꾼들이 엄마를 잡으러 온다네요. 슬픈 이별 뒤에 행복한 재회가 기다리는 독특한 발상의 이야기입니다.

《엄마 사용 설명서》는 엄마를 자기 뜻대로 조종하려고 '엄마 사용 설명서'를 만드는 아이의 이야기입니다. 막상 사용 설명서를 쓰려 하니 엄마를 자세히 관찰하게 되고 평소에 모르던 것을 알게 되면서 엄마를 점점 더 이해하게 되는 거죠. 책을 다 읽고 나면 바뀐 것이 엄마인지 데쓰야인지 알게 될 거예요.

도서 선정 이유

제목이 너무나 비슷하면서도 흥미로운 두 권이 눈에 띄어 같이 읽어 보기로 했어요. 이런 책들은 텍스트를 비교하는 접근에 유용하지요. 다행히 두 권 모두 재미와 감동을 담뿍 담아낸 책이었어요. 엄마표 책동아리를 이끌며 한 번쯤 엄마라는 주제를 본격적으로 다뤄 보고도 싶었습니다. 아이들의 마음을 읽을 수 있는 시간은 꼭 필요하니까요. 가족의 의미, 아이들이 부모에게 진짜로 바라는 것, 사랑하는 사람과 서로 표현하고 소통하는 방법에 대해 생각하게 하는 책들입니다.

함께 읽으면 좋은 책

비슷한 주제

○ 엄마를 팝니다 | 카레 산토스 글, 안드레스 게레로 그림, 김유진 옮김, 베틀북, 2011

○ 고슴도치 우리 엄마 | 임정자 글, 정문주 그림, 미래엔아이세움, 2015

○ 옆집 아줌마가 우리 엄마였으면 | 이옥선 글, 구지현 그림, 장수하늘소, 2017

○ 우리 엄마는 모른다 | 서지원 글, 정경아 그림, 잇츠북어린이, 2018

○ 우리 엄마 바꾸기 | 정임조 글, 김예지 그림, 킨더랜드, 2015

○ 잔소리카락을 뽑아라 | 김경미 글, 이주희 그림, 잇츠북어린이, 2020

○ 엄마, 아빠 사용 설명서 | 공일영 글, 주미 그림, 고래가숨쉬는도서관, 2017

○ 잔소리 없는 날 | 안네마리 노르덴 글, 배정희 옮김, 원유미 그림, 보물창고, 2015(개정판)

○ 아무 일도 일어나지 않은 날 | 박현숙 글, 장정오 그림, 꿈터, 2018

같은 작가

○ 초이틀 초승달 | 이토 미쿠 글, 고향옥 옮김, 한림출판사, 2017

○ 어쩌다 보니 영웅 | 이토 미쿠 글, 고향옥 옮김, 윤진경 그림, 우리교육, 2019

○ 내 친구 거짓말쟁이 | 이토 미쿠 글, 나카다 이쿠미 그림, 권영선 옮김, 내일도맑음, 2021

○ 꼴찌, 전교 회장에 당선되다! | 이토 미쿠 글, 고향옥 옮김, 김명선 그림, 단비어린이, 2017

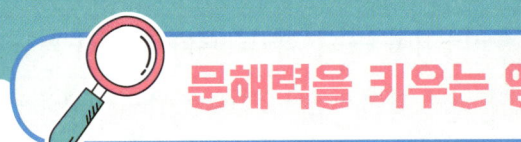 문해력을 키우는 엄마의 질문

1. 유사한 동화 단순 비교하기: 형식

두 권의 동화를 다음 기준에 따라 비교해 보세요.

	(가)《엄마 사용법》	(나)《엄마 사용 설명서》
시점	3인칭 전지적 작가 시점	1인칭 주인공 시점
주인공 - 이름, 성별, 나이	현수-남자, 여덟 살	데쓰야-남자, 열한 살
작가 - 국가	김성진-대한민국	이토 미쿠-일본
공간적 배경(국가)이 드러나는 부분	아이들 모습, 집의 구조 등 주변 환경, 이름	먹는 음식, 학교의 모습
한 줄 요약	생명 장난감이었던 엄마가 진짜가 된다.	엄마를 관찰해서 사용 설명서를 쓰다가 엄마의 새로운 점을 발견한다.
나의 평점	☆☆☆☆☆	☆☆☆☆☆

> 이렇게 활용해 보세요

　　　　제목부터 비슷한 두 권의 동화를 요리조리 비교해 봅니다. 몇 번째 연습하고 있는 시점부터 시작해서(다행히 두 권의 시점이 달라서 비교하기 좋아요), 주인공과 작가를 살펴보고, 마침 작가의 국적이 다르니 공간적 배경을 알아볼 수 있는 힌트도 찾아봅니다. 우리말로 번역된 외국 도서인 경우, 느껴지는 문화적인 차이를 말로 표현해 보는 거지요. 그리고 한 권을 한 문장으로 줄인다면 어떻게 나타낼 수 있을지 고민해요. 마지막으로 어떤 책이 얼마나 좋았는지 비교해서 평점을 매깁니다. 보통 두 권에 대해서 차별화된 평가가 나오는데, 왜 그렇게 느꼈는지 물어보면 의미 있는 독후 활동이 되지요. 아이들은 정말 재미있었던 책에는 별을 수없이 더 많이 그리기도 한답니다.

2. 유사한 동화 심층 비교하기: 관점

두 권의 제목 모두 '엄마 사용'으로 시작합니다. 각 이야기에서 주인공과 엄마의 관계, 주인공이 '엄마'를 바라보는 관점 등을 비교해 봅시다.

	(가)《엄마 사용법》	(나)《엄마 사용 설명서》
엄마의 존재	진짜 엄마가 없어서 생명 장난감인 엄마를 샀다.	엄마가 있다.
엄마에 대한 불만	엄마가 없어서 불만이다.	엄마의 잔소리가 많아서 불만이다.
엄마에게 기대하는 점	엄마가 생겨 자신을 사랑해 주기를 바란다.	엄마가 잔소리하지 않고, 자기가 원하는 대로만 해 주길 바란다.
엄마의 특징	현수를 사랑한다. 점점 인간화되어 간다.	칭찬에 약하다. 힘이 세다. 한국 드라마를 좋아한다.
엄마와의 관계 변화	감정이 없던 생명 장난감이 진짜 인간이 되어서 감정이 생긴다.	엄마가 잔소리 안 하고 내가 원하는 대로 해 주는 변화를 바랐지만, 점차 엄마에 대해 몰랐던 점을 알게 된다.

> **이렇게 활용해 보세요**

이번에는 보다 깊은 수준에서 두 권을 비교합니다. 두 권 모두 '엄마'가 처음이자 끝인 이야기이므로 이 주제를 중심으로 샅샅이 살펴보아야 해요.

제목이 놀랍도록 비슷하지만, 이야기의 전개는 많이 다릅니다. 아이들보다 먼저 읽은 부모님이 주제('엄마')를 둘러싸고 두 책에서 무엇이 다른지를 뽑아내서 비교의 기준으로 삼으면 됩니다.

활동지에 표가 있다고 아이들이 곧바로 답을 써서 채우려 한다면 제동을 걸 필요가 있어요. 표는 생각을 돕고, 또 충분히 생각하고 토의한 후에 정리해서 글로 나타내도록 도와주는 매개체예요.

책동아리 POINT

일단 각자의 생각을 말로 표현하고 친구의 생각과도 비교하는 사이, 첫 생각에서 더 발전한 답을 만들어 낼 수 있어요.

3. 비판적 사고하기

(가)에 나오는 생명 장난감과 (나)에서 데쓰야가 '엄마 사용 설명서'를 만드는 것에 대해 어떻게 생각하나요? 친구들의 의견도 들어 본 뒤 나의 최종 생각을 정리해서 써 보세요.

(가)	나는 강아지 같은 생명 장난감이라면 갖고 싶다. 그런데, 가족인 엄마라고 하니 로봇 같은 '장난감'이 조금 이상하게 느껴졌다. 하지만 만약 어린이한테 엄마가 없다면 필요하다고 느낄 것 같긴 하다.
(나)	원래 사용 설명서는 전자제품 같은 물건에 필요한 것이라 처음에는 '사용'이라는 표현이 좀 거슬렸다. 하지만 기발하다고 생각한다. 관찰을 해서 직접 설명서를 만들어 내는 것이기 때문이다. 엄마를 잘 이해하게 되는 좋은 방법인 것 같다. 다른 대상에도 사용 설명서를 만들면 그렇게 될 것이다.

이렇게 활용해 보세요

　　다시 두 권의 기본적 소재('생명 장난감'-'사용 설명서')로 돌아가지만, 생각은 조금 더 깊게, 비판적으로 해 봅니다. 아이들이 막막해하는 눈치가 보이면 생명 장난감인 엄마, 엄마에 대한 사용 설명서가 어떻게 느껴졌는지, 왜 그렇다고 생각하는지, 책을 읽고 생각에 변화가 있었는지 등등 이런 질문들을 하나씩 슬쩍 던져 주세요.

　　생명체인 인간이자, 중요한 가족인 엄마에게 '장난감', '사용'이라는 표현이 쓰였을 때 어떤 느낌이 들었는지까지 나온다면 제법 깊이 생각해 본 거예요. 물론 더 중요한 것은 각 이야기의 주제를 이해했는지의 여부겠지요.

1. 유사한 동화 단순 비교하기 [형식]

두 권의 동화를 다음 기준에 따라 비교해 보세요.

	(가)《엄마 사용법》	(나)《엄마 사용 설명서》
시점		
주인공 - 이름, 성별, 나이		
작가 - 국가		
공간적 배경(국가)이 드러나는 부분		
한 줄 요약		
나의 평점	☆☆☆☆☆	☆☆☆☆☆

2. 유사한 동화 심층 비교하기 [관점]

두 권의 제목 모두 '엄마 사용'으로 시작합니다. 각 이야기에서 주인공과 엄마의 관계, 주인공이 '엄마'를 바라보는 관점 등을 비교해 봅시다.

	(가)《엄마 사용법》	(나)《엄마 사용 설명서》
엄마의 존재		
엄마에 대한 불만		
엄마에게 기대하는 점		

WORK SHEET

	(가) 《엄마 사용법》	(나) 《엄마 사용 설명서》
엄마의 특징		
엄마와의 관계 변화		

3. 비판적 사고하기

(가)에 나오는 생명 장난감과 (나)에서 데쓰야가 '엄마 사용 설명서'를 만드는 것에 대해 어떻게 생각하나요? 친구들의 의견도 들어 본 뒤, 나의 최종 생각을 정리해서 써 보세요.

(가)	
(나)	

맘대로 마을   공부 없는 나라

#공부 #자유 #규칙 #의무

글 이환제
그림 신지수
출간 2012년
펴낸 곳 파랑새
갈래 한국문학(판타지 동화)

#공부 #학교 #학원

글 조한서
그림 장은경
출간 2016년
펴낸 곳 아름다운사람들
갈래 한국문학(판타지 동화)

이 책을 소개합니다

《맘대로 마을》은 내 맘대로 할 수 있는 것이 없어서 가슴이 답답한 대영이의 이야기입니다. 엄마, 아빠는 모든 것을 맘대로 하면서 아들에게만 늘 금지이고요. 학교와 학원만 오가던 대영이는 엘리베이터 벽에 붙은 '맘대로 마을' 초대장을 보게 됩니다. 맘대로 마을에 간 대영이는 하고 싶은 대로 다 해요. 그런데 이상하게 행복하지만은 않지요.

《공부 없는 나라》를 만들고 싶은 영훈이에게 마술 같은 일이 벌어져요. 도깨비같이 생긴 '신바람'이 나타나 진짜 공부 없는 나라 '아라별'로 초대한 거죠. 영훈이는 그곳에서 정말 놀기만 하는 아라별 아이들을 만나요. 다음에는 한국을, 그다음에는 지구 전체를 공부 없는 나라로 만들기 위한 아라별의 계획에 동참합니다. 아라별의 지하 비밀 학교로 납치된 영훈이가 아라별의 음모에 맞서 어떻게 싸우는지 읽어 보세요.

📖 도서 선정 이유

요즘 아이들은 마음대로 하며 지내는 시간이 별로 없어 보여서 안타까워요. 상당히 비슷한 시선으로 아이들을 바라보는 두 권의 책을 만나 묶어 읽어 봤어요. 어린이 독자들은 판타지를 통해 대리 만족을 느끼는 동시에, 자유와 무질서의 경계에 대해 생각할 수 있을 거예요. 규칙만을 강조하거나 잔소리를 늘어놓는 것보다 잘 쓰인 책을 읽으며 스스로 느끼는 것이 훨씬 낫지요.

자유 중에서도 아이들은 '공부 안 하기'에 대해 희망을 가질 것 같아요. 공부가 얼마나 재미있고 그 누구보다 자기 자신에게 도움이 되는 건데 벌써부터 공부를 싫어하게 되었는지 마음이 아픕니다. 그런 의미에서 공부를 왜 하는 건지에 대해서도 이 책들을 통해 알 수 있을 거예요.

📖 함께 읽으면 좋은 책

비슷한 주제

○ 공부를 해야 하는 12가지 이유 | 김미희 글, 노은주 그림, 단비어린이, 2020

○ 오늘부터 공부 파업 | 토미 그린월드 글, 정성민 옮김, 허현경 그림, 책읽는곰, 2017

○ 엉터리 처방전 | 정연철 글, 김규택 그림, 위즈덤하우스, 2020

○ 아홉 살 대머리 | 서석영 글, 박현주 그림, 바우솔, 2015

○ 아무것도 가르치지 않는 선생님 | 셰인 페이슬리 글, 전지숙 옮김, 책과콩나무, 2019

○ 너무 많이 가르치는 선생님 | 셰인 페이슬리 글, 전지숙 옮김, 책과콩나무, 2019

○ 성적표 | 앤드루 클레먼츠 글, 홍연미 옮김, 나오미양 그림, 웅진주니어, 2007

같은 작가

○ 여우는 어디로 갔을까? | 이환제 글, 한상범 그림, 산하, 2005

○ 어느 날 구두에게 생긴 일 | 황선미 글, 신지수 그림, 비룡소, 2014

○ 핑계 생쥐 쫓아내기 | 조한서 글, 장은경 그림, 아름다운사람들, 2016

○ 가면학교 | 유강 글, 장은경 그림, 아름다운사람들, 2017

문해력을 키우는 엄마의 질문

1. 브레인스토밍하기

- 하루 동안 '내 맘대로' 할 수 있다면 어떻게 보내고 싶은가요?
- 세상에서 공부가 없어진다면 어떻게 될까요?

> **이렇게 활용해 보세요**

두 권의 동화에 대한 본격적인 이야기에 들어가기 전에 워밍업으로 가볍게 이야기를 나눕니다. 질문에 대해 각자 자기 생각을 말해 봅니다. 우리 아이들이 갖고 있는 자유와 해방에 대한 욕구가 어떤지도 알아볼 수 있어요. 책을 읽고 모이기는 했지만, 본격적으로 책의 내용을 다루기 전에 이야기를 나눠 보아야 결말에 휘둘리지 않을 거라고 생각했어요.

2. 비슷한 동화 비교하기

두 권의 동화를 간단히 비교하고 평가해 보세요.

	(가)《맘대로 마을》	(나)《공부 없는 나라》
시점	3인칭 전지적 작가 시점	1인칭 주인공 시점
주인공 - 이름, 성별, 나이	대영 - 남자, 2학년	오영훈 - 남자, 4학년
한 줄 요약	대영이가 맘대로 마을에 갔다가 맘대로 하는 게 오히려 불편함을 깨닫는다.	영훈이가 아라별에 가서 공부 없는 나라를 만들 뻔하다가 아라별의 흑심을 알아채고 싸워 이긴다.
결말에 대한 나의 생각	좀 뻔해서 생각보다 재미있지 않았다.	마지막이 흥미진진해서 재미있었다.
나의 평점	☆☆☆☆☆	☆☆☆☆☆

3학년을 위한 책동아리 활동   147

이렇게 활용해 보세요

내용에서 유사성이 있는 동화 두 권을 읽고 각각 어떤 책인지 파악하기 위해 간단히 비교합니다. 먼저, 이렇게 연달아 읽으면 두 이야기의 시점이 다르다는 것이 쉽게 인식되지요. 주인공의 특징도 간략하게 기록해 보고요. '이 책은 무엇에 대한 이야기'라고 말할 수 있으려면 한 줄 요약이 도움이 됩니다. 책을 읽었어도 바로 그렇게 말하기는 사실 쉽지 않아요. 주인공을 주어로 하고 사건의 핵심을 담아 동사로 서술해요. 요약이기 때문에 '○○의 모험 이야기'처럼 두루뭉술하게 표현하기보다는 핵심 내용이 담겨야 합니다.

별점으로 평가하기 전에 이 책들에 대해서는 결말을 읽었을 때 어떻게 생각했는지를 물어보았어요. 독자에게는 이야기의 상황 설정이나 전개 못지않게 결말이 어떻게 이루어졌는지가 큰 인상을 남기지요.

3. 이야기 흐름에 따라 내용 비교하기

두 권의 내용에는 비슷한 부분이 있어요. 각 이야기의 흐름에 따라 내용을 비교해 보고 유사한 점을 찾아봅시다. 먼저, 이야기의 흐름을 보여 주는 단계에 대해 읽어 보세요. 두 이야기에서 각 단계에 무슨 일이 일어났나요?

	(가)《맘대로 마을》	(나)《공부 없는 나라》
발단	대영이가 아무것도 맘대로 하지 못하는 자기 생활에 불만을 느낄 때 맘대로 마을의 광고를 발견했다.	영훈이의 침실로 찾아온 신바람이 영훈이를 아라별로 데리고 간다.
전개	대영이가 맘대로 마을에 가서 맘대로 생활한다.	아라별에 간 영훈이와 유리가 학교와 학원을 없애는 방법을 알려 준다.
위기/절정	다른 사람들도 모두 맘대로 하기 때문에 대영이가 불편을 느끼게 된다.	지구를 공부 없는 나라로 만들어 지배하려는 아라별의 계략을 알게 되고 싸워서 이긴다.
결말	맘대로 마을에서 대영이가 나온다.	싸움에서 이기고 모든 학교와 학원을 다시 되돌려 놓는다.

> **이렇게 활용해 보세요**
>
> 이야기의 내용을 기승전결에 맞게 요약해 보는 활동이에요. 같은 개념인 '발단-전개-위기/절정(합해지는 경우가 많아요)-결말'이 무엇인지 읽어 보고 시작합니다. 그냥 줄거리를 말하면 어려울 수도 있지만, 단계별로 나눠 생각하면 도움이 될 거예요.
> 각각의 이야기 흐름을 따라가다 보면 두 책에 어떤 유사성이 있는지 발견하기 쉬워져요.

4. 비교 통해 결론 찾기

(가)와 (나)에서 공통적으로 얻을 수 있는 결론과 그에 대한 내 생각을 각각 한 문장으로 써 보세요.

- 결론: 자기가 하고 싶은 대로만 하면 오히려 불편해진다.
- 내 생각: 자유에는 책임이 따른다고 생각한다.

> **이렇게 활용해 보세요**
>
> '맘대로'의 개념과 '공부 없는'의 의미는 서로 다른 것 같지만, 주체가 초등학생이라면 상당 부분 일치할 거예요. 두 권의 책에서 교훈이라고 볼 수 있는 공통적인 결론을 뽑아낼 수 있을까요? 공통점이기 때문에 구체적인 표현보다는 일반화된 표현이 더 어울리겠죠. 결론을 한 문장, 그에 대한 내 생각을 한 문장으로 짧게 뽑아야 하기 때문에 오히려 어려운 과제입니다. 이 문장에 대해 왜 그렇게 생각했는지 말해 보게 해 주세요.

1. 브레인스토밍하기

- 하루 동안 '내 맘대로' 할 수 있다면, 어떻게 보내고 싶은가요?
- 세상에서 공부가 없어진다면 어떻게 될까요?

2. 비슷한 동화 비교하기

두 권의 동화를 간단히 비교하고 평가해 보세요.

	(가)《맘대로 마을》	(나)《공부 없는 나라》
시점		
주인공 - 이름, 성별, 나이		
한 줄 요약		
결말에 대한 나의 생각		
나의 평점	☆☆☆☆☆	☆☆☆☆☆

3. 이야기 흐름에 따라 내용 비교하기

두 권의 내용에는 비슷한 부분이 있어요. 각 이야기의 흐름에 따라 내용을 비교해 보고 유사한 점을 찾아봅시다. 먼저, 이야기의 흐름을 보여 주는 단계에 대해 읽어 보세요. 두 이야기에서 각 단계에 무슨 일이 일어났나요?

이야기의 단계

- 발단: 어떤 일이 처음으로 벌어짐. 또는 그 일이 처음으로 시작됨. 어떤 일의 계기가 됨. 또는 그 계기가 되는 일.
- 전개: 열리어 나타남. 시작하여 벌임. 내용을 진전시켜 펴 나감.
- 위기: 위험한 고비나 시기.
- 절정: 사물의 진행이나 발전이 최고의 경지에 달한 상태. 전개 과정에서 갈등이 최고조에 이르는 단계.
- 결말: 어떤 일이 마무리되는 끝.

	(가) 《맘대로 마을》	(나) 《공부 없는 나라》
발단		
전개		
위기/ 절정		
결말		

3학년을 위한 책동아리 활동 151

4. 비교 통해 결론 찾기

(가)와 (나)에서 공통적으로 얻을 수 있는 결론과 그에 대한 내 생각을 각각 한 문장으로 써 보세요.

결론

내 생각

꽃신

#한국전쟁 #분단 #이산가족
#빈곤 #결핍

글 강소천
그림 김영주
출간 2015년
펴낸 곳 재미마주
갈래 한국문학(단편 동화집)

이 책을 소개합니다

　강소천 작가의 두 번째 동화집《꽃신》은 한국전쟁이 끝난 해에 처음 발간되었어요. 그래서 전쟁의 상처와 슬픔, 빈곤과 결핍이 묻어나는 이야기들이 많아요. 현시대에 맞게 맞춤법, 띄어쓰기, 어휘를 수정·보완하고, 그림까지 원 상태에 맞게 복제하여 수정·보완했다고 해요.

　표제작인〈꽃신〉은 남북 분단과 전쟁이라는 비극적 상황 때문에 헤어진 가족을 그리워하는 마음이 아프게 그려진 동화예요. 그 비상식적인 역사를 몸소 체험한 작가의 슬픔과 안타까움이 오롯이 녹아 있어요.〈그리운 얼굴〉은 전쟁터에 있는 형과 동생이 서로를 생각하는 마음을 하모니카라는 매개체를 통해 그려요.〈방패연〉은 이북의 할아버지에게 날아가서 소식을 전해 준다는 꿈 같은 이야기입니다.〈신과 연극〉은 경제적으로 황폐화된 시대에 세상을 원망하거나 비뚤어지지 않고 너무나도 올곧게 살아가는 인호의 사연입니다.

도서 선정 이유

한국의 안데르센이라고 칭송받는 강소천 작가의 글을 정작 요즘 아이들이 읽어 볼 일이 많지 않은데, 예쁘게 묶인 책이 있어 소개했어요. 동화와 동시라는 게 무엇인지 담뿍 느낄 수 있어요. 한국전쟁에 대한 경험도, 지식도 부족한 아이들이 이 책을 통해 그 시절의 생활상도 살펴볼 수 있고, 가족애를 진하게 느낄 수 있을 거예요.

함께 읽으면 좋은 책

시리즈

○ 조그만 사진첩: 강소천 동화집 1 | 강소천 글, 김영주 그림, 재미마주, 2015
○ 진달래와 철쭉: 강소천 동화집 3 | 강소천 글, 김영주 그림, 재미마주, 2015
○ 꿈을 찍는 사진관: 강소천 동화집 4 | 강소천 글, 김영주 그림, 재미마주, 2015
○ 종소리: 강소천 동화집 5 | 강소천 글, 김영주 그림, 재미마주, 2016
○ 무지개: 강소천 동화집 6 | 강소천 글, 김영주 그림, 재미마주, 2016
○ 호박꽃초롱: 강소천 동요시집 | 강소천 글, 김영덕 그림, 재미마주, 2015

비슷한 주제

○ 한국사를 뒤흔든 20가지 전쟁 2: 고려 시대부터 남북 분단까지 | 이광희 글, 곽재연 그림, 생각을담은어린이, 2012(개정판)
○ 안녕? 한국사 6: 우리는 왜 남북으로 갈라졌을까? | 백명식 글·그림, 김동운 감수, 풀빛, 2015
○ 소년병과 들국화 | 남미영 글, 정수영 그림, 세상모든책, 2018(개정판)

홈페이지

• 아동문학가 강소천 www.kangsochun.com

문해력을 키우는 엄마의 질문

1. 작가와 작품 살펴보기

강소천 작가(1915~1963)는 우리나라 아동문학의 발전을 이끈 분이에요. 수많은 동요와 동시(240여 편)를 지으셨고, 〈꿈을 찍는 사진관〉 등의 동화도 많이 남기셨어요.

- 아래의 동요 중에 들어 보았거나 부를 수 있는 것에 표시해 보세요.
- 동시 중에 어떤 것이 동요가 되기 좋을까요?
- 동요 〈어린이 노래〉 노랫말을 읽어 보세요. 이 시에서 '어린이'가 어떤 느낌으로 표현되어 있나요? 어린이를 무엇에 비유했는지, 직유, 은유 대상을 모두 찾아보세요

어린이 노래 / 강소천

하늘 향해 두 팔 벌린 나무들같이
무럭무럭 자라나는 나무들같이
너도 나도 씩씩하게 어서 자라서
새 나라의 기둥 되자, 우리 어린이

해님 보고 방긋 웃는 꽃송이같이
아름답게 피어나는 꽃송이같이
너도 나도 곱게 곱게 어서 피어서
새 나라의 꽃이 되자, 대한 어린이

직유
은유

이렇게 활용해 보세요

책을 읽고도 작가에 대해 잘 모르기 쉽지요. 중요한 작가의 경우, 책동아리 모임 초반에 정보를 공유할 수 있는 시간을 마련해 주세요. 일생, 주요 작품, 일화, 해당 작품과 관련된 배경과 인터뷰 내용 등이 다루기 좋아요.

한국의 아동문학을 이끈 강소천 작가에 대해 알려 주면서 동요, 동시, 동화 중에서도 동요를 강조해 보았어요. 이 책은 동화집이지만, 강소천 작가의 작품 중에는 아이들이 이미 익숙한 노래가 많을 것 같아서요. 작가와의 친밀한 '관계 맺기'는 독자가 이미 읽어 보았거나 알고 있는 작품을 통

해 이루어지니까요. 노래의 제목만 보고 무슨 노래인지 파악하기 힘들 때는 동요를 다운로드 받아서 함께 들어 봐도 좋겠습니다(앞에 안내한 홈페이지에서 다운로드 받을 수 있습니다).

동시와 동화의 관계에 대해 생각해 볼 수 있는 질문과 대표적인 동요 노랫말을 감상해 보는 기회를 제공했어요. 〈어린이 노래〉는 강소천 선생님이 어린이를 어떻게 여기셨는지 느끼게 해 주는 곡입니다. 직유와 은유의 예도 풍부하게 담겨 있어요.

아동문학 작품에 아이 '동(童)' 자를 붙여서 동시, 동요, 동화, 동극 등의 표현을 쓰는 것은 우리의 문화적 특징이라지요. 외국에서는 그냥 'poem(시)', 'novel(소설)'이라고 하니까요. 만약 시간이 허락된다면 아이들이 이를 어떻게 생각하는지 간단한 토론을 해 봐도 좋을 것 같아요.

2. 단편 동화의 공통점 찾기

〈그리운 얼굴〉, 〈방패연〉, 〈꽃신〉의 시대적 배경과 주제에서 공통점을 찾아보세요.

- 시대적 배경은 어떠한가요?
  6·25 전쟁 중 또는 직후의 1950년대.
  이때는 전쟁으로 인해 이산가족이 많았고, 대부분 가난해서 살기 힘들었던 시기였다.

- 주제는 어떠한가요?
  전쟁으로 인한 이산가족의 삶과 슬픔

이렇게 활용해 보세요

세 편의 단편 동화를 뽑았어요. 이 이야기들의 시대적 배경, 주제가 어떤지 살펴보고 공통점을 찾아내는 활동입니다. 우선 말로 생각을 표현해 보고, 활동지에 글로 쓸 때는 정리해서 매끄러운 표현이 되도록 도와주세요.

지금의 초등학생들에게 한국전쟁은 남의 나라 이야기 같을지도 몰라요. 등장인물들의 삶이 표현된 동화를 통해 공감하고 이해할 수 있게 되기를 바랍니다.

3. 주관적 평가로 글쓰기

• 이 책에 실린 이야기 중에서 가장 감동적인 동화는 어떤 것이었나요? 하나씩 골라 이야기해 보고, 감동을 느낀 이유를 세 문장 정도로 이루어진 한 문단으로 써 보세요.

내가 이 단편집에서 가장 감동적이라고 느낀 동화는 〈방패연〉이다. 왜냐하면 가족과 서로 얼굴을 볼 수 없는 공간에서 편지만 주고받을 수 있다는 것이 슬펐다. 또한 북한에 계신 할아버지가 손자를 그리워하는 마음이 와닿았기 때문이다.

• 이 책에 실린 이야기 중에서 가장 와닿지 않았던 동화는 어떤 것이었나요? 그 이유는 무엇일지 생각해서 세 문장 정도로 이루어진 한 문단으로 써 보세요.

이 책에서 나한테 가장 와닿지 않았던 동화는 〈꽃이 된 나〉이다. 이 이야기는 재미가 없고 좀 이상했다. 길이도 너무 짧았다.

> **이렇게 활용해 보세요**

단편집이니 각 동화에 대한 감상이 다양할 거예요. 가장 좋았던 이야기와 그 반대인 이야기를 골라 봅니다. 개인마다 느낌이 다를 수 있으니 아이들도 부정적인 평가를 할 수 있다고 생각해야 해요. 솔직하게 표현할 수 있도록 배려해 주세요.

세 문장 정도라고 기준을 주었기 때문에 지시 사항에 맞는 중심 문장을 먼저 쓰고, 그 내용에 맞는 뒷받침 문장들(어떤 점에 감동을 느꼈는지, 어떤 부분이 이해가 안 갔는지 등)을 쓰면 되겠지요. 지시 사항에 맞게 글을 쓰는 연습이기도 합니다.

1. 작가와 작품 살펴보기

강소천 작가(1915~1963)는 우리나라 아동문학의 발전을 이끈 분이에요. 수많은 동요와 동시(240여 편)를 지으셨고, 〈꿈을 찍는 사진관〉 등의 동화도 많이 남기셨어요.

• 아래의 동요 중에 들어 보았거나 부를 수 있는 것에 표시해 보세요.

> 태극기, 꼬마 눈사람, 어린이 노래, 스승의 은혜, 코끼리, 나무야, 금강산, 석별의 정

• 동시 중에 어떤 것이 동요가 되기 좋을까요?

• 동요 〈어린이 노래〉 노랫말을 읽어 보세요.
이 시에서 '어린이'가 어떤 느낌으로 표현되어 있나요?
어린이를 무엇에 비유했는지, 직유, 은유 대상을 모두 찾아보세요.

> **어린이 노래 / 강소천**
>
> 하늘 향해 두 팔 벌린 나무들같이
> 무럭무럭 자라나는 나무들같이
> 너도 나도 씩씩하게 어서 자라서
> 새 나라의 기둥 되자, 우리 어린이
>
> 해님 보고 방긋 웃는 꽃송이같이
> 아름답게 피어나는 꽃송이같이
> 너도 나도 곱게 곱게 어서 피어서
> 새 나라의 꽃이 되자, 대한 어린이

※ 출처: 강소천 작가 홈페이지 www.kangsochun.com

2. 단편 동화의 공통점 찾기

〈그리운 얼굴〉, 〈방패연〉, 〈꽃신〉의 시대적 배경과 주제에서 공통점을 찾아보세요.

시대적 배경은 어떠한가요?

주제는 어떠한가요?

3. 주관적 평가로 글쓰기

- 이 책에 실린 이야기 중에서 가장 감동적인 동화는 어떤 것이었나요? 하나씩 골라 이야기해 보고, 감동을 느낀 이유를 세 문장 정도로 이루어진 한 문단으로 써 보세요.

- 이 책에 실린 이야기 중에서 가장 와닿지 않았던 동화는 어떤 것이었나요? 그 이유는 무엇일지 생각해서 세 문장 정도로 이루어진 한 문단으로 써 보세요.

내 친구 윈딕시

원제: Because of Winn-Dixie, 2000년

#우정 #외로움 #슬픔 나누기
#상처 #용기 #성장 #관계 #개

글 케이트 디카밀로
옮김 햇살과나무꾼
그림 송재호
출간 2019년(개정판)
펴낸 곳 시공주니어
갈래 외국문학(사실주의 동화)

이 책을 소개합니다

목사인 아빠를 따라 낯선 곳으로 이사 온 외로운 열 살 소녀 오팔과 볼품없는 떠돌이 개 윈딕시의 우정 이야기입니다. 오팔은 슈퍼마켓에 갔다가 만난 떠돌이 개의 이름을 윈딕시라 짓고 집에서 함께 살게 됩니다. 엄마의 빈자리가 크게 느껴지고 낯선 곳에서 친구도 없어 몹시 외로워하던 오팔은 누구와도 금세 친해지는 윈딕시 덕분에 이웃 사람들과 친구가 될 수 있었어요. 상처와 사연을 가지고 외로움 속에 살아가는 이들을 위로하며 자신의 결핍도 채워 나가지요. 엄마가 떠난 뒤 단단한 껍질 속에서 살아가던 아빠에게서 엄마에 대한 이야기를 듣게 되고, 쉽게 친해지지 못했던 또래 아이들과도 친구가 된답니다. 이렇게 모든 이가 저마다의 아픔을 어루만지며 가까워지는 과정이 감동적이에요.

📖 도서 선정 이유

2001년 뉴베리 아너 상 수상작이고 케이트 디카밀로의 책이니 저절로 눈길이 갔던 책이에요. 세상에 완벽한 삶, 상처 없는 사람이 있을까요? 어린이들의 시각에서도 이런 주제를 읽어 볼 필요가 있어요. 마음속에 어려움은 있지만 순수한 아이의 모습을 통해 타인과 관계 맺는 방법, 우정의 의미, 열린 마음을 배울 수 있습니다.

이 작가의 다른 책들처럼 문장이 깔끔하고 매끄러워서 중학년도 읽을 수 있고, 장면의 전환 속도가 빨라 지루하지 않고 재미있어요. 웨인 왕 감독의 2005년작 영화(원제대로 〈윈-딕시 때문에〉)로도 볼 수 있으니 함께 감상해 보세요.

아이와 어른이 친구가 되는 과정이 낯설면서도 아름답게 그려져 있어요. 그래서 가족들이 함께 읽기 참 좋은 작품이에요. 다음의 문장처럼 인생의 지혜를 전해 주거든요. "떠나고 싶어 하는 것들을 붙들 수 있는 방법은 없단다. 알겠니? 곁에 있을 때 사랑해 주는 수밖에 없어."

📖 함께 읽으면 좋은 책

비슷한 주제

○ 조금만, 조금만 더 | 존 레이놀즈 가디너 글, 마샤 슈얼 그림, 김경연 옮김, 시공주니어, 2020(개정판)

○ 세 친구의 머나먼 길 | 실라 번포드 글, 햇살과나무꾼 옮김, 시공주니어, 2020(개정판)

○ 위풍이와 당당이 | 우진숙 글, 권정민 그림, 문학과지성사, 2020

○ 플랜더스의 개 | 위다 글, 최지현 옮김, 보물창고, 2015

○ 인간의 오랜 친구 개 | 김황 글, 김은주 그림, 논장, 2013

○ 널 만나 다행이야 | 콜린 톰슨 글·그림, 박수현 옮김, 책읽는곰, 2012

○ 멋친 친구들 | 신시아 라일런트 글, 아서 하워드 그림, 원지인 옮김, 보물창고, 2020

같은 작가

○ 생쥐 기사 데스페로 | 케이트 디카밀로 글, 티모시 바질 에링 그림, 김경미 옮김, 비룡소, 2004

○ 마법처럼 문이 열리고 | 케이트 디카밀로 글, 배그램 이바툴린 그림, 서석영 옮김, 책속물고기, 2015

○ 착한 강아지 로지 | 케이트 디카밀로 글, 해리 블리스 그림, 신형건 옮김, 보물창고, 2020

문해력을 키우는 엄마의 질문

1. 제목 의미 생각하기

이 책은 2001년에 뉴베리 아너 상을 받은 케이트 디카밀로의 작품이에요. 원제는 《Because of Winn-Dixie》입니다. '윈딕시 때문에'라는 뜻이죠. 전체 이야기를 떠올려 보고 왜 '-때문에'라는 표현을 썼을지 이야기 나누어 봅시다.

- '때문에'는 '덕분에'로 바꿀 수 있을 것 같다.
- 윈딕시 덕분에 인디아 오팔이 많은 친구들을 사귀게 된다.

이렇게 활용해 보세요

모임을 시작할 때 책 제목을 이용해 이야기를 풀어 가면 좋아요. '작가는 왜 이런 제목을 붙였을까, 번역자는 왜 제목을 우리말로 이렇게 바꾸었을까, 나라면 어떤 제목을 달까'처럼요.

여기서는 작품의 원제목을 알려 주고 그 의미를 생각해 보았어요. 서로 다른 여러 생각이 나올 수 있어요.

2. 나만의 결말 상상하기

이 이야기는 특별한 결말 없이 끝이 납니다. 오팔의 엄마와 관련 지어 새로운 결말을 써 본다면 어떻게 쓰고 싶나요?

- 윈딕시가 인디아 오팔의 엄마였다.
- 천둥이 칠 때 엄마로 변한다.

이렇게 활용해 보세요

열린 결말이거나 다른 결말이 가능한 이야기에서는 상상력을 발휘하기 좋지요. 정답이 없는 대표적인 경우이니 마음대로 상상해도 수용해 주세요.

3. 인물들 간의 관계 찾기

이야기에 나오는 '리트무스 로젠지 사탕'은 달콤하면서도 우울한 맛을 느끼게 합니다. 책의 주제인 '슬픔과 위로'에 맞는 소재입니다.

등장인물들이 각각 어떠한 슬픔을 가지고 있는지, 주인공 오팔이 그들을 어떻게 위로해 주었는지 정리해 보세요.

인물	슬픔	오팔의 위로
윈딕시	버려졌다.	주인이 되어 주었다.
아빠(목사님)	아내가 떠났다.	좋은 딸이 되었다.
아만다	동생이 죽었다.	좋은 친구가 되어 주었다.
프래니 할머니	가족이 모두 죽었다.	말벗이 되어 주었다.
글로리아 할머니	백내장에 걸렸다.	이야기를 해 드렸다.
오티스 아저씨	감옥에 다녀왔다.	믿어드렸다.

이렇게 활용해 보세요

오팔이 주변 인물들과 어떤 관계를 맺었는지가 이야기를 채우고 있습니다. 표로 도식화해서 그 관계를 살펴보는 활동이에요.

인간의 경험과 그에 따른 감정, 그리고 의미 있는 타인이 그 감정의 변화에 미칠 수 있는 영향을 파악하게 됩니다. 그러면서 이 책의 주제를 다시 한번 느낄 수 있을 거예요.

4. 또래의 독서 감상문 읽기

이 책을 읽은 4학년 학생이 써서 최우수상을 받은 독서 감상문입니다. 읽어 보고 어떤 점이 우수한지 생각해 봅시다.

내가 이 책에 대한 독후감을 쓴다면 어떤 관점을 잡아서 쓸 수 있을까요?

- 잘 쓴 점:
    - 4학년이라 그런지 독서 감상문을 길고 풍부하게 썼다.
    - 문장을 잘 썼다.
    - 책의 내용과 자기 경험을 잘 연결했다.
    - 자신의 경험에서 느낀 감정을 자세하게 표현했다.
    - 책의 내용을 주제 중심으로 잘 간추렸고, 다시 자신의 경험으로 돌아가 주제와 연결해 끝맺은 게 멋있다.

- 내가 쓴다면:
    - 문단을 더 나누어 읽기 쉽게 쓸 것이다.
    - 나는 3학년이니까 더 짧게 쓸 것이다.
    - 오팔과 윈딕시, 주변 인물들의 관계에 대해 초점을 맞추어 체계적으로 쓸 것이다.

이렇게 활용해 보세요

　활동지를 준비하기 위해 인터넷 검색을 할 때가 많습니다. 작가에 대한 조사, 일반 어린이나 부모의 서평, 출판사의 이벤트나 다른 가족의 독서 활동은 어떻게 이루어지는지 등에 대한 정보를 얻을 수 있어요.

　이 경우처럼 또래가 쓴 독서 감상문을 살펴볼 수도 있습니다. 4학년 선배이긴 하지만 수상을 할 만큼 잘 쓴 글이기에 모임에서 함께 읽어 보고 싶었어요. 어떤 점이 우수한지를 파악할 수 있다면 나의 독서와 글쓰기에도 도움이 될 테니까요.

　아이들이 파악한 '잘 쓴 점'을 모아 봤습니다. '인정'하는 분위기지요. 독서 감상문이 줄거리와 그에 대한 느낌으로만 쓰는 게 아님을 배울 수 있는 계기가 된 것 같아요.

　만약 이 책을 읽고 내가 독서 감상문을 쓴다면 어떻게 다르게 쓸까까지 생각해 보았습니다. 실제로 쓰는 것만큼 도움이 되는 경험이라고 생각해요.

1. 제목 의미 생각하기

이 책은 2001년에 뉴베리 아너 상을 받은 케이트 디카밀로의 작품이에요. 원제는 《Because of Winn-Dixie》입니다. '윈딕시 때문에'라는 뜻이죠. 전체 이야기를 떠올려 보고 왜 '-때문에'라는 표현을 썼을지 이야기 나누어 봅시다.

2. 나만의 결말 상상하기

이 이야기는 특별한 결말 없이 끝이 납니다. 오팔의 엄마와 관련 지어 새로운 결말을 써 본다면 어떻게 쓰고 싶나요?

3. 인물들 간의 관계 찾기

이야기에 나오는 '리트무스 로젠지 사탕'은 달콤하면서도 우울한 맛을 느끼게 합니다. 책의 주제인 '슬픔과 위로'에 맞는 소재입니다.
등장인물들이 각각 어떠한 슬픔을 가지고 있는지, 주인공 오팔이 그들을 어떻게 위로해 주었는지 정리해 보세요.

인물	슬픔	오팔의 위로
윈딕시		
아빠(목사님)		
아만다		
프래니 할머니		
글로리아 할머니		
오티스 아저씨		

4. 또래의 독서 감상문 읽기

이 책을 읽은 4학년 학생이 써서 최우수상을 받은 독서 감상문입니다. 읽어 보고 어떤 점이 우수한지 생각해 봅시다.
내가 이 책에 대한 독후감을 쓴다면 어떤 관점을 잡아서 쓸 수 있을까요?

마음의 상처를 치유해 주는 마법의 약?
- '내 친구 윈딕시'를 읽고 -

(생략)

    그리고 나는 '내 친구 윈딕시'에 나오는 주인공들이 생각났다. 이 책에 나오는 등장인물들은 모두 마음의 상처가 있다. 오티스 아저씨는 감옥에 갔다 온 마음의 상처, 아만다는 카슨을 잃은 마음의 상처, 글로리아 할머니는 마녀라고 불렸던 마음의 상처, 오팔의 아빠는 아내를 잃은 상처를 갖고 있다. 마음의 상처는 눈에 보이는 상처가 아니라 치료하기가 쉽지 않다. 몸에 난 상처는 약을 바르고 시간이 지나면 되지만 마음의 난 상처는 영원히 지워지지 않는 것도 있다. 하지만 이 책에서는 치료 방법도 나와 있다. 그것은 바로 따뜻한 마음이다. 버려진 개 윈딕시 역시 상처를 품고 있다. (중략) 하지만 아만다의 상처, 그리고 윈딕시의 상처가 서로가 서로를 사랑하는 마음이 하나가 되어 저절로 치유가 된다. 나는 따뜻한 마음과 사랑이 얼마나 위대한 것인지 알게 되었다. 병원에서도 치료하기 어려운 마음의 상처를 스스로 치료했기 때문이다. 늘 찡그렸던 얼굴이 서로를 알고 서로를 이해하며 서로를 사랑하면서 점점 더 밝아지고 환해진다. 사랑이 딱딱하게 굳어있던 상처받은 마음을 사르르 녹여 준 것이다.

(생략)

※ 출처: '제12회 YES24 어린이독후감대회'(소년한국일보 공동 주관) 최우수상, 배윤서(서울 대치초등학교 4학년)

- 잘 쓴 점:

- 내가 쓴다면:

잘못 뽑은 반장

#반장 #선거 #지도자(리더)
#화해 #책임감

글 이은재
그림 서영경
출간 2009년
펴낸 곳 주니어김영사
갈래 한국문학(사실주의 동화)

이 책을 소개합니다

　반장이 되기 위해 고군분투하는 아이들의 모습을 재미있게 표현했어요. 4학년 '이로운'은 지각대장이고 별명은 '해로운'이에요. 장애를 가진 누나 때문에 반려견 망치가 죽은 이후, 가족과 친구들에게 삐딱하게 굴거든요. 자신을 무시하는 친구들 코를 납작하게 해 주려고 반장 선거에 출마한 로운이는 협박과 거짓말로 덜컥 당선이 되지만, 그 역할의 어려움을 절감합니다. 잘못 뽑은 반장 때문에 4학년 5반은 엉망진창이 되어 가요. 하지만 책임감을 느낀 로운이는 반장다운 반장이 되기 위해 노력해요.

　교실 안을 직접 들여다보는 듯한 생생한 학교 모습, 입체적이며 개성 넘치는 인물들, 인물의 심리를 잘 표현한 일러스트가 조화롭게 어우러져 있어요.

📖 도서 선정 이유

2014~2017학년도에는 4학년 1학기 교과서에, 2019~2020학년도에는 5학년 1학기 국어(나) 교과서에 실린 작품이에요. 주변에서 쉽게 찾을 수 있는 말썽꾸러기가 반장이 되어 좌충우돌하는 모습을 통해 리더, 책임감, 개성에 대해 생각해 볼 수 있어요. 요즘 아이들 말투가 잘 살아 있어 공감이 됩니다. 엉뚱한 개구쟁이들은 귀여우면서도 재미를 주고요.

3학년이 되어 반장 선거가 나의 일, 우리의 일이 된 시점이라 아이들이 한창 선거에 관심이 있을 거예요. 누구든 리더가 될 수 있는 것인지, 우리가 기대하는 리더는 어떤 모습인지에 대해 이야기 나누기에 좋은 시작점이 될 책입니다.

📖 함께 읽으면 좋은 책

시리즈

○ 또 잘못 뽑은 반장 | 이은재 글, 신민재 그림, 주니어김영사, 2014
○ 잘못 뽑은 전교 회장 | 이은재 글, 신민재 그림, 주니어김영사, 2020
○ 잘못 걸린 선생님 | 이은재 글, 신민재 그림, 주니어김영사, 2017
○ 잘못 걸린 짝 | 이은재 글, 신민재 그림, 주니어김영사, 2016
○ 참 잘 뽑은 반장 | 이은재 글, 배한나 그림, 주니어김영사, 2018

비슷한 주제

○ 아홉 살 리더십 멘토 | 신지영 글, 강화경 그림, 북멘토, 2020
○ 어린이를 위한 리더십: 세상을 이끄는 힘 | 서지원 글, 김무연 그림, 위즈덤하우스, 2008
○ 사람 부자가 된 키라 | 최형미 글, 원유미 그림, 을파소, 2017
○ 존 아저씨의 꿈의 목록 | 존 고다드 글, 임경현 옮김, 이종옥 그림, 글담어린이, 2008
○ 어린이를 위한 책임감 | 양혜원 글, 옥지현 그림, 위즈덤하우스, 2010

같은 작가

○ 올백 | 이은재 글, 소윤경 그림, 주니어김영사, 2006
○ 모양순 할매 쫓아내기 | 이은재 글, 윤희동 그림, 살림어린이, 2010

문해력을 키우는 엄마의 질문

1. 인물 소개하기

소설, 영화, 드라마 등에 대한 자료를 보면 등장인물들의 특징과 서로 간의 관계를 알기 쉽고 재미있게 소개할 때가 있어요.

이 책에 등장하는 인물들을 소개하는 글을 써 보세요. 각 인물의 성격은 어떠한가요? 주인공 이로운과의 관계와 책에서 일어난 중요한 사건도 생각해 보세요.

이로운	엄마	아빠	이루리
4학년 남자아이 장난꾸러기인데 2학기 반장이 되었다. 누나를 싫어한다.	로운이를 못 믿는다. 야단을 많이 친다.	로운이를 항상 응원한다. 먼 곳에서 일하셔서 집에 가끔씩만 오신다.	로운이의 누나 장애를 가지고 태어났다. 특수학교에 다닌다. 명찬이 반장을 좋아한다.
황제하	**대광**	**조백희**	**재천**
1학기 반장이었다. 로운이의 라이벌이다. 잘난 척을 한다. 왕자병이 있다. 부모님이 이혼하셨다.	로운이의 베프이다. 2학기 반장 선거에서 떨어진다. 말썽꾸러기이지만 마음은 착하다.	2학기 부반장 로운이의 짝이다. 로운이를 엄청 싫어하지만 나중에는 좋게 봐 준다.	슈퍼집 아들 장애가 있는 이루리를 괴롭힌다.

이렇게 활용해 보세요

인물 소개표를 만드는 활동이에요. 요즘은 TV 드라마의 홈페이지를 방문하면 인물 관계도가 있더라고요. 나이, 직업, 다른 인물과의 관계 등이 일목요연하게 정리되어 있어서 극을 보고 이해하는 데에 도움을 주지요.

우리도 책에 등장하는 인물들에 대한 기본적인 정보를 요약해 보기로 해요. 인적사항, 가족이나 친구 관계(친하거나 돕는 관계도 있고, 라이벌 또는 싸우는 관계도 있어요), 중요한 사건에서의 역할이나 그 영향 등을 뽑아내면 됩니다.

읽은 책과 좀 떨어져서 이야기를 다시 이해하는 데에도 도움이 되고, 이야기의 인물 구성에 대한 감각도 얻을 수 있어요. 책을 읽지 않은 친구에게 소개할 때 활용할 수 있고요.

> **책동아리 POINT**
>
> 인물마다 한두 가지 정보만 기록하는 아이에게는 질문을 통해 더 생각해 보도록 유도해 주세요. 친구가 말하는 내용이 도움이 되기도 해요. 기록이 더 풍부해집니다.

2. 전후 비교하기

주인공 이로운이 반장이 되기 전과 후를 비교해 봅시다. 행동, 생각, 친구들과의 관계 등으로 나누어 생각해 보세요.

반장이 되기 전	반장이 된 후
말썽만 피웠다. 반장이 무척 쉬운 일이라고 생각한다. 친구가 별로 없었다. 가족들한테 불만이 많았다. 이로운이 아니고 해로운이었다.	책임감을 느낀다. 반장 일의 어려움을 느낀다. 친구가 많아졌다. 누나와 엄마를 이해하게 된다. 이름처럼 이로운 사람이 된다.

이렇게 활용해 보세요

전후(Before & After) 비교 활동입니다. 주인공이 반에서 반장이 되는 주요 사건을 중심으로 생긴 변화를 비교하는 거예요.

역할, 행동, 생각, 마음가짐, 인물들과의 관계 등에서 폭넓게 생각해 보도록 도와주세요. 왼쪽에 기록한 내용과 이어지는 내용은 오른쪽에 빠뜨리지 않아야겠지요.

3. 인물 평가하기

이 책에 나오는 담임선생님과 미술 선생님에 대한 내 생각을 한 문단으로 써 보세요. 중심 문장이 제일 먼저 또는 제일 마지막에 오도록 해 봅시다.

> 나는 이로운의 담임선생님과 미술 선생님한테는 큰 문제가 있다고 생각한다. 담임선생님은 아이들을 비교하고 잘하는 학생만 예뻐한다. 그리고 이로운을 '해로운'이라고 부르며 놀린다. 미술 선생님은 아이들이 그림을 못 그리면 찢어 버리고 아이들에게 상처를 준다. 이런 행동이나 태도는 교사에게 맞지 않는다.

> 이렇게 활용해 보세요

이 책의 등장인물들 중에서 공통점을 지닌 교사를 골라 봤어요. 아이들이 그 공통점을 찾아내어 글로 잘 표현할 수 있는지 볼 수 있습니다.

한 문단으로 쓰는 과제이니 중심 문장과 뒷받침 문장들을 잘 배치해야 해요. 문단의 처음이나 마지막 문장으로 중심 문장을 삼는 것을 강조했습니다. 자신의 생각이나 주장을 뒷받침해 주는 예시도 적절하게 썼는지 체크해 주세요.

4. 토의와 토론하기

다음 질문들에 대해 생각해 봅시다. 완전한 문장으로 써 보세요.
- 내가 생각하는 리더십이란 무엇인가요?
- 학급의 반장(회장)이 되려면 무엇이 필요하다고 생각하나요?
- '우리 반의 모든 어린이가 반장(회장)이 될 수 있다'에 대한 내 생각은 어떤가요? 찬성 또는 반대로 나누어 토론해 봅시다.

> 이렇게 활용해 보세요

이 책의 소재를 살려 초등학생들에게 중요한 경험인 반장 선거에 대해 이야기 나눠 보아요. 일단 각자가 생각하는 리더십이란 무엇인지 정의를 말하고 문장으로 완성합니다. 친구의 생각을 경청하는 사이, 자신의 생각도 더 넓어지고 탄탄해질 거예요.

평상시의 생각과 이 책을 읽은 감상을 살려 반장의 조건은 무엇일지에 대해서도 자유롭게 이야기해 봅니다. 이 책에서는 주인공을 비롯해 반장 선거의 후보로 익숙하지 않은 인물들이 나와요.

그래서 이 주제를 토론으로 이어 보았어요. 반장은 학급의 누구나 할 수 있는 일일지, 아니면 공부를 잘하거나 인기가 많거나 리더십이 돋보이는 학생이 되어야만 하는지에 대해서요. 찬성과 반대 의견이 모두 나올 가능성이 있습니다. '모두에게 기회가 공평해야 한다, 일단 역할이 주어지면 잘해내게 된다(찬성)', '경험이 있거나 유능한 후보가 되는 게 낫다, 책임감이 없는 아이가 반장이 되면 반이 안드로메다로 갈 것이다(반대)' 등의 의견이 나왔어요. 친구들의 의견과 그에 대한 생각을 왼쪽 표에 기록하고 스스로 결론을 내려 보도록 지도해 주세요.

WORK SHEET

1. 인물 소개하기

소설, 영화, 드라마 등에 대한 자료를 보면 등장인물들의 특징과 서로 간의 관계를 알기 쉽고 재미있게 소개할 때가 있어요. 이 책에 등장하는 인물들을 소개하는 글을 써 보세요. 각 인물의 성격은 어떠한가요? 주인공 이로운과의 관계에서 일어난 중요한 사건도 생각해 보세요.

이로운	엄마	아빠	이루리
황제하	대광	조백희	재전

3학년을 위한 책동아리 활동 173

2. 전후 비교하기

주인공 이로운이 반장이 되기 전과 후를 비교해 봅시다. 행동, 생각, 친구들과의 관계 등으로 나누어 생각해 보세요.

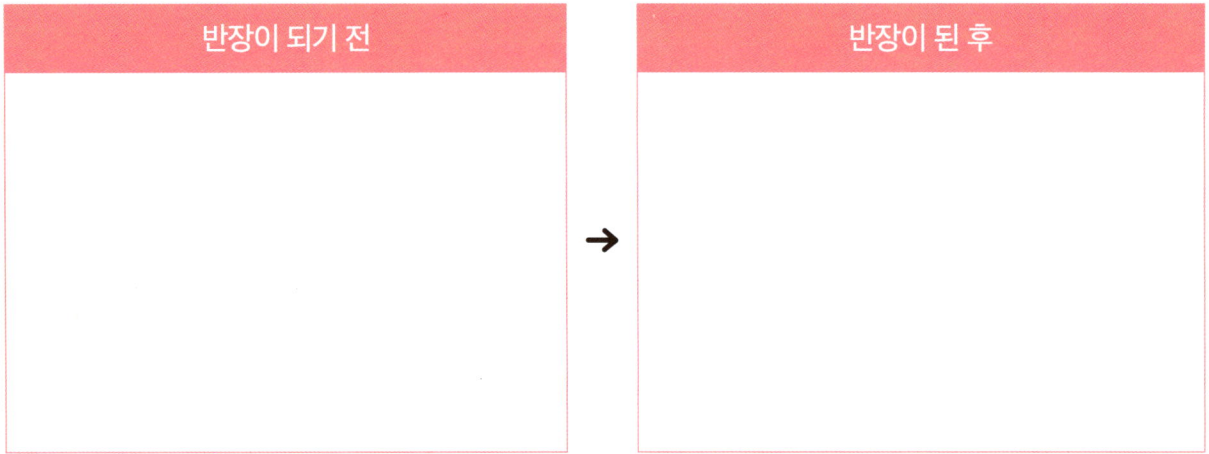

3. 인물 평가하기

이 책에 나오는 담임선생님과 미술 선생님에 대한 내 생각을 한 문단으로 써 보세요. 중심 문장이 제일 먼저 또는 제일 마지막에 오도록 해 봅시다.

4. 토의와 토론하기

다음 질문들에 대해 생각해 봅시다. 완전한 문장으로 써 보세요.

- 내가 생각하는 리더십이란 무엇인가요?

- 학급의 반장(회장)이 되려면 무엇이 필요하다고 생각하나요?

- '우리 반의 모든 어린이가 반장(회장)이 될 수 있다'에 대한 내 생각은 어떤가요? 찬성 또는 반대로 나누어 토론해 봅시다.

찬성 : 누구나 반장이 될 수 있다.	반대 : 반장이 될 사람은 따로 있다.

내 이름은 패딩턴

원제: A Bear Called Paddington, 1958년

#모험 #가족 #영국

글 마이클 본드
그림 페기 포트넘
옮김 홍연미
출간 2014년
펴낸 곳 파랑새
갈래 외국문학(판타지 동화)

이 책을 소개합니다

60년이 넘도록 전 세계 어린이들에게 사랑받아 온 마이클 본드의 대표작 '패딩턴' 시리즈 중 첫 번째 책이에요. 마이클 본드는 아동문학에 기여한 공로로 1997년 영국 여왕으로부터 훈장을 수여받은 대표적인 작가예요. 1958년 처음 세상에 나온 패딩턴 이야기는 30여 개 나라에서 출간되어 3천만 권 이상 판매되었대요.

파란 더플코트와 빨간 모자의 갈색 꼬마 곰 패딩턴은 페루 깊은 숲속에서 태어나 밀항선을 타고 영국으로 여행을 떠나왔어요. 런던의 패딩턴 기차역에서 브라운 부부를 만나면서 새로운 모험을 시작하지요. 목욕, 쇼핑, 음식을 먹는 일 같은 모든 일상이 낯설어 가는 곳마다 엉뚱한 일을 벌이는 사고뭉치지만, 미워할 수 없는 사랑스러운 곰이에요. 당당하고 예의가 바르며 정의감과 유머 감각까지 있으니까요.

📖 도서 선정 이유

매력적인 꼬마 곰과 가족들의 이야기는 흥미를 불러일으킬 수밖에 없어 영화로도 제작되었어요. 패딩턴의 행동거지뿐 아니라 브라운 씨네 가족 등 주변인들이 곰을 대하는 반응에서도 배울 점이 많아요. 아날로그적인 시대의 분위기를 느낄 수 있어서 마음 편한 이야기이면서도, 이야기 전개가 흥미진진해서 재미있답니다. 패딩턴이 지닌 원시성, 자유분방함, 순진함이 지켜지기를 응원하면서 읽게 됩니다. 시리즈물이다 보니 독서에 푹 빠질 수 있는 계기를 줄 거예요.

📖 함께 읽으면 좋은 책

시리즈

○ 사랑스러운 패딩턴: 패딩턴 시리즈 2 | 마이클 본드 글, 페기 포트넘 그림, 홍연미 옮김, 파랑새, 2014
○ 패딩턴, 도와줘!: 패딩턴 시리즈 3 | 마이클 본드 글, 페기 포트넘 그림, 홍연미 옮김, 파랑새, 2014
○ 패딩턴의 여행: 패딩턴 시리즈 4 | 마이클 본드 글, 페기 포트넘 그림, 김양미 옮김, 파랑새, 2015
○ 패딩턴은 못 말려: 패딩턴 시리즈 5 | 마이클 본드 글, 페기 포트넘 그림, 김양미 옮김, 파랑새, 2015

비슷한 주제

○ 나는 강아지 날개 | 김현희 글, 서영아 그림, 위즈덤하우스, 2020
○ 리스벳과 비밀 요원 삼바 킹 | 엠마 커린스토텔 글, 한나 구스타브손 그림, 황덕령 옮김, 예림당, 2018
○ 세상에 단 하나뿐인 아이반 | 캐서린 애플게이트 글, 정성원 옮김, 다른, 2020(개정판)

같은 작가

○ 열다섯 생쥐 가족과 아주 특별한 인형의집 | 마이클 본드 글, 에밀리 서튼 그림, 김영희 옮김, 바둑이하우스, 2018
○ 열다섯 생쥐 가족과 대저택의 위기 | 마이클 본드 글, 에밀리 서튼 그림, 김영희 옮김, 바둑이하우스, 2021
○ 추억의 마니 | 조앤 G. 로빈슨 글, 페기 포트넘 그림, 안인희 옮김, 비룡소, 2014

※ 이 책은 현재 절판된 책이에요. 해당 책을 도서관이나 중고 서점에서 구할 수 있습니다.

문해력을 키우는 엄마의 질문

1. 질문에 대답하며 정보 간추리기

이 책은 '패딩턴' 시리즈 중 첫 권이에요. 이 책을 읽고 나서 주인공 패딩턴에 대해 소개하는 글을 써 볼 거예요. 준비를 위해, 다음 질문들에 간단히 답해 보세요. 아래 표에 간단히 메모만 해도 됩니다. 구체적인 정보를 찾고 싶을 때는 책을 다시 펼쳐서 찾고자 하는 내용을 다시 읽어 보세요.

이 곰은 어디에서 왔나요? 그곳에서 어떤 어린 시절을 보냈나요?	페루 깊은 숲속에서 왔다. 루시 고모(곰)와 함께 숲속에서 즐겁게 지냈다.
이 곰은 어떻게 패딩턴이라는 이름을 갖게 되었나요?	영국 런던의 패딩턴 역에서 발견되어서 그렇게 불리게 되었다.
패딩턴의 겉모습은 어떤가요?	작은 갈색 어린이 곰이다. 파란색 코트를 입고 빨간색 모자를 쓰고 있다.
패딩턴은 무엇을 좋아하나요?	오렌지 마멀레이드, 그루버 아저씨, 모험을 좋아한다.
패딩턴의 행동 특성은 어떤가요? 어떤 사건을 보면 그것을 알 수 있나요?	어수룩하다. 역에서 에스컬레이터를 멈추게 해 버렸다.
패딩턴을 돌보는 가족은 어떤 사람들인가요?	브라운 씨네 가족(조나단, 주디, 브라운 씨 부부, 버드 부인)은 곰을 잘 돌봐 주고 손이 크다.

이렇게 활용해 보세요

　　　이 책의 독서 감상문을 쓸 것이라고 미리 알려 주었어요. 주인공인 곰 패딩턴을 소개하는 글이지요. 줄거리 요약에 가까우니 그리 어려울 것 같지 않지만, 그렇게만 던져 주면 아이들은 무엇을 써야 할지 막막해할 가능성이 높아요.

　　그래서 여러 개의 질문을 주었습니다. 패딩턴의 역사, 이름의 유래, 외양, 성격, 주변 사람들……. 이 질문들에 대답을 찾아서 문장으로 정리해 두면 긴 글을 쓰기가 쉬워져요.

2. 주인공 소개하는 글 쓰기

앞에서 기록한 내용을 어울리는 내용끼리 묶고, 내 생각도 섞어 총 세 개의 문단으로 주인공을 소개하는 글을 써 보세요.

> 「내 이름은 패딩턴」에 나오는 곰 패딩턴은 페루 깊은 숲속에서 살았는데 말썽을 해서 런던까지 오게 되었다. 그래서 브라운 씨네 가족을 만나서 함께 살게 된다. '패딩턴'역의 이름을 따라 '패딩턴'이라고 불리게 되었다.
>
> 패딩턴은 갈색 털에 까만 귀를 가지고 있고, 입 주변은 하얀색이다. 그리고 항상 빨간색 모자를 쓰고, 파란 *더플코트를 입고 다닌다.
>
> 패딩턴은 매우 어수룩하다. 그래서 각종 사건사고를 일으킨다. 역이나 백화점에서 사고를 치지만 재능이 뛰어나고 사랑스러워서 사람들이 다 이해해준다. 아마도 경험이 없어서 그런 것 같다.
>
> *더플코트: 납작한 모양의 단추가 달린 영국 코트

이렇게 활용해 보세요

앞에서 정리한 내용을 활용해 글을 완성합니다. 말하자면 무엇을 쓸지 개요를 미리 정해 놓은 셈이에요. 덕분에 글쓰기가 쉽다는 느낌이 들 거예요.

질문에 대한 답을 순서대로 전부 쓰기보다는 글의 흐름을 생각해서 문단마다 쓰려는 내용을 정하는 게 좋아요. 문단의 핵심 생각에 맞는 내용들만으로 구성을 해야겠지요. 다음 문단으로 자연스럽게 이어져야 하고요.

3. 장면 골라 소개하기

꼬마 곰 패딩턴은 먼 나라에서 영국 런던으로 와서 새 가족을 만나며 좌충우돌 모험을 보여 줍니다. 이 책을 읽고 인상에 강하게 남은 장면이 있나요?

다음 중에서 골라 친구들에게 소개해 주세요. 왜 그렇게 느꼈나요?

- 가장 웃겼던 장면
- 가장 마음 아팠던(슬펐던) 장면
- 가장 답답했던 장면
- 가장 속 시원했던 장면
- 가장 감동적이었던 장면

> 이렇게 활용해 보세요

장편 모험담을 읽으면 다양한 감정을 경험하게 됩니다. 귀여운 판타지 동화를 읽고 어떤 감정을 느꼈는지 돌아보는 시간이에요.

줄거리의 기승전결을 구성하는 다양한 장면 중에서 인상적이었던 한 장면을 고르는 거예요. 주어진 조건 중 원하는 것 하나만 선택해서 '내가 고른 이 장면'으로 발표합니다. "나는 이 장면이 가장 ○○했다"로만 끝내지 말고, 구체적으로 어떤 점 때문에 어떤 감정을 느꼈는지 말할 수 있도록 도와주세요.

1. 질문에 대답하며 정보 간추리기

이 책은 '패딩턴' 시리즈 중 첫 권이에요. 이 책을 읽고 나서 주인공 패딩턴에 대해 소개하는 글을 써 볼 거예요. 준비를 위해, 다음 질문들에 간단히 답해 보세요. 아래 표에 간단히 메모만 해도 됩니다. 구체적인 정보를 찾고 싶을 때는 책을 다시 펼쳐서 찾고자 하는 내용을 다시 읽어 보세요.

이 곰은 어디에서 왔나요? 그곳에서 어떤 어린 시절을 보냈나요?	
이 곰은 어떻게 패딩턴이라는 이름을 갖게 되었나요?	
패딩턴의 겉모습은 어떤가요?	
패딩턴은 무엇을 좋아하나요?	
패딩턴의 행동 특성은 어떤가요? 어떤 사건을 보면 그것을 알 수 있나요?	
패딩턴을 돌보는 가족은 어떤 사람들인가요?	

2. 주인공 소개하는 글 쓰기

앞에서 기록한 내용을 활용해 어울리는 내용끼리 묶고, 내 생각도 섞어 총 세 개의 문단으로 주인공을 소개하는 글을 써 봅시다.

《내 이름은 패딩턴》에 나오는 곰 패딩턴은 _____

3. 장면 골라 소개하기

꼬마 곰 패딩턴은 먼 나라에서 영국 런던으로 와서 새 가족을 만나며 좌충우돌 모험을 보여 줍니다. 이 책을 읽고 인상에 강하게 남은 장면이 있나요?
다음 중에서 골라 친구들에게 소개해 주세요. 왜 그렇게 느꼈나요?

- 가장 웃겼던 장면
- 가장 마음 아팠던(슬펐던) 장면
- 가장 답답했던 장면
- 가장 속 시원했던 장면
- 가장 감동적이었던 장면

말 안 하기 게임

원제: No talking, 2007년

#언어(말하기) #학교
#소통 방법 #존중

글 앤드루 클레먼츠
옮김 이원경
출간 2010년
펴낸 곳 비룡소
갈래 외국문학(사실주의 동화)

이 책을 소개합니다

크리스토퍼 상, 에드거 상을 받으며 미국 현대 어린이문학의 대표 작가로 평가받는 앤드루 클레먼츠의 작품이에요. 그의 작품들은 7년 동안 공립학교에서 학생들을 가르친 경험을 바탕으로 요즘 아이들의 삶을 생생하고 유머 있게 담은 것이 특징인데, 이 작품 역시 유난히 시끄럽기로 유명한 레이크턴 초등학교의 5학년 아이들이 갑자기 입을 꾹 다물면서 벌어지는 소동을 담고 있어요.

간디가 일주일에 하루, 침묵의 날을 가졌다는 사실을 본받아 말을 안 하던 데이브는 린지의 수다를 듣다못해 남학생 대 여학생의 침묵 대결을 제안해요. 이틀간 한마디도 안 하되, 선생님의 질문에만 세 단어 이하로 대답할 수 있지요. 이 세 마디 규칙 때문에 선생님들은 당황하고 교실마다 기묘한 상황이 벌어져요.

아이들이 벌이는 소동을 유쾌하게 읽다 보면 언어의 의미에 대해서도 생각하게 돼요. 대립하던 두 집단이 협력을 배우고 서로를 존중하게 된다는 점도 인상적이에요.

 도서 선정 이유

학교를 배경으로 하는 현실적인 이야기라 아이들이 정말 재미있게 읽을 거예요. 3학년쯤이면 한창 교실 내 성 대결에 익숙해질 때이지만, 말 안 하기는 워낙 참신하니까요. 클레먼츠의 작품답게 인물들이 하나하나 생생하게 설정되어 있고, 번역서이지만 문장이 흡인력이 있어요.

단순한 재미를 떠나 언어와 소통에 대해 깊이 생각해 볼 계기를 주는 책이기도 합니다. 문자메시지, 짧은 말 토론, 문장 엮어 이야기 만들기 등 의사소통 방법이나 교수 학습 방법에 대해서도 아이디어를 줍니다. 책동아리에서 시도해 봐도 좋을 것 같아요. 언어 감각도 키울 수 있으니까요.

 함께 읽으면 좋은 책

비슷한 주제

○ 소통, 생각이 달라도 가능할까? | 박주연 글, 지수 그림, 다림, 2020
○ 아홉 살 함께 사전 | 박성우 글, 김효은 그림, 창비, 2018
○ 아무 말 대잔치 | 홍민정 글, 이주희 그림, 좋은책어린이, 2018
○ 위대한 영혼, 간디 | 이옥순 글, 김천일 그림, 창비, 2000
○ 간디: 폭력을 감싸 안은 비폭력 | 카트린 하네만 글, 우베 마이어 그림, 김지선 옮김, 한겨레아이들, 2009
○ 내 말 한마디 | 김경란 글, 양정아 그림, 내일을여는책, 2020
○ 내 말 좀 들어 주세요, 제발 | 하인츠 야니쉬 글, 질케 레플러 그림, 김라합 옮김, 상상스쿨, 2020
○ 어린이를 위한 경청 | 조신영·박현찬 원작, 정진 글, 김지혁 그림, 위즈덤하우스, 2008
○ 안녕, 우주인 | 다카시나 마사노부 글, 아라이 료지 그림, 고향옥 옮김, 시공주니어, 2018
○ 담벼락 신호 | 김명선 글·그림, 단비어린이, 2020

같은 작가

117쪽의 《프린들 주세요》 편의 '함께 읽으면 좋은 책' 중 '같은 작가' 부분을 참고해 주세요.

문해력을 키우는 엄마의 질문

1. 비판적으로 생각하기

이 책은 재미있는 이야기를 담고 있지만, 여러 가지 생각해 볼 거리도 던져 줍니다. 다음 질문을 읽고 생각해서 답을 써 봅시다. 완전한 문장 형태로 써 보세요.

- 이야기에 나오는 '쿠티'란 무슨 뜻인가요?
  이성과 가까이 지내면 안 된다고 생각하는 것이다.

- 책에서 '남녀에 대한 편견'으로 어떤 점이 나왔나요?
  이성에 대한 나의 편견은 무엇인가요? 이러한 편견에 대한 이 책의 입장은 무엇인가요?
  - 편견 1 여자아이들은 수다스럽다.
  - 편견 2 남자들은 늘 부정적인 말을 늘어놓는다.
  - 편견 3 여자들은 사소한 일을 감춘다.
  - 나의 편견 여자들은 친하다가도 서로 잘 싸운다.
           남자애들은 지저분하다.
  - 이 책에서는 남녀에 대한 편견이 옳지 않다고 주장한다.

- 수업 때 말을 하지 않는 5학년 학생들에 대한 선생님들의 반응은 조금씩 다릅니다. 어떤 선생님의 반응이 가장 인상적이었나요? 그 이유는 무엇인가요?
  나는 버튼 선생님의 반응이 제일 인상적이었다. 왜냐하면 본인이 논문을 쓰기 위해서 아이들의 언어적 행동을 관찰하기 때문이다. 다른 선생님들은 교칙이나 교사의 생각에 따라 학생들을 지도하며 뭐라고 하는데, 이 선생님은 일단 그냥 묵묵히 관찰만 한다.

> **이렇게 활용해 보세요**

책의 줄거리 자체가 흥미로울 때 어린이 독자들은 결말이 어떻게 되는지에만 관심을 두기 쉬워요. 생각할 거리를 던져 주는 책이 좋은 책입니다. 작가가 답을 다 말해 주는 것이 아니라 독자가 스스로 생각할 수 있어야 한다는 뜻이에요.

그러기 위해서는 읽는 속도도 좀 늦추어 가며 생각하고, 말하고, 써 볼 필요가 있어요. 이야기의 사이사이에 숨은 내용으로 실문을 만들어 주세요.

　　학교에서 여아-남아 간의 차이나 성 대결에 대해 관심과 경험이 많아질 시기입니다. 교사와의 상호 작용도 그렇고요. 성별 문제에 대해 이 책이 어떤 접근을 하고 있는지 객관적으로 파악하여 결론을 내게 했어요. 자신의 생각도 되돌아볼 기회가 될 거예요. 끝으로 여러 선생님들의 반응을 비교해 보고 그에 대한 본인의 생각을 피력해 봅니다.

2. 추론하여 나아가기

다음 질문에 답해 보세요.

- 이틀 동안 말 안 하기 게임을 하면서 학생들이 새롭게 알게 된 것, 느낀 것은 무엇일까요?

　　말을 안 하면 생각을 더 깊이 할 수 있다.
　　말을 안 하는 것은 생각보다 매우 힘들다.

- 식당에서 데이브가 교장 선생님께 반발한 이유는 무엇일까요?

　　교장 선생님이 이성을 잃고 학생들에게 화를 내시는 것이 부당하다고 생각해서 용감하게 반발한 것이다.

- 이야기의 마지막에서 말 안 하기 게임이 끝나는 장면이 나옵니다. 이때 린지가 일부러 스물일곱 마디나 되는 말을 한 이유는 무엇일까요?

　　말 안 하기 게임을 통해 얻은 게 많아서 이 게임을 이길 필요가 없다고 생각했을 것이다.

이렇게 활용해 보세요

　　책에 쓰여 있는 것을 넘어서서 독자가 알아내거나 상상할 수 있는 부분이 많은 책이 좋습니다. 일단 그래야 재미가 있어요. 여기에서는 적극적으로 작가가 만들어 둔 구멍을 메우는 연습을 해 봅니다.

　　'도대체 왜 그랬을까?', '그 배경은 과연 무엇일까?', '그래서 어떻게 되었을까?', '어떤 생각이 들었을까?'와 같은 질문을 통해 추론 능력이 성장합니다. 생각을 정리해 완전한 문장 형태로 쓰면 더 수준 높은 사고를 하게 되고, 문해력도 자라나지요.

3. 내 생활과 연결하기

다음 질문에 대해 이야기를 나눠 보세요.

- 이틀 정도 말 안 하기 게임을 할 자신이 있나요?
- 주변에서 말을 안 했으면 좋겠다고 여겨지는 사람이 있나요?

이렇게 활용해 보세요

'말 안 하기'라는 소재는 독특하면서도 사실 우리 삶에서 정말 일상적이고도 중요한 문제이지요. 나한테 이런 일이 생긴다면 어떨까 생각해 보기에 좋다고 생각해요.

아이들과 가볍게 이야기 나누어 보세요. '이 게임 자신 있다. 재미있을 것 같다. 의미 없으므로 시작도 안 할 것이다. 문자메시지로 하면 된다. 우리 반 ○○이는 말이 너무 많아서 좀 안 했으면 좋겠다' 등등 재미있는 의견이 많이 나온답니다.

1. 비판적으로 생각하기

이 책은 재미있는 이야기를 담고 있지만, 여러 가지 생각해 볼 거리도 던져 줍니다. 다음 질문을 읽고 생각해서 답을 써 봅시다. 완전한 문장 형태로 써 보세요.

이야기에 나오는 '쿠티'란 무슨 뜻인가요?

책에서 '남녀에 대한 편견'으로 어떤 점이 나왔나요?
이성에 대한 나의 편견은 무엇인가요? 이러한 편견에 대한 이 책의 입장은 무엇인가요?

- 편견 1

- 편견 2

- 편견 3

- 나의 편견

- 이 책에서는 남녀에 대한 편견이

수업 때 말을 하지 않는 5학년 학생들에 대한 선생님들의 반응은 조금씩 다릅니다. 어떤 선생님의 반응이 가장 인상적이었나요? 그 이유는 무엇인가요?

2. 추론하여 나아가기

다음 질문에 대해 답해 보세요.

이틀 동안 말 안 하기 게임을 하면서 학생들이 새롭게 알게 된 것, 느낀 것은 무엇일까요?

식당에서 데이브가 교장 선생님께 반발한 이유는 무엇일까요?

이야기의 마지막에서 말 안 하기 게임이 끝나는 장면이 나옵니다. 이때 린지가 일부러 스물일곱 마디나 되는 말을 한 이유는 무엇일까요?

3. 내 생활과 연결하기

다음 질문에 대해 이야기 나눠 보세요.

- 이틀 정도 말 안 하기 게임을 할 자신이 있나요?
- 주변에서 말을 안 했으면 좋겠다고 여겨지는 사람이 있나요?

영모가 사라졌다

#가정 폭력 #아동 학대
#자아 정체감 #우정 #용서

글 공지희
그림 오상
출간 2003년
펴낸 곳 비룡소
갈래 한국문학(판타지 동화)

 이 책을 소개합니다

 폭력을 휘두르는 아버지를 피해 판타지 세계로 넘어간 열두 살 영모의 이야기입니다. 판타지 동화로 성과를 거둔 우리나라 작품이에요. 영모의 할아버지는 무능하고 폭력적이었고, 평생 술에 절어 가족들을 학대했어요. 그래서 영모의 아버지는 가족들을 잘 보살피겠다고 다짐했지만, 가정 폭력은 세대 간에 전이되어 버렸지요. 상처를 받은 영모는 길고양이 담이의 도움으로 담 넘어 다른 세상 '라온제나'로 넘어갑니다. 신에게 제물로 바쳐졌던 여자아이 로아와 함께 평화롭게 지내는 영모를 찾아간 아버지는 용서를 빌지요. 게다가 라온제나까지 찾아와 함께 돌아가자고 우정을 보여 주는 단짝 친구 병구도 있어요.

📖 도서 선정 이유

2003년 황금도깨비 상을 수상한 장편 동화입니다. 판타지가 약한 우리 아동문학에서 구성이 탄탄하고 재미있는 동화가 나와 저도 기뻤어요. 아동의 성장과 가족을 다루며 성찰의 기회를 주고, 긴장감, 감동, 교훈을 모두 느낄 수 있는 책이에요.

가정 폭력이 화두인 요즘, 부모와 자녀가 함께 읽기 좋은 책이기도 해요. 어린이도 자신을 사랑하고 돌볼 수 있어야 함을 라온제나에서의 교훈을 통해 깨닫게 해 줍니다.

📖 함께 읽으면 좋은 책

비슷한 주제

○ 오늘의 용기 | 사에구사 히로코 글, 호리카와 리마코 그림, 김윤정 옮김, 킨더랜드, 2019

○ 울음소리 | 하수정 글·그림, 웅진주니어, 2018

○ 아빠가 미안해 | 고주애 글, 최혜선 그림, 초록우산 어린이재단 아동복지연구소 감수, 소담주니어, 2020

○ 괜찮아, 슈가보이 | 조경희 글, 임덕란 그림, 엠앤키즈, 2016

○ 카이와 그레타 | 주타 닙피우스 글, 바바라 융 그림, 최성욱 옮김, 한울림스페셜, 2020

○ 나의 달타냥 | 김리리 글, 이승현 그림, 창비, 2013

○ 불을 가진 아이 | 김옥 글, 김윤주 그림, 사계절, 2008

같은 작가

○ 우리 용호동에서 만나 | 공지희 글, 김선진 그림, 창비, 2021

○ 오늘은 기쁜 날 | 공지희 글, 윤정주 그림, 낮은산, 2008

○ 마법의 빨간 립스틱 | 공지희 글, 최정인 그림, 비룡소, 2008(개정판)

○ 이 세상에는 공주가 꼭 필요하다 | 공지희 글, 오승민 그림, 낮은산, 2007

문해력을 키우는 엄마의 질문

1. 문제점 파악하고 공통점 찾기

영모, 영모 아버지, 병구, 로아가 가진 문제점이 무엇인지 각각 써 보고, 공통점이 있나 생각해 보세요.

인물	문제점	공통점
영모	아버지가 높은 기대 수준을 갖고 있고, 영모를 많이 때린다.	부모, 특히 아버지와의 관계가 좋지 않다. 그래서 성장 환경이 불우하다.
영모 아버지	본인의 아버지가 매우 폭력적이었다.	
병구	부모의 이혼으로 아버지랑 함께 살지 못해서 아버지를 그리워하면서도 원망한다.	
로아	부모님이 일찍 돌아가시고 이모네서 미움을 받다가 제물로 바쳐졌다.	

> **이렇게 활용해 보세요**

이 책에 등장하는 여러 인물에게서 문제점을 발견할 수 있습니다. 각각의 상황에서 문제점을 뽑아내어 문장으로 표현해 봅니다. 그러면 공통점이 보일 거예요. 공통점은 일반화해 정리한 문장으로 표현하도록 도와주세요.

2. 시점 분석하기

- 이 책의 시점은 어떠한가요?

  <u>1</u> 인칭 <u>관찰자</u> 시점

- 작가는 왜 이러한 시점을 선택해서 이 이야기를 끌어가려 했을까요? 만약 다른 시점에서 서술되었다면 어떤 이야기가 되었을지 생각해 보면 알 수 있을 거예요.

  옆에서 주인공을 관찰하는 화자를 내세워서 이야기를 더 흥미진진하게 펼칠 수 있도록

- 병구가 라온제나에 처음 들어서는 장면을 다시 펼쳐 보세요. 이 책의 시점을 생각할 때, 이상한 점이 있나요?
  풍경을 너무 자세히 표현했다. 화자인 병구의 시점이 아니고 작가가 지나치게 개입한 느낌이 든다.

이렇게 활용해 보세요

이 책은 드물게도 1인칭 관찰자 시점의 이야기입니다. 아이들에게 색다른 경험이 될 거예요. 보통 많은 이야기가 주인공을 화자로 한 1인칭 주인공 시점으로 쓰였으니까요. 흔치 않은 접근이라 시점을 둘러싸고 이야기를 좀 해 보기로 했어요.

일단 작가가 왜 이런 시점을 선택했을지, 이 시점의 장점은 무엇인지 생각해 봅니다. 그리고 이러한 시점이 잘 유지되고 있는지도 평가해 볼 필요가 있어요. 사실 작가 입장에서 참 어려운 부분이라 때로는 시점이 흔들리곤 한답니다. 그런 부분을 찾아낼 줄 안다면 더 세련된 독자가 될 수 있겠죠.

3. 나의 라온제나 상상하기

- '라온제나'는 어떤 곳인가요? 한 가지씩 돌아가며 특징을 말해 봅시다. 그리고 생각을 정리해서 라온제나가 어떤 곳인지 설명하는 글을 한 문단으로 써 보세요.
  라온제나는 '즐거운 나'라는 뜻이다. 우리가 사는 세상과 이어진 세계이지만, 그곳에서는 우리의 세상과는 완전히 다른 시간이 흐른다. 라온제나는 모두에게 보이지 않고 간절히 원하는 사람에게만 보인다.

- 내가 상상하는 '라온제나'가 있다면 어떤 특성을 가지고 있을까요?
  나의 라온제나는 게임(슈퍼 마리오)의 문으로 통하는 세상이다. 신나게 달리며 게임을 할 수 있고, 다치거나 죽지 않는다. 나는 여기서 정말 즐거울 것이다.

이렇게 활용해 보세요

판타지에 등장하며 추상적인 개념인 라온제나는 아이들이 이해하기 쉽지 않지요. 이 책을 떠나서도 자주 거론되는 세상입니다. 이 책을 읽고 아이들이 이해한 라온제나는 무엇일지 의견을 나누면서 정리해요. 그리고 그 내용을 짧은 글로 표현해 봅니다.

상상의 세계인 만큼, 나만의 라온제나는 어떠한 모습과 특성을 지녔을지 자유롭게 이야기 나눕니다. 각자가 좋아하는 측면이 한껏 발휘된 세상일 테니, '즐거운 나'가 잘 반영되겠지요. 아이들의 상상 속 나라에 함께 가 볼 수 있는 기회예요.

4. 작품 비평하기

이 책은 판타지 동화입니다. 읽고 나서 내 마음에 들었던 부분과 그렇지 않았던 부분이 무엇이었는지 정리해 보세요.

이런 점이 좋았다.	이 점은 마음에 안 든다.
주제가 판타지와 잘 어울린다. 판타지가 아닌 부분은 아주 현실적이다.	200쪽이나 되어 너무 길다. 내용이 좀 어렵다.

이렇게 활용해 보세요

판타지 동화라는 장르에 집중하며 이야기의 전개도 고려하여 책을 비평합니다. 쉽게 접근하기 위해 내가 좋았던 점, 마음에 안 들었던 점을 한두 개씩만 말해 보게 합니다. 친구들의 의견을 듣는 것도 아주 중요해요.

1. 문제점 파악하고 공통점 찾기

영모, 영모 아버지, 병구, 로아가 가진 문제점이 무엇인지 각각 써 보고, 공통점이 있나 생각해 보세요.

인물	문제점	공통점
영모		
영모 아버지		
병구		
로아		

2. 시점 분석하기

이 책의 시점은 어떠한가요?

_____ 인칭　　_____ 시점

작가는 왜 이러한 시점을 선택해서 이 이야기를 끌어가려 했을까요? 만약 다른 시점에서 서술되었다면 어떤 이야기가 되었을지 생각해 보면 알 수 있을 거예요.

병구가 라온제나에 처음 들어서는 장면을 다시 펼쳐 보세요. 이 책의 시점을 생각할 때, 이상한 점이 있나요?

3. 나의 라온제나 상상하기

'라온제나'는 어떤 곳인가요? 한 가지씩 돌아가며 특징을 말해 봅시다. 그리고 생각을 정리해서 라온제나가 어떤 곳인지 설명하는 글을 한 문단으로 써 보세요.

내가 상상하는 '라온제나'가 있다면 어떤 특성을 가지고 있을까요?

4. 작품 비평하기

이 책은 판타지 동화입니다. 읽고 나서 내 마음에 들었던 부분과 그렇지 않았던 부분이 무엇이었는지 정리해 보세요.

이런 점이 좋았다.	이 점은 마음에 안 든다.

꼬마 토끼 조지의 언덕

원제: Rabbit hill, 1944년

#공생 #공존 #생명 존중 #환경

글·그림 로버트 로손
옮김 햇살과나무꾼
출간 2000년
펴낸 곳 비룡소
갈래 외국문학(판타지 동화)

이 책을 소개합니다

　자연과 인간이 더불어 살아가는 '조화로운 언덕(Rabbit Hill)'에서 벌어지는 아름다운 이야기예요. 동물들은 조화로운 언덕이 게으른 주인에 의해 황폐화되어 가는 것을 안타까워해요. 그러다 새로운 사람들이 이사 온다는 소식에 기대감, 호기심, 희망, 걱정을 오가며 그들을 기다립니다. 다행히 토끼 조지네 가족과 언덕의 친구들은 새로 이사 온 사람들이 마음에 들었어요. 그들은 작은 동물을 아끼고 보호할 줄 아는 착한 사람들이었고, 동물들도 그들의 배려에 부응하고자 나름의 규칙을 정해 지키며 살아가려 애쓰지요. 동물의 눈을 통해 바라보는 사람들의 모습은 관점의 차이를 알게 해 줍니다. 로버트 로손은 사람과 동물이 오순도순 정답게 살아가는 세상을 꿈꾸며 이 책을 썼다고 해요.

📖 도서 선정 이유

무려 1945년의 뉴베리 상 수상작이에요. 캐릭터가 뚜렷한 등장인물들을 명확한 플롯에 엮어 내고, 섬세한 정경 묘사와 심리 표현이 뛰어나 세대를 뛰어넘는 고전이 된 것 같아요. 1944년 출간 당시 미국의 산업화와 문명화의 열풍 속에 환경의 중요성을 일깨워 주었던 작품이라고 해요. 인간은 자연에서 꼭 필요한 것만큼만 얻고 나머지는 자연에 되돌려 주며 생명을 가진 모든 동물들과 함께 조화롭게 살아야 한다는 주제를 담고 있어요. 인간의 이기심으로 환경 오염, 기후 변화, 동물 학대가 만연한 시대를 살아가는 아이들에게 생각할 거리를 던져 줄 거예요.

삽화도 책을 읽는 큰 재미를 줍니다. 동판 화가로 뛰어난 재능을 보였던 작가가 펜 선으로 세밀하게 그려낸 흑백 삽화들은 동물들과 1940년대 미국 농가의 모습을 생생하게 보여 줘요.

📖 함께 읽으면 좋은 책

비슷한 주제

○ 꽃섬 고양이 | 김중미 글, 이윤엽 그림, 창비, 2018
○ 시애틀 추장 연설문 | 정명림 글, 현북스, 2018
○ 결코 가볍지 않은 동물 환경 보고서 | 홍예지 글, 정일문 그림, 풀과바람, 2017
○ 막스와 마르셀 | 알리스 메테니에 글·그림, 나선희 옮김, 책빛, 2017
○ 도시 수달 달수네 아파트 | 정종영 글, 김준영 그림, 파란자전거, 2019

같은 작가

○ 꽃을 좋아하는 소 페르디난드 | 먼로 리프 글, 로버트 로손 그림, 정상숙 옮김, 비룡소, 1998

※ 이 책은 현재 절판된 책이에요. 해당 책을 도서관이나 중고 서점에서 구할 수 있습니다.

문해력을 키우는 엄마의 질문

1. 한 단어로 평가하기

이 책을 읽을 때 전반적인 느낌이 어땠나요?

　편안하다, 잔잔하다, 평화롭다, 아기자기하다

이렇게 활용해 보세요

　　독서가 어땠는지 한 마디로도 평가할 수 있어요. 공부, 숙제, 게임, 자극적인 TV 프로그램 등에 둘러싸여 지내는 아이들이 이 책을 읽고 뭔가 다른 점을 느꼈을지 궁금했어요. 책의 느낌을 한 단어로만 표현한다면 무슨 단어가 적절할지 생각해 봅니다.

2. 장면 이해하기

- 24~25쪽 스컹크 퓨이와 붉은 수사슴의 대화 장면

　: 수사슴이 '바람의 방향'을 자꾸 언급하는 이유는 무엇일까요?

- 아빠 토끼와 블루그래스

　: 아빠 토끼가 '블루그래스'의 얘기를 할 때 다른 동물들의 반응과 그 이유는 무엇일까요?

- 토끼네 가족 관계

　: 엄마 아빠 토끼의 '손주들'은 누구일까요? 조지와는 어떤 관계일까요? 좀 이상하다고 생각되나요?

- 동물들의 먹이와 관계

　: 이 책에 나오는 초식 동물과 육식 동물들을 떠올려 봅시다. 이야기에서는 대부분의 동물들이 사람처럼 생각하고, 말하고, 행동하는 것으로 나타나요. 즉, '의인화'되어 있습니다. 의인화되지 않은 동물들은 누구인가요? 왜 그럴까요?

이렇게 활용해 보세요

　　이제 저학년(1~2학년)이 아니니, 독서에서 '이해'가 한층 더 중요해진 시기입니다. 책이 직접 말해 주지 않는 내용을 유추해서 내용을 깊이 있게 이해할 수 있어야 해요.
　　부모님이 책을 읽으면서 아이들이 놓치기 쉽겠다고 생각되는 부분은 잘 챙겨서 질문으로 만들

어 두세요. 책동아리에서 짚어 주면 아이들에게 큰 도움이 됩니다. 많은 아이가 그제야 '아, 그런 거였어?' 같은 반응을 보인답니다.

3. 초점 맞추어 문단 쓰기: 인물

언덕 마을에 새로 이사 온 사람들의 특징을 정리해서 간단한 한 문단으로 써 보세요.

새로 이사 온 사람들은 좋은 이웃이다. 우선 그들은 동물들에게 친절하다. 예를 들면 다친 동물을 치료해 주고, 먹이를 풍부하게 나누어 준다. 그리고 전에 살던 사람들과 달리 아주 부지런하다. 그래서 온갖 농사를 열심히 한다.

이렇게 활용해 보세요

이 책에는 동물들과 함께 살아가는 사람들이 나옵니다. 전에 살던 이들과 이사 온 이들로 나뉘기 때문에 비교가 가능해요. 그들이 어떤 사람들인지 정리하는 문단을 쓰는 활동입니다. 중심 문장을 잘 뽑아내고, 예를 들거나 비교를 통해서 생각을 뒷받침하는 문장들을 쓰게 도와주세요.

4. 초점 맞추어 문단 쓰기: 주제

이 책에서 사람들과 동물들의 관계는 어떠한가요? '공생'은 어떤 의미를 담고 있을까요? 이에 대해 중심 문장을 살려서 한 문단으로 써 보세요.

사람들과 동물들은 자연 속에서 함께 도우며 살아갈 수 있는 관계이다. 서로를 있는 그대로 인정하면 모두 행복하게 살 수 있다. 하지만 서로를 적으로 생각하고 공격하면 불행한 일이 벌어진다. 그러니 힘이 센 사람들은 동물들을 괴롭히거나 죽이지 말고 생태계를 있는 그대로 보존해야 한다.

이렇게 활용해 보세요

이번에도 이 책을 읽은 감상을 활용해 문단을 완성하는 과제예요. 동물과 사람이 함께 등장하는 이야기를 읽고, 그 관계에 대해 생각해 봅니다. '공생'이라는 어려운 말을 쉽게 이해하게 해 주는 이야기이니까요.

1. 한 단어로 평가하기

이 책을 읽을 때 전반적인 느낌이 어땠나요? 한 단어로 표현해 보세요.

2. 장면 이해하기

- 24~25쪽 스컹크 퓨이와 붉은 수사슴의 대화 장면
  : 수사슴이 '바람의 방향'을 자꾸 언급하는 이유는 무엇일까요?

- 아빠 토끼와 블루그래스
  : 아빠 토끼가 '블루그래스'의 얘기를 할 때 다른 동물들의 반응과 그 이유는 무엇일까요?

- 토끼네 가족 관계
  : 엄마 아빠 토끼의 '손주들'은 누구일까요? 조지와는 어떤 관계일까요? 좀 이상하다고 생각되나요?

- 동물들의 먹이와 관계
  : 이 책에 나오는 초식 동물과 육식 동물들을 떠올려 봅시다. 대부분의 동물들이 사람처럼 생각하고, 말하고, 행동하는 것으로 나타나요. 즉, '의인화'되어 있습니다. 의인화되지 않은 동물들은 누구인가요? 왜 그럴까요?

3. 초점 맞추어 문단 쓰기 인물

언덕 마을에 새로 이사 온 사람들의 특징을 정리해서 간단한 한 문단으로 써 보세요.

4. 초점 맞추어 문단 쓰기 주제

이 책에서 사람들과 동물들의 관계는 어떠한가요? '공생'은 어떤 의미를 담고 있을까요? 이에 대해 중심 문장을 살려서 한 문단으로 써 보세요.

우산 타고 날아온 메리 포핀스

원제: Mary Poppins, 1934년

#마법 #육아 #꿈 #희망

글 파멜라 린든 트래버스
그림 메리 쉐퍼드
옮김 우순교
출간 2003년
펴낸 곳 시공주니어
갈래 외국문학(판타지 동화)

이 책을 소개합니다

말 그대로 동화 속 환상의 세계로 아이들을 데려다주는 유모의 이야기입니다. 어느 날 바람에 실려 우산을 타고 찾아와 뱅크스 가족의 유모로 일하게 된 메리 포핀스. 제인, 마이클, 쌍둥이 존과 바브라는 환상적이고 황홀한 일상을 보내게 됩니다. 메리 포핀스는 겉으로는 새침하고 불친절하지만 사실은 아이들의 순수한 마음을 그 누구보다 잘 이해하는 다정다감한 유모예요. 마음만 먹으면 어디든 갈 수 있고 누구하고든 이야기를 나눌 수 있는 놀라운 능력도 지녔고요. 심술궂고 허영심 많으며 말끝마다 "어린 애들은 뭘 몰라"를 달고 다니는 독특한 메리 포핀스의 캐릭터는 작가의 어린 시절 집에서 일한 하녀를 모델로 한 것이라고 해요.

'메리 포핀스' 시리즈는 1934년 영국에서 소개된 후 50여 년에 걸쳐 모두 여덟 편이 나왔으며, 80여 년이 지났음에도 불구하고 현재까지 25개 국어로 번역되어 세계 곳곳에서 사랑받고 있어요. 또, 영화〈사운드 오브 뮤직〉의 줄리 앤드루스가 주연한 영화로도 제작되어(1964년) 큰 인기를 얻었지요. 2018년에는 그 영화의 후속작인〈메리 포핀스 리턴즈〉도 개봉했고요.

최근에는 그림책《난 토마토 절대 안 먹어》로 유명한 영국 작가 로렌 차일드가 자신만의 강점인 콜라주 기법을 활용해 재해석한 현대판《메리 포핀스》를 출간하기도 했어요.

 도서 선정 이유

3학년 말에 읽기에 적절한 고전에 해당해요. 오래된 책은 안 읽고 쑥 자라 버리기 쉬워서 때 맞춰 챙길 필요가 있답니다. 비전형적인 캐릭터가 보여 주는 재미에 책 두께가 두껍다고 생각되지 않을 거예요. 오래전 영국을 배경으로 하지만, 아이들이 괴짜 유모와 펼치는 환상적인 이야기는 오늘날의 동심도 어루만져 줍니다. 엄마도, 심지어 할머니도 알고 있는 이야기로, 온 가족들과 이야기를 나눌 수 있으니 고전 읽기의 가치를 새삼 느낄 수 있을 거예요.

함께 읽으면 좋은 책

시리즈

○ 메리 포핀스 | 파멜라 린든 트래버스 글, 로렌 차일드 그림, 우순교 옮김, 시공주니어, 2020
○ 뒤죽박죽 공원의 메리 포핀스 | 파멜라 린든 트래버스 글, 메리 셰퍼드 그림, 우순교 옮김, 시공주니어, 2003

비슷한 주제

○ 린드버그 하늘을 나는 생쥐 | 토르벤 쿨만 글·그림, 윤혜정 옮김, 책과콩나무, 2015
○ 피터팬 | 제임스 매튜 배리 글, 캉탱 그레방 그림, 이정주 옮김, 아르볼, 2015
○ 모리스 레스모어의 환상적인 날아다니는 책 | 윌리엄 조이스 글, 조 블룸 그림, 이진경 옮김, 상상의힘, 2012
○ 핑크 트렌과 안톤 | 에리히 캐스트너 글, 발터 트리어 그림, 이희재 옮김, 시공주니어, 2020

문해력을 키우는 엄마의 질문

1. 인물의 특성 파악하기

주인공 메리 포핀스를 분석해 보세요.

직업	유모
나이(추정)	30살?
버릇	콧방귀 뀌기
좋아하는 것	쇼핑, 자유시간, 자기 모습 비춰 보기
특이한 점	초능력을 가지고 있을 수도 있다. 신비스러운 인물이다.

- 메리 포핀스는 전형적인 유모인가요? 그렇다 /(아니다)

- 전형적인 유모는 어떤 외모, 성격, 언행을 보일까요?
  둥글둥글 푸근한 인상이다, 참을성이 많다, 인자하다, 부드럽게 말한다.

- 작가는 메리 포핀스를 왜 이렇게 설정했을까요?
  전형적인 유모보다 이렇게 색다른 인물이 더 재미있으니까. 고정관념을 깨려고.

이렇게 활용해 보세요

주인공이 독특한 책입니다. 일단 어떤 인물인지 표에 정리하면서 시작해요. 이렇게 해 보면 이 인물의 넘치는 개성을 확인할 수 있습니다.

이에 따라 '전형적'이라는 표현의 의미를 알아보고 넘어 가면 됩니다. '전형적인 음식', '전형적인 성격'처럼 예를 들어 생각해 보게 하면 도움이 됩니다. 정형화(stereotype), 고정관념으로 확장해 이야기를 나눌 수도 있을 거예요.

더 나아가 그렇다면 전형적인 유모상은 어떨지를 말해 보아요. 아이들이 떠올린 특징은 위의 예와 같습니다. 정형화를 잘 이해한 것 같지요? 어렸을 때부터 본 만화, 영화, 책 등의 이미지에서 영향을 받았을 거예요.

마지막으로, 이 책에서 메리 포핀스가 왜 개성 넘치는 독특한 유모가 되었을지 생각해요. 읽으면서 단순하게 감각적으로 차이를 느끼는 것과 이렇게 언어로 사고를 표현하는 것은 수준이 다릅니다.

2. 문제 발견하기

라크 아주머니네 강아지 앤드루에 대해 생각해 봅시다.

- 앤드루의 문제는 무엇이었나요?

  라크 아줌마의 과잉보호 때문에 개답게 살지 못한다.

- 앤드루와 우리 사회의 아이들을 비교해서 내 생각을 써 보세요.

  강아지 앤드루는 요즘 아이들과 비슷하다. 각 가정에서 자기 아이만 소중하다고 생각하고 과잉보호를 한다. 다른 집 아이의 소중함은 별로 생각하지 않아서 문제가 생긴다. 그리고 아이가 다칠까 봐 맘대로 뛰어놀지 못하게 하는 것도 문제이다.

이렇게 활용해 보세요

이번에는 특이하게 사람이 아닌 반려동물에 관심을 가져 볼까요? 한 마리의 등장동물(?)이 사람, 사회의 모습을 그대로 반영해 주거든요.

아이들이 주인 아주머니와 강아지의 상호작용에서 이상한 점을 발견할 수 있을까요? '풍자'는 어린 독자가 알아채기 쉽지 않은 요소랍니다. 대상을 전환해야 하는 '비유'도 마찬가지고요. 이야기 속의 강아지와 요즘 아이들을 비교하고 생각을 정리할 수 있다면 두 가지를 모두 이해하게 된 거예요.

3. 감정에 공감하기

'말썽만 피운 화요일'에 대한 질문이에요.

- 마이클은 왜 종일 말썽을 피웠을까요?

  괜히 반항하고 싶은 2.5춘기가 와서, 그동안 실컷 못 놀아서 스트레스가 쌓였을 것이다.

- 화요일 밤, 잠자리에 드는 마이클은 어떤 기분이었을까요?

  하루 종일 말썽을 신나게 피워서 쌓인 욕구가 해소되었을 것이다. 편안하게 푹 잘 수 있을 것 같은 기분을 느낄 것이다.

이렇게 활용해 보세요

인물의 행동에 담긴 감정에 관심을 기울여 공감에 이르는 연습을 해 봅니다. 꼬마 마이클의 말썽 가득한 행동은 이해하기 어려울 수도 있고, 짜증스러울 수도 있어요. 하지만 '이 아이가 왜 그럴까?'라는 의문을 가지고 동화(同化)를 시도하면 새로운 각도에서 바라볼 수 있을 거예요. 마이클의 입장이 되어 보는 거지요.

4. 질문에 대한 답을 엮어 감상문 쓰기

'메리 포핀스' 시리즈는 모두 여덟 권입니다. 다른 작품도 읽어 보세요.
1964년에 영화로도 만들어져 크게 인기를 끌었는데, 몇 년 전 크리스마스에 맞추어 속편이 개봉되었어요.
다음 질문들에 대한 나의 답을 엮어 독서 감상문을 써 보세요.
- 우리 집에 메리 포핀스가 온다면 어떤 일이 벌어졌으면 좋겠나요?
- '메리 포핀스'가 지닌 동화의 힘은 무엇이라고 생각하나요?

이렇게 활용해 보세요

아이들의 흥미를 높이기 위해 시리즈와 영화를 소개했어요. 여러 권의 시리즈로 이루어진 책은 읽기 동기를 높이면서 단기간에 읽기의 양 자체를 늘려 주어 읽기 능력 향상에도 큰 도움이 된답니다.

원작이 어린이용/가족 영화로 나왔을 경우에는 영화 감상으로 이어 보는 것도 좋아요. 어떤 점이 원작과 다른지, 그 차이에 대해 어떻게 생각하는지 짚어 볼 수 있지요. 대부분의 경우, 책이 승자이기 때문에 손해 보는 경험은 아닐 거예요.

여기에서는 독서 감상문을 쓸 때 부드럽게 시작할 수 있도록 '우리 집에 주인공이 온다면?'이라는 질문을 통해 이야기를 나의 생활과 연결할 수 있게 했어요. 마지막으로, 환상적인 동화에서 우리가 얻을 수 있는 게 무엇인지 생각한 내용으로 글을 마무리합니다.

다른 질문으로 글의 방향성을 다르게 잡아 주어도 괜찮아요.

1. 인물의 특성 파악하기

주인공 메리 포핀스를 분석해 보세요.

직업	
나이(추정)	
버릇	
좋아하는 것	
특이한 점	

- 메리 포핀스는 전형적인 유모인가요?   그렇다   아니다

- 전형적인 유모는 어떤 외모, 성격, 언행을 보일까요?

- 작가는 메리 포핀스를 왜 이렇게 설정했을까요?

WORK SHEET

2. 문제 발견하기

라크 아주머니네 강아지 앤드루에 대해 생각해 봅시다.

> 앤드루의 문제는 무엇이었나요?

> 앤드루와 우리 사회의 아이들을 비교해서 내 생각을 써 보세요.

3. 감정에 공감하기

'말썽만 피운 화요일'에 대한 질문이에요.

> 마이클은 왜 종일 말썽을 피웠을까요?

> 화요일 밤, 잠자리에 드는 마이클은 어떤 기분이었을까요?

4. 질문에 대한 답을 엮어 감상문 쓰기

'메리 포핀스' 시리즈는 모두 여덟 권입니다. 다른 작품도 읽어 보세요.
1964년에 영화로도 만들어져 크게 인기를 끌었는데, 몇 년 전 크리스마스에 맞추어 속편이 개봉되었어요.
다음 질문들에 대한 나의 답을 엮어 독서 감상문을 써 보세요.

- 우리 집에 메리 포핀스가 온다면 어떤 일이 벌어졌으면 좋겠나요?
- '메리 포핀스'가 지닌 동화의 힘은 무엇이라고 생각하나요?

헨쇼 선생님께

원제: Dear Mr. Henshaw, 1983년

#성장 #편지 #답장 #일기
#글쓰기

글 비벌리 클리어리
옮김 선우미정
그림 이승민
출간 2005년
펴낸 곳 보림
갈래 외국문학(사실주의 동화)

이 책을 소개합니다

초등학생의 가슴 시린 성장기를 편지와 일기 형식으로 담은 사실주의 소설이에요. 주인공 리 보츠는 좋아하는 동화 작가 헨쇼 선생님께 초등학교 2학년 때부터 편지를 쓰기 시작해요. 6학년이 될 때까지 리는 소소한 일상부터 감당하기 힘든 부모의 이혼 문제까지 솔직담백하게 편지로 써 보낸답니다. 궁금한 것들을 잔뜩 적어 보냈다가 오히려 열 가지 물음이 담긴 답장 때문에 억지로 긴 편지를 써야 했던 리는 점차 글쓰기에 익숙해지면서 일기도 쓰기 시작합니다. 부모의 이혼에 따른 아픔과 낯선 학교로의 전학으로 어디에도 정을 붙일 수 없던 소년이 글을 쓰며 가족과 자신을 이해하고 내면의 상처를 치유합니다.

이 책을 쓴 비벌리 클리어리는 작은 도서관을 운영하던 어머니의 영향으로 어린 시절부터 책을 많이 읽었다죠.

어린이책 사서로 일하면서 이웃에서 흔히 볼 수 있는 아이들을 매력적인 캐릭터로 살려내 50여 년 동안 30권이 넘는 어린이책을 썼습니다.

도서 선정 이유

이 책도 뉴베리 상 수상작이에요(1984년). 보기 드물게 편지와 일기의 형식으로 이야기가 전개되어 독특한 재미를 느끼며 읽게 됩니다. 초등학생을 3년 정도 하면 글쓰기에 대한 스스로의 기대 수준이 높아지지만, 부담은 여전히 클 거예요. 이 책을 읽으면 리처럼 '자기답게, 솔직하게' 쓰면 되겠다는 생각을 갖게 됩니다.

리의 글에서는 쓸쓸함과 익살이 동시에 묻어나요. 나와 비슷하면서도 다른 친구의 이야기를 엿보며(?) 사실주의 동화의 매력을 느끼게 될 거예요. 소년의 아픈 성장이 깊은 감동을 줍니다.

함께 읽으면 좋은 책

비슷한 주제

○ 일기 감추는 날 | 황선미 글, 조미자 그림, 이마주, 2018
○ 일기장에게 쓴 편지 | 스테파노 보르딜리오니 글, 이승수 옮김, 한수진 그림, 크레용하우스, 2008
○ 일기로 시작하는 술술 글쓰기 | 이향안 글, 박지영 그림, 다락원, 2019
○ 초등 표현력 사전 | 기획집단 MOIM 글, 조양순 그림, 파란자전거, 2016
○ 빨강 연필 | 신수현 글, 김성희 그림, 비룡소, 2011

같은 작가

○ 라모나는 아빠를 사랑해 | 비벌리 클리어리 글, 트레이스 도크레이 그림, 김난령 옮김, 열린어린이, 2009
○ 라모나는 아무도 못 말려 | 비벌리 클리어리 글, 트레이스 도크레이 그림, 김난령 옮김, 열린어린이, 2009

 **문해력을 키우는 엄마의 질문**

1. 정보 정리하기

다음 질문에 대답해 보세요.

- 이 책은 한 소년의 성장담입니다. 리 보츠가 몇 살 때부터 몇 살 때까지의 이야기인가요?
  만 7세 ~ 만 11세

- 이 책에서 주인공 리와 작가 헨쇼 선생님에 대해 드러나 있는 정보를 찾아 정리해 보세요. 반면에 분명히 드러나지는 않았지만 읽으면서 알아낼 수 있었던 점도 써 보세요.

인물	드러난 정보	유추한 내용
리 보츠	엄마와만 살고 있다. 작은 집에 산다. 도시락을 도난당한다. 작가 헨쇼 선생님을 좋아한다.	평범하다. 오른손잡이다. 가정 환경에 불만이 있다. 아빠를 무척 사랑한다. 책 읽기와 글쓰기를 좋아한다.
헨쇼 선생님	남성 작가이다. 《개를 재미있게 해 주는 법》이라는 동화를 썼다. 리의 편지에 답장을 써 준다.	친절하다. 새로운 곳에 가는 것을 좋아한다. 어린이를 좋아한다.

이렇게 활용해 보세요

 정보책이 아닌 이야기책에도 많은 정보가 담겨 있답니다. 맥락과 이야기의 흐름을 이해하려면 정보를 잘 수집하고 파악해야 하지요.

단어와 문장으로 제공되는 정보가 있고, 독자가 알아내야 하는 정보가 있어요. 표를 활용해 이 책의 두 주요 인물에 대한 정보를 정리해 봅니다. 독서력이 적으면 유추가 힘들어요. 심지어 드러난 정보에 대해서도 확신을 하지 못하고요.

이런 연습을 통해 다른 책을 읽을 때도 정보를 잘 처리하며 읽을 수 있어요.

2. 생각해 볼 거리

책을 읽은 기억을 떠올리며 다음 질문에 답해 봅시다.

- 리는 자기만의 일기를 왜 편지 형식으로 쓰게 되었을까요?

  일기를 어떻게 쓰는지 아직 잘 몰라서, 편지가 많이 쓰이던 때라 편지글에 더 익숙해서, 혼자만의 글보다는 보낼 상대가 있는 글을 쓰고 싶어서

- 리는 아빠에게 어떤 감정을 갖고 있나요?

  떠난 아빠에 대한 미움과 그리움을 동시에 갖고 있다.

- 리는 눈에 띄지 않는 평범한 아이일까요? '평범함'이란 무엇일까요?

  평범한 것처럼 보이지만 실제로는 개성 있는 아이다. 친구들 앞에서 적극적이지는 않지만 속으로 생각이 많은 아이인 것 같다.

이렇게 활용해 보세요

이 책만의 독특한 형식에 대해 생각해 볼 만하지요. 왜 편지처럼 일기를 썼을까 하는 질문을 했더니 다양한 대답이 나왔어요. 모두 그럴듯한 답이라고 생각해요.

인물의 감정선을 추론하거나, 주인공의 특성을 깊이 있게 분석해 보는 것도 필수적인 과정이에요. 아이들이 리의 모순된 양가감정을 이해할 수 있는지 확인해 보세요.

'평범함 대 독특함(개성)'이라는 주제에 대해서도 이야기 나누어 봅니다. 자아 개념이 점차 강해지고, 친구들도 많아지는 이때쯤 생각해 보기 좋은 주제예요.

3. 미래 예측하기

- 리네 가족은 앞으로 어떤 삶을 살게 될까요?

  조금씩 관계가 회복될 것 같다.

- 리는 어떤 청소년, 어른으로 성장하게 될까요?

  훌륭한 작가가 될 것 같다. 헨쇼 선생님처럼 어린이들을 위한 동화를 쓰지 않을까?

이렇게 활용해 보세요

이야기책을 읽었을 때 후일담은 독후 활동으로 종종 활용하기 좋아요. 특히 어린이, 청소년의 성장 소설일 때 더욱 좋지요. 주인공이 보여 준 행동과 역사를 볼 때 결말 이후에는 어떤 이야기가 펼쳐질지 상상해 봅니다.

가족 관계의 변화도 좋고, 취미나 관심 분야가 소개되었다면 진로, 직업적 측면에 대해서도 다룰 수 있어요.

4. 편지 형식으로 독서 기록 남기기

이 책은 리가 작가인 헨쇼 선생님께 쓴 편지와 자기만의 일기 형식으로 이루어져 있어요. 심지어 일기의 대부분도 편지 형식이지요.

이 책을 읽은 감상문을 편지의 형식으로 써 봅시다. 내 또래인 리에게요.

이렇게 활용해 보세요

개인적으로 편지로 쓰는 독서 감상문을 좋아하지는 않아요. 독후 활동으로 남발(?)되는 경향이 있어서 그렇지 않나 싶어요. 심지어 유아 때부터 주인공에게, 작가에게 편지 쓰기를 많이 해 보았다면 그럴 만하지요.

하지만 이 책은 보기 드문 '편지 동화'이니 편지 쓰기라는 경험 없이 그냥 끝내기는 아쉬워요. 요즘 아이들은 어릴 때 카드 몇 번 써 본 게 전부라, 편지는 익숙하지 않기도 하니(심지어 3학년들은 아직 이메일도 잘 안 쓸 때죠), 편지지에 손 편지를 써 보는 것도 좋겠다 싶어요.

비슷한 또래인 리에게 하고 싶은 말을 나름대로 두서 있게 써 봅니다. 아이들이 쓴 글을 보니 우선 자기소개를 했고, 리에게 공감하는 표현(오랫동안 편지를 쓴 게 대단하다, 도시락에 도난 경보기를 단 것은 엄청난 아이디어였다, 너는 끈기 있는 아이다 등등)을 쓰더라고요. 또는 자신은 무엇무엇을 좋아하는데, 리는 편지 말고 또 어떤 취미가 있는지 묻기도 하고요. 이렇게 편지 한 통으로도 독서 감상문을 충분히 쓸 수 있습니다.

1. 정보 정리하기

다음 질문에 대답해 보세요.

- 이 책은 한 소년의 성장담입니다. 리 보츠가 몇 살 때부터 몇 살 때까지의 이야기인가요?

- 이 책에서 주인공 리와 작가 헨쇼 선생님에 대해 드러나 있는 정보를 찾아 정리해 보세요. 반면에 분명히 드러나지는 않았지만, 읽으면서 알아낼 수 있었던 점도 써 보세요.

인물	드러난 정보	유추한 내용
리 보츠		
헨쇼 선생님		

2. 생각해 볼 거리

책을 읽은 기억을 떠올리며 다음 질문에 답해 봅시다.

리는 자기만의 일기를 왜 편지 형식으로 쓰게 되었을까요?

리는 아빠에게 어떤 감정을 갖고 있나요?

리는 눈에 띄지 않는 평범한 아이일까요? '평범함'이란 무엇일까요?

3. 미래 예측하기

리네 가족은 앞으로 어떤 삶을 살게 될까요?

리는 어떤 청소년, 어른으로 성장하게 될까요?

4. 편지 형식으로 독서 기록 남기기

이 책은 리가 작가인 헨쇼 선생님께 쓴 편지와 자기만의 일기 형식으로 이루어져 있어요. 심지어 일기의 대부분도 편지 형식이지요.

이 책을 읽은 감상문을 편지의 형식으로 써 봅시다. 내 또래인 리에게요.

리 보츠에게

4학년을 위한 책동아리 활동

4학년 정도부터는 인물, 문화, 역사, 경제, 환경, 과학 등 다양한 분야의 책들을 골고루 접해 보게 해 주세요. 비문학 도서 읽기를 통해 읽기 능력이 더 탄탄하게 발달하고, 책동아리 활동의 의미도 커집니다. 이 책에서도 4학년부터는 비문학 읽기와 논술 스타일의 글쓰기를 시작해서 강조했습니다.

하지만 독서의 주목적을 학습에 두는 것은 위험합니다. 여가적 독서가 기반이 될 수 있게 흥미로운 이야기책을 충분히 읽게 해 주세요. 아이가 재미있게 읽은 책이 있다면 비슷한 주제나 시리즈물, 그 작가의 다른 책으로 꼬리를 물 수 있게 준비해 주면 좋아요.

역사 이야기, 세계 여러 나라의 전설이나 판타지를 다룬 책을 부모님이 매일 조금씩 읽어 주는 것도 추천합니다. 이렇게 듣는 책도 1년이면 제법 된답니다.

초등학교 4학년 문해력 성장을 위한 책동아리 도서 목록

START

함께 한 날짜를 적어 보세요!

GOAL

우주 호텔 　　쓰레기는 어떻게 재활용될까?

원제: Les poubelles et le recyclage, 2011년

#삶의 가치 #생명 #친구
#가족 #소통

글 유순희
그림 오승민
출간 2012년
펴낸 곳 해와나무
갈래 한국문학(사실주의 동화)

#환경 #생태 #쓰레기 #재활용

글 스테파니 기냐르
그림 파스칼 르메트르
옮김 이정주
출간 2014년
펴낸 곳 다산기획
갈래 비문학(과학, 사회)

이 책을 소개합니다

《우주 호텔》의 주인공은 폐지를 주우며 외롭고 힘겹게 사는 '종이 할머니'입니다. 이웃집에 이사 온 소녀가 다 쓴 공책, 스케치북, 학습지 따위를 갖다 주면서 종이 할머니에게 소녀는 기다림의 대상, 깨달음을 주는 존재가 됩니다. 할머니는 아이의 삐뚤빼뚤한 숫자와 글씨, 서툴고 어설픈 그림 속에서 동심을 회복하고 궁금한 것도 생기면서 무기력했던 삶에 애착을 보입니다. 종이 할머니는 아이가 그린 '우주 호텔' 그림을 보며, '지구에서의 삶'의 진정한 의미를 깨닫고 굽은 허리를 펴고 하늘을 바라보게 됩니다. 사이가 나쁘던 이웃 할머니에게도 옆집 아이가 그랬던 것처럼 손을 내밀어 친구가 되어 줍니다.

《쓰레기는 어떻게 재활용될까?》는 일상생활에서 매일 나오는 쓰레기를 어떻게 줄이고, 어떻게 분류해야 하는지, 그리고 쓰레기가 어떤 과정을 거쳐 재활용되는지를 아이들의 눈높이에 맞추어 알려 줍니다. 아이들은 주인공 톰처럼 게임 속 요정이 되어 여기저기 돌아다니며 체험하듯 실감 나게 읽을 수 있어요. 게임과 활동을 통해 실생활에서 쓰레기와 관련된 다양한 정보를 쉽고 재미있게 이해하고 실제로 재활용해 볼 수 있도록 도와주는 코너가 있어요.

도서 선정 이유

　6학년 교과서에서는 《우주 호텔》이 비유적 표현(개정 전)이나 요약(개정판)을 위한 텍스트로 쓰인 것 같아요. 문학 작품이 이렇게 교과서에 실리면 무엇을 배우기 위한 수단이 되고 자연스러운 감상에 이르지 못하는 경향이 있어서 좀 아쉽긴 해요. 길이가 비교적 짧은 책이라 4학년생이 읽고 전체적인 감상을 하기에 적합합니다. 크레파스와 물감을 사용한 정감 있는 모노톤에 콜라주 기법을 더해 환상적인 느낌이 나는 그림도 아주 멋져요. 아이들이 동네와 이웃에 더 관심을 갖도록 해 줄 거예요.

　《쓰레기는 어떻게 재활용될까?》는 최근 사회에서 큰 문제가 되고 있는 쓰레기와 관련된 문제점들을 생각해 보게 해 주고, 다양한 질문과 구체적인 대답을 통해 알찬 정보를 주는 책입니다. '쓰레기의 재활용'이라는 주제에 대해 여러 가지 방법으로 접근하고 아이들의 일상생활과 바로 연결시켜 주어서 좋아요. 《우주 호텔》에 종이 재활용이 나와서 비문학 도서와 연결해 보았습니다. 이렇게 문학과 비문학을 함께 읽을 수 있다는 점도 알려 주고 싶었어요.

함께 읽으면 좋은 책

비슷한 주제

○ 우리 빌라에는 이상한 사람들이 산다 | 한영미 글, 김완진 그림, 어린이작가정신, 2017
○ 오메 할머니 | 오채 글, 김고은 그림, 사계절, 2016
○ 노인과 소년 | 박완서 글, 김명석 그림, 어린이작가정신, 2017
○ 희망을 연주하는 재활용 오케스트라 | 미셸 피크만 글, 리오넬 르 네우아닉 그림, 강현주 옮김, 북스토리아이, 2020

같은 작가

○ 지우개 따먹기 법칙 | 유순희 글, 최정인 그림, 반달서재, 2021(개정판)
○ 존에게 나무숲을 주세요 | 원재길 글, 오승민 그림, 웅진주니어, 2012
○ 와글와글 철학학교 | 안느 소피 쉴라르·그웨나엘 불레 글, 파스칼 르메트르 그림, 강미란 옮김, 황경식 감수, 톡, 2010

문해력을 키우는 엄마의 질문

> 우주 호텔

1. 이야기 흐름에 따른 등장인물의 변화 살펴보기

《우주 호텔》에서 이야기의 흐름에 따라 주인공 '종이 할머니'가 겪은 행동과 마음의 변화를 생각해 봅시다.

단계	상황/사건	행동과 마음의 변화
1	폐지 줍는 일만 하고 살고 있음	폐지 줍는 일 말고는 희망이 없다.
2	혹이 난 할머니와 싸움	그 할머니가 폐지를 빼앗을까 봐 공격적인 행동을 했다.
3	이사 온 메이와 우주 호텔을 알게 됨	메이를 통해서 다른 사람과 바깥 세상에 대해서 관심을 갖게 되었다.
4	혹이 난 할머니와 친구가 됨	그 할머니를 이해하고 마음을 열었다.

> 이렇게 활용해 보세요

　짧은 그림책에도 이야기의 흐름에 따라 '기승전결'이 담겨 있어요. 단계마다 주인공이 하는 행동이나 정서적 상태는 달라지지요.
　간단한 표를 사용해 단계를 눈에 드러나게 제시해 주고 인물의 변화가 어떻게 나타나는지 요약해 봅니다.

2. 낯선 단어의 뜻 사전에서 찾아보기

이 책에 나오는 낯선 단어의 뜻을 사전에서 찾아 알아봅시다.

어룽어룽	뚜렷하지 않고 흐리게 어른거리는 모양.
울릉대다	제힘을 믿고 남을 위협하다.
쪽빛	보랏빛이 섞인 짙은 파란색.
겸연쩍다	쑥스럽거나 미안하여 어색하다.

> 이렇게 활용해 보세요

책을 읽다 보면 처음 보거나 의미가 쉽게 다가오지 않는 낱말을 만나게 됩니다. 일반적으로는 의미를 유추하며 그냥 읽어나가는 게 좋다고 해요. 읽기 유창성을 키우고 추론하는 능력도 자라기 때문입니다.

하지만 어휘력을 한창 키워 나가야 하는 중학년부터는 새로운 어휘의 의미를 적극적으로 알아야 할 필요가 있어요. 요즘에는 종이책 사전을 잘 활용하지 않기에 더욱 그 활용법도 익혀 두는 게 의미 있지요. 사전 찾기 수행평가를 실시하는 초등 학급도 많다고 합니다. 정의를 찾아서 써도 의미가 확실하게 다가오지 않을 수 있으니 말로 풀어 설명해 주거나 짧은 문장에 적절하게 넣은 예시를 들어 주세요. 해당 단어를 넣어 짧은 글짓기를 해도 좋아요.

3. 질문 활용해 문단 완성하기

아래 질문에 대한 답을 엮어 세 문장으로 이루어진 문단을 하나 써 보세요.
- 주변에서 폐지를 주워 리어카에 싣고 다니시는 할머니, 할아버지를 뵌 적이 있나요? 어떤 기분이 들었나요?
- 종이 할머니가 폐지를 주워 벌 수 있는 액수는 어떤가요?
- 이 책을 읽은 이후에는 폐지 줍는 노인들을 뵐 때 어떤 마음이 들 것 같나요?

　나는 아직 한 번도 폐지 줍는 할머니, 할아버지를 뵌 적이 없다. 길에서 자세히 안 봐서 그런 것 같다. 아마 봤더라도 무엇을 하시는 건지, 왜 줍는지도 몰랐을 것이다. 이 책을 읽고 이야기 나누면서 그분들이 버는 돈이 아주 조금이라는 것을 알게 되었다. 앞으로는 폐지 줍는 분들을 보면 도와주고 싶은 생각이 들 것 같다.

> 이렇게 활용해 보세요

4학년 학생들도 완결된 문단을 쓰는 데 어려움을 많이 겪습니다. 국어 시간에 배웠지만, 문장들을 어떻게 엮어 어울리고 단단한 문단을 만들지 막막해하지요.

그럴 때 책을 읽은 감상을 활용해 질문을 만들어 주세요. 질문에 대한 대답만으로 문단이 뚝딱 완성됩니다.

쓰레기는 어떻게 재활용될까?

4. 단어 의미 통해 학습하기

'분리수거'라는 말을 많이 들어 보았죠? '분리', '수거', '분류', '배출'의 뜻으로 적절한 내용과 연결해 보세요. 이 과정을 통해 알아낸 점은 무엇인가요?

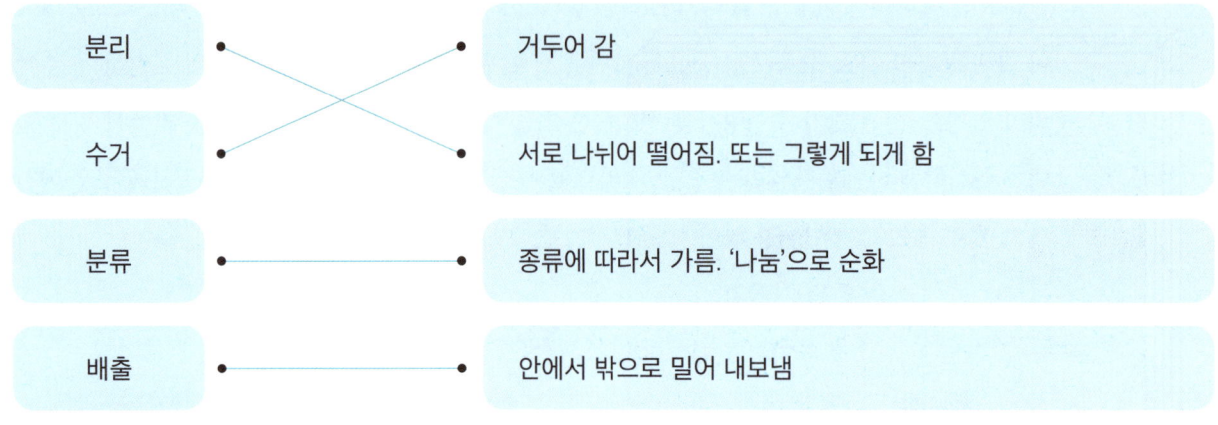

알게 된 점	* 분리수거: 쓰레기 따위를 종류별로 나누어서 늘어놓은 것을 거두어 감. '따로 거두기', '따로 거두어 가기'로 순화.
	우리가 분리수거라고 하는 표현은 정확하지 않다는 것을 알게 되었다. 올바른 표현은 분류배출이다.

> **이렇게 활용해 보세요**

일상에서 자주 사용하는 말이라도 뜻을 정확히 모르기 쉽지요. 어른들도 마찬가지입니다. 너도 나도 쓰다 보면 맞는 줄 알고 잘못 쓰는 경우도 많고요.

우리말에는 한자어가 절반 이상 섞여 있는데 소리만으로는 그 뜻을 유추하기 어렵지요. 간단한 한자들은 뜻이라도 파악해 두면 어휘력을 늘려 나갈 때 큰 도움이 됩니다. "어떤 단어에 들어가는 그 글자야" 하고 예를 들어 주면 비슷한 단어들이 확장되지요.

하지만 아이들이 접하는 모든 단어에 대해 그럴 수는 없어요. 가끔씩 책에 나오는 단어 한두 개 정도에 대해 시도해 보세요.

5. 질문에 답하기

《쓰레기는 어떻게 재활용될까?》에 담긴 질문에 대한 답을 간단히 정리해 봅시다.

번호	질문	답
1	쓰레기 속에 음식물 용기가 왜 이렇게 많을까?	사람들이 일회용품을 이용하는 음식을 주문해 먹거나 포장을 많이 해서
2	종이를 재활용하는 과정은?	녹여서 종이 반죽을 만든 후 이물질을 제거한다. 그다음 그것을 다시 종이로 만든다.
3	플라스틱 용기는 어떻게 나뉘나?	페트, HDPE, LDPE로 나뉜다.
4	유리는 어떻게 재활용되나?	먼저 이물질을 제거한 다음에 유리 가루를 구워서 새 유리병을 만든다.
5	퇴비는 어떻게 만드나?	남은 음식물을 썩히거나 지렁이를 이용해서 퇴비를 만든다.

> **이렇게 활용해 보세요**

'왜', '어떻게'가 들어가는 질문은 확산적인 사고와 논리적인 글쓰기에 도움이 많이 됩니다. 무엇이 변화를 거치거나 만들어지는 과정을 기술하도록 하는 것도 마찬가지고요.

논픽션 책을 활용해서 좋은 질문들을 만들어 보세요. 대답이 길거나 정교하지 않아도 괜찮은 학년입니다.

6. 내 일상으로 되돌리기

내가 일상에서 쓰레기를 줄일 수 있는 방법을 세 가지 골라 써 보세요.

1) 한 번 그릇에 담은 음식은 다 먹는다.

2) 과대포장한 상품은 사지 않는다.

3) 일회용품을 자주 쓰지 않는다.

> **이렇게 활용해 보세요**

정보책을 읽고 나서 그냥 끝나면 아쉽지요. 처음 알게 된 내용이 내 생활로 어떻게 연결될지 생각해 보는 것까지가 중요합니다. 환경 운동이 대세이니 아이들도 함께 할 수 있는 일도 많을 거예요.

책동아리 POINT

누구의 생각이 참신하고 현실적인지 함께 이야기 나누어 보세요.

우주 호텔

1. 이야기 흐름에 따른 등장인물의 변화 살펴보기

《우주 호텔》에서 이야기의 흐름에 따라 주인공 '종이 할머니'가 겪은 행동과 마음의 변화를 생각해 봅시다.

단계	상황/사건	행동과 마음의 변화
1	폐지 줍는 일만 하고 살고 있음	
2	혹이 난 할머니와 싸움	
3	이사 온 메이와 우주 호텔을 알게 됨	
4	혹이 난 할머니와 친구가 됨	

2. 낯선 단어의 뜻 사전에서 찾아보기

이 책에 나오는 낯선 단어의 뜻을 사전에서 찾아 알아봅시다.

어룽어룽	
울룽대다	
쪽빛	
겸연쩍다	

3. 질문 활용해 문단 완성하기

아래 질문에 대한 답을 엮어 세 문장으로 이루어진 문단을 하나 써 보세요.

- 주변에서 폐지를 주워 리어카에 싣고 다니시는 할머니, 할아버지를 뵌 적이 있나요? 어떤 기분이 들었나요?

- 종이 할머니가 폐지를 주워 벌 수 있는 액수는 어떤가요?

- 이 책을 읽은 이후에는 폐지 줍는 노인들을 볼 때 어떤 마음이 들 것 같나요?

WORK SHEET

쓰레기는 어떻게 재활용될까?

4. 단어 의미 통해 학습하기

'분리수거'라는 말을 많이 들어 보았죠? '분리', '수거', '분류', '배출'의 뜻으로 적절한 내용과 연결해 보세요. 이 과정을 통해 알아낸 점은 무엇인가요?

분리 •	• 거두어 감
수거 •	• 서로 나뉘어 떨어짐. 또는 그렇게 되게 함
분류 •	• 종류에 따라서 가름. '나눔'으로 순화
배출 •	• 안에서 밖으로 밀어 내보냄

* 분리수거: 쓰레기 따위를 종류별로 나누어서 늘어놓은 것을 거두어 감. '따로 거두기', '따로 거두어 가기'로 순화.

알게 된 점

5. 질문에 답하기

《쓰레기는 어떻게 재활용될까?》에 담긴 질문에 대한 답을 간단히 정리해 봅시다.

번호	질문	답
1	쓰레기 속에 음식물 용기가 왜 이렇게 많을까?	
2	종이를 재활용하는 과정은?	
3	플라스틱 용기는 어떻게 나뉘나?	
4	유리는 어떻게 재활용되나?	
5	퇴비는 어떻게 만드나?	

6. 내 일상으로 되돌리기

내가 일상에서 쓰레기를 줄일 수 있는 방법을 세 가지 골라 써 보세요.

1)

2)

3)

역사로 통하는 맛의 항해

#문화 #역사 #식품

글 디미트리 델마
그림 기욤 레이나르
옮김 김수진
감수 주영하
출간 2016년
펴낸 곳 책속물고기
갈래 비문학(역사, 과학)

이 책을 소개합니다

　식품을 중심으로 인류의 역사와 문화를 다룬 독특한 책입니다. 우리가 먹는 식품이 어디에서 와서 어떻게 전 세계로 널리 퍼지게 되었는지, 새로운 맛을 찾아 배를 타고 떠난 탐험가들의 이야기를 흥미진진하게 풀어냈어요. 후추를 찾다가 새로운 항로를 개척한 바스쿠 다가마, 금과 후추를 구하기 위해 떠났다가 아메리카 대륙과 고추를 처음 만난 콜럼버스, 카카오를 화폐처럼 썼던 고대 아즈텍 왕국, 돼지 사료로만 쓰이다 식량난의 유럽을 구한 감자 등 재미난 이야기가 가득합니다. 차 때문에 일어난 중국과 영국 간의 전쟁, 향신료를 독점하기 위해 원주민의 땅을 빼앗아 식민지로 삼은 유럽 열강 등 슬픈 이야기도 있지요. 음식과 세계사를 동시에 맛보는 특별한 경험을 하게 될 거예요.

📖 도서 선정 이유

　세계사는 거창하고 어렵다고 생각하기 쉽지만, 세계 '식품'의 역사는 흥미롭게 들리지요? 별것 아닌 식재료나 음식에 숨은 역사가 의외로 대단함을 보여 주는 책이에요. 일상과 밀접한 사소한 것들의 역사라고 할까요? 외국의 식품뿐 아니라 우리나라와의 교점을 찾을 수 있는 내용도 수록되어 있어 역사를 보는 새로운 관점을 줄 수 있다고 보았어요. 부록에서는 오늘날 우리 식탁 위 음식들의 원산지, 식품 이름의 유래, 외래 작물과 토종 작물 등에 대해 쏠쏠한 정보도 알려 줍니다.

📖 함께 읽으면 좋은 책

비슷한 주제

○ 맛있는 짜장면의 역사 | 박남정 글, 이루다 그림, 산하, 2012

○ 역사로 보는 음식의 세계 | 이은정 글, 강영지 그림, 크레용하우스, 2020

○ Why? 역사 속 음식과 요리 | 강주현 글, 박성일 그림, 문철영 감수, 예림당, 2019

○ 우리 음식에 담긴 12가지 역사 이야기 | 김선희 글, 문종성 그림, 조후종 감수, 어린이작가정신, 2009

○ 음식에서 찾은 후루룩 마신 역사, 꿀꺽 삼킨 과학 | 클레어 이머 글, 사 부스로이드 그림, 이승숙 옮김, 열다, 2014

○ 과자로 맛보는 와삭바삭 프랑스 역사 | 이케가미 슌이치 글, 김경원 옮김, 강혜영 그림, 돌베개, 2015

○ 파스타로 맛보는 후룩후룩 이탈리아 역사 | 이케가미 슌이치 글, 김경원 옮김, 김중석 그림, 돌베개, 2015

○ 알고 먹으면 더 맛있는 음식의 세계사 | 박영수 글, 노기동 그림, 풀과바람, 2021(개정판)

○ 한 숟가락 역사 동화 | 김은의 글, 조윤주 그림, 꿈초, 2017

 문해력을 키우는 엄마의 질문

1. 정보의 분류 또는 배열

《역사로 통하는 맛의 항해》에는 모두 열한 가지 식품의 역사 이야기가 담겨 있어요. 내가 먹어 본 것과 먹어 보지 않은 것으로 나누어 보세요. 그리고 나에게 익숙한 식품부터 낯선 식품의 순서대로 나열해 보세요.

이렇게 활용해 보세요

정보책에서 지위가 동등한 정보가 나열되어 있을 때(예를 들면 챕터별로), 읽기 전에 이미 알고 있었던 것과 몰랐던 것으로 나눠 봄으로써 정보를 재조직할 수 있어요. 모임의 첫 활동으로 제격이지요. 내가 무엇을 읽었나 금방 되새겨 볼 수 있거든요.

또한 정보의 친숙함을 기준으로 순서를 매겨 볼 수도 있어요. 이게 조금 더 세련된 방법이지요. 이른바 메타 인지를 가동하여 정보를 재조직하는 거예요. 당연히 정답도 없고 개인마다 다르겠지요.

2. 정보를 의미 있게 만들기

이 책은 열한 가지 식품에 대한 정보를 전달하고 있어요. 각 식품에 대해 소개된 내용 중에서 나에게 가장 인상적인 정보를 골라 한 문장으로 써 보세요. 자신의 사전 지식에 따라 의미 있는 정보가 달라져요.

	식품	나에게 의미 있는 정보
1	후추	귀족들만 쓸 수 있는 사치품이었다.
2	고추	제일 매운 고추를 최루가스로 쓸 계획도 세워졌다.
3	파인애플	1920년대부터 파인애플 통조림이 우리나라에 들어왔다.
4	카카오	카카오로 음료를 만들 수 있다.
5	바닐라	에드몽 알비우스가 바닐라 재배법을 알아내었다.
6	감자	전쟁 때 유용한 식품이다.

7	육두구	육두구 때문에 전쟁도 일어났다.
8	커피	교황이 커피 맛에 놀라 커피를 축복했다.
9	빵나무	옛날에 빵나무가 노예들의 식량이었다.
10	차	차나무는 10~15미터까지 자란다.
11	바나나	바나나는 나무에 열리는 것이 아니다.

이렇게 활용해 보세요

　이번에는 새로 얻은 정보를 더 확실하게 내 것으로 만들어 볼까요? 읽은 내용 중에 가장 인상적인 부분을 단 한 문장으로 남기는 거예요.

　책을 다시 훑어보면서 이 책을 통해 처음 알게 된 내용, 놀라웠던 내용, 기억해 두고 싶거나 친구들에게 말해 주고 싶은 내용 등을 고르면 됩니다. 책을 다시 읽는 느낌이 아니라 스치듯 훑어보기만 해도 금방 찾아낼 수 있어야 해요.

책동아리 POINT

아이마다 고르는 정보가 다르기 쉬워서 어떤 내용을 뽑았는지 이야기 나누면 좋아요. 사전 지식이나 흥미 분야에 따라 내용이 다를 수 있어요.

3. 질문 활용해 글쓰기

　이 책을 읽고 '식품의 수입'에 대한 글을 써 볼 거예요. 먼저 다음 질문들에 대답해 보세요. 그 대답을 중심으로 원고지에 글을 써 보세요.

- 사람들이 먼 곳의 식품에 관심을 갖고 먹어 보려 하거나 위험까지 무릅쓰고 그것을 구하려 한 까닭은 무엇일까요?
- 내가 사는 땅에서 얻을 수 없는 식품을 얻기 위해 과거에는 어떻게 했나요? 그와 비교해 요즘은 어떻게 다른 나라의 식품을 가져오나요? 과거와 현재를 비교하는 글을 쓰기 위해 도식(T 차트)을 이용해 봅시다.

과거의 방법	현재의 방법
뺏거나 사기 위해 다른 나라와 전쟁을 일으켰다. 가지고 오는 데 아주 오래 걸렸다. 독점을 했다. 노예들을 이용하거나 인건비를 적게 주고 구했다.	나라 간에 우호적으로 교류한다. 돈을 주고 무역을 통해 수입한다. 독점이 금지되어 합리적 가격이 만들어진다. 공정무역을 추구한다.

- 먼 나라에서 식품을 구해 올 때 어떤 방법이 좋다고 생각하나요?

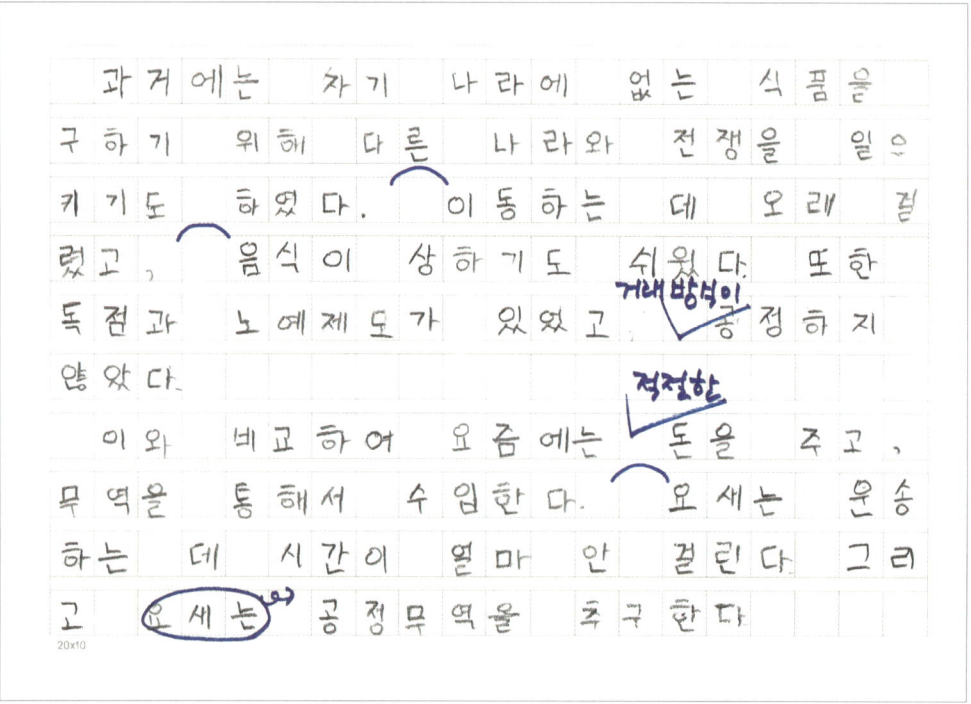

이렇게 활용해 보세요

이 책은 단순히 식품에 대한 정보를 주는 게 아니라 식품을 둘러싼 나라 간의 관계와 역사를 풀어내고 있어요. 식품의 수출입도 이 책에서 중요한 소재이니 그걸 글감으로 마무리 활동을 해 봅니다.

쓸 내용을 쉽게 정리하기 위해 질문을 만들어 주세요. 그에 대한 답을 글에 전부 쓰지 않아도 괜찮아요. 질문에 답하려고 생각하다 보면 글로 쓸 만한 내용이 정리됩니다.

아이들에게 원고지 쓰는 방법에 대해 알려 주는 것을 잊지 마세요.

1. 정보의 분류 또는 배열

《역사로 통하는 맛의 항해》에는 모두 열한 가지 식품의 역사 이야기가 담겨 있어요. 내가 먹어 본 것과 먹어 보지 않은 것으로 나누어 보세요. 그리고 나에게 익숙한 식품부터 낯선 식품의 순서대로 나열해 보세요.

먹어 본 것	먹어 보지 않은 것

익숙한					↔					낯선
1	2	3	4	5	6	7	8	9	10	11

2. 정보를 의미 있게 만들기

이 책은 열한 가지 식품에 대한 정보를 전달하고 있어요. 각 식품에 대해 소개된 내용 중에서 나에게 가장 인상적인 정보를 골라 한 문장으로 써 보세요. 자신의 사전 지식에 따라 의미 있는 정보가 달라져요.

	식품	나에게 의미 있는 정보
1	후추	
2	고추	
3	파인애플	
4	카카오	
5	바닐라	
6	감자	
7	육두구	
8	커피	
9	빵나무	
10	차	
11	바나나	

3. 질문 활용해 글쓰기

이 책을 읽고 '식품의 수입'에 대한 글을 써 볼 거예요. 먼저 다음 질문들에 대답해 보세요. 그 대답을 중심으로 원고지에 글을 써 보세요.

- 사람들이 먼 곳의 식품에 관심을 갖고 먹어 보려 하거나 위험까지 무릅쓰고 그것을 구하려 한 까닭은 무엇일까요?

- 내가 사는 땅에서 얻을 수 없는 식품을 얻기 위해 과거에는 어떻게 했나요? 그와 비교해 요즘은 어떻게 다른 나라의 식품을 가져오나요? 과거와 현재를 비교하는 글을 쓰기 위해 도식(T 차트)을 이용해 봅시다.

과거의 방법	현재의 방법

- 먼 나라에서 식품을 구해 올 때 어떤 방법이 좋다고 생각하나요?

기호 3번 안석뽕

#회장 선거 #친구 #지역 사회
#약자 #소외

글 진형민
그림 한지선
출간 2013년
펴낸 곳 창비
갈래 한국문학(사실주의 동화)

이 책을 소개합니다

　주인공 안석뽕(안석진)이 전교 회장 선거에 나가면서 겪게 되는 사건들과 시장 어귀에 들어선 대형마트와 시장 상인들 간의 갈등이 씨실과 날실처럼 엮인 이야기입니다. 평범한 시장 떡집 아들 석진은 친구의 말 한마디 때문에 얼떨결에 회장 선거 출마를 하고, 순댓국집 손자 조조(조지호)와 건어물집 아들 기무라(김을하)의 적극적인 지원에 힘입어 공부 못하는 애들, 돈 없는 집 애들을 대변하며 선거 운동에 열을 올립니다. 유력한 후보인 고경태와는 달리 기상천외하고 발칙한 공약을 내걸지요.

　한편, 석진의 부모님은 아들이 회장이 되든 말든 시장 맞은편에 들어선 대형마트 때문에 걱정입니다. 석진은 대형마트에 맞서려는 슈퍼집 딸 백발마녀(백보리)의 맹랑한 수작에 휘말려 경찰서에까지 불려 가게 되지요. 안석뽕과

재래시장에 어떤 일이 일어날지 호기심을 불러일으키는 책입니다.

📖 도서 선정 이유

'날카로운 문제 의식을 능청스럽게 풀어내는 작가 의식과 솜씨에 믿음이 간다'는 심사평을 받으며 2012년 제17회 창비 '좋은 어린이책' 원고 공모 고학년 창작 부문 대상작으로 선정된 작품이에요. 진형민 작가의 다른 작품과 마찬가지로, 이 책에서도 기득권과 비기득권 사이의 갈등을 다루고 있어요. 아이들에게 낯설지 않은 초등학교의 선거 운동을 생생하게 그리며 날카로운 주제 의식을 전하면서도, 현실적이고 생기 있는 캐릭터들과 유쾌한 에피소드들이 재미를 줍니다. 요즘 아이들의 정서와 입말을 생생하게 살려내 어린이 독자의 공감대를 살 수 있어요.

📖 함께 읽으면 좋은 책

비슷한 주제

○ 피자 선거 | 임지형 글, 이예숙 그림, 개암나무, 2016

○ 고구마 선거 | 임지형 글, 이예숙 그림, 개암나무, 2018

○ 투표, 종이 한 장의 힘 | 김성호 글, 나오미양 그림, 사계절, 2016

○ 어쩌다 부회장: 떠드는 아이들 1 | 송미경 글, 하재욱 그림, 위즈덤하우스, 2017

같은 작가

○ 소리 질러, 운동장 | 진형민 글, 이한솔 그림, 창비, 2015

○ 꼴뚜기 | 진형민 글, 조미자 그림, 창비, 2013

○ 쿵푸 아니고 똥푸 | 차영아 글, 한지선 그림, 문학동네, 2017

○ 어느 날 학교에서 왕기철이 | 백하나 글, 한지선 그림, 논장, 2016

문해력을 키우는 엄마의 질문

1. 인물 분석하기

이 책에 나오는 인물들의 성격을 묘사하는 단어를 골라 보고, 그렇게 생각한 근거는 무엇인지 써 보세요.

인물	성격	근거
안석진(안석뽕)	소심하다.	발표를 적극적으로 하지 못한다.
조지호(조조)	재치있다.	좋은 아이디어를 많이 냈다.
김을하(기무라)	상상력이 뛰어나다.	말도 안 되는 이야기를 한다.
백보리(백발마녀)	적극적이다.	시장을 지키려 한다.
고경태	똑똑하다.	시험을 중요하게 여긴다. 선거 운동을 잘한다.
방민규	비겁하다.	선물을 받으려고 회장 선거에 나왔다.
석진 어머니	신경질적이다.	잔소리를 많이 한다.
석진 아버지	성실하다.	묵묵하게 자기 일을 한다.

이렇게 활용해 보세요

이야기에서 여러 사건들을 엮어 내는 인물들의 언행을 통해 성격을 분석해 봅니다. 가장 적절한 형용사를 고르면 됩니다. 그리고 그렇게 생각한 이유를 함께 제시하는 과제예요.

대부분의 이야기책에서 'A라는 인물은 성격이 B하다'라고 말해 주지 않아요. 하지만 우리가 가깝게 지내는 이들의 성격을 파악하듯이, 책을 읽으면서 각 인물의 언행과 다른 인물과의 관계를 통해 성격을 유추할 수 있습니다.

2. 안 보이는 부분 보기

책에서 분명하게 드러나지 않은 내용도 독자는 '유추'를 통해 읽게 됩니다. 작가가 제시하지 않은 내용에 대한 '구멍(공란) 메우기'라고 해요. 다음 질문에 대해 자유롭게 대답해 보세요.

- 부반장 서영지에 대한 석진의 마음은 어떤가요?
- P마트 공사 현장에 가림막이 있었던 이유는 무엇일까요?
- 백보리가 P마트에 바퀴벌레를 풀고, 거봉 선생이 부적을 붙인 이유는 무엇일까요?
- P마트 화장실에서 울음을 터뜨린 백보리의 마음은 어땠을까요?
- 석진 누나는 부모님의 직업에 대해 어떻게 생각하나요?
- 방송 유세를 앞둔 목요일 새벽에 석진이가 꾼 꿈의 의미는 무엇일까요?
- 문덕초등학교의 2학기 회장 선거는 어떻게 될지 예측해 보세요.

이렇게 활용해 보세요

소설을 읽을 때 정말 중요한 부분입니다. 작가가 직접 말해 주지 않은 부분을 듣고, 바로 보여 주지 않는 부분을 들여다보는 능력을 키우는 거죠. 깊이 있게 이해하며 읽는 능력과 사고력을 키우는 독서를 위해서 좋은 질문들을 던져 주세요.

이런 질문은 부모님이 책을 읽다가 그때그때 찾아내야 해요. 책갈피만으로는 감당이 안 되니 접착식 메모지를 붙여 두거나 활동지 초안에 미리 정리해 두면 좋아요. '아이들이 이 부분을 놓치기 쉬웠겠다, 이런 행동(사건)의 원인이나 배경을 어떻게 이해하고 있을까?' 같은 생각이 들 때, 질문으로 연결하면 됩니다.

즉각적으로 답만 말하는 데 그치지 않고, 왜 그렇게 생각했는지까지 물어보는 게 좋습니다.

3. 단어 표현에 집중하기: 비속어

이 책에서 '비속어'를 찾아보세요. 비어와 속어를 뜻하는 비속어는 '점잖지 못하고 천한 말, 대상을 얕잡아 보고 경멸하는 태도로 하는 말'이에요. 보통 비속어를 사용하면 듣는 사람에게 불쾌감을 주게 되죠. 그런데도 이 동화에서 비속어가 사용된 이유는 무엇일까요?

- 내가 찾은 비속어

  겁나, 또라이, 뿔따구, 젠장, 쳐(웃다), 놈, 얼뜨기

- 동화에서 비속어를 사용한 이유

  어린이들이 보는 책이니 비속어가 쓰이면 안 될 것 같지만, 인물들의 대화가 현실적이려면 쓰이는 게 맞다고 생

각한다. 사투리와 마찬가지가 아닐까? 모두가 바른 말, 표준어만 쓰는 것은 이상하다.

> **이렇게 활용해 보세요**
>
>
> 이야기책의 줄거리와 이해에만 집중하지 않고 때로는 표현 자체에 집중해 이야기 나눌 수 있어요. 사실주의 동화로서 이 책은 또래 아이들의 생생한 일상을 담아내고 있습니다. 따라서 인물들이 쓰는 말도 지극히 현실적이지요. 이 기회에 비속어에 대해 이야기 나눠 보세요.

4. 비판적으로 사고하기

- 기호 3번 안석진의 공약 다섯 가지(62~63쪽)에 대해 비판해 보세요.

  이룰 수 없는 공약이다. 현실적이지 않기 때문이다. 선거에서 이기고 싶다고 아무 공약이나 내세워서는 안 된다. 그건 대책이 없는 것이고, 만약에 당선이 되더라도 지키지 못하게 되어 선거에 참여한 이들을 속이는 게 된다.

- 회장 선거 결과, 석진이는 2등을 합니다. 이 결과가 나의 예측과 어떤 차이가 있는지 써 보세요.

  그럴 줄 알았다. 현실적인 결과라고 생각한다. 책의 주인공이라고 해서 무조건 당선이 되고 해피엔딩으로 끝나는 것은 억지이다.

> **이렇게 활용해 보세요**
>
>
> 이 책은 회장 선거라는 테마를 둘러싸고 펼쳐지는 이야기입니다. 출마한 주인공의 공약과 선거 결과에 대한 내 생각을 솔직히 표현해 보는 질문이에요. 비판은 비난이 아님을 알고, 적절한 근거를 들어 비판하도록 합니다. 또 결과에 대한 내 예측과 이야기의 결말을 비교해 봅니다.

5. 참고 자료 읽고 입장 정리하기

재래시장에 가서 물건을 사 본 적이 있나요? 분위기나 구매 방식이 마트, 백화점과 어떻게 다른가요? 아래 내용은 최근 뉴스의 일부입니다. 재래시장을 보호하는 정책에 찬성하는지 반대하는지 원고지에 써 보세요.

이렇게 활용해 보세요

재래시장-대형마트 관련 기사를 편집해 가져 왔어요. 이 책의 내용과 연관이 되는 주제이니 기사를 읽어 보고 자신의 생각을 정리해 보면 좋을 것 같아서요. 4학년부터는 본격적으로 논픽션을 많이 읽어야 한다고 어떤 선생님이 그러시더군요. 저도 강하게 동의합니다.

다만 참고 자료를 읽는다고 해서 그 내용을 그대로 받아들여 따를 필요는 없지요. 본인의 생각을 정리하는 데 도움을 받으면 됩니다. 그리고 더 깊이 알고 싶다면 스스로 자료를 더 찾아보거나 친구들, 어른들과 이야기 나눠 보면 좋겠지요.

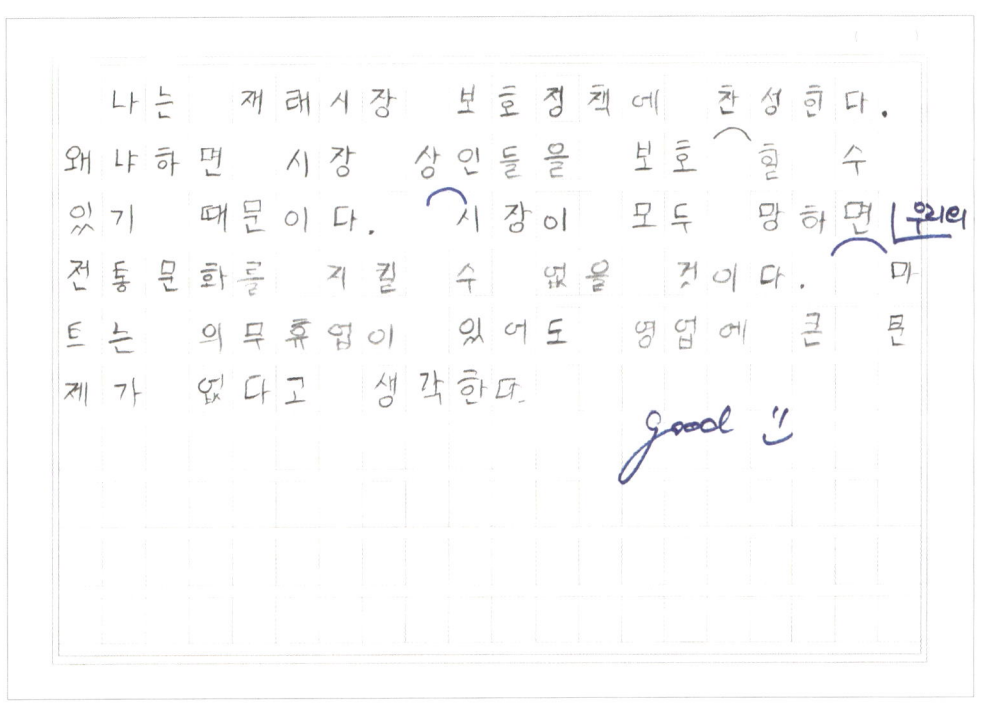

1. 인물 분석하기

이 책에 나오는 인물들의 성격을 묘사하는 단어를 골라 보고, 그렇게 생각한 근거는 무엇인지 써 보세요.

인물	성격	근거
안석진(안석뽕)		
조지호(조조)		
김을하(기무라)		
백보리(백발마녀)		
고경태		
방민규		
석진 어머니		
석진 아버지		

2. 안 보이는 부분 보기

책에서 분명하게 드러나지 않은 내용도 독자는 '유추'를 통해 읽게 됩니다. 작가가 제시하지 않은 내용에 대한 '구멍(공란) 메우기'라고 해요. 다음 질문에 대해 자유롭게 대답해 보세요.

- 부반장 서영지에 대한 석진의 마음은 어떤가요?
- P마트 공사 현장에 가림막이 있었던 이유는 무엇일까요?
- 백보리가 P마트에 바퀴벌레를 풀고, 거봉 선생이 부적을 붙인 이유는 무엇일까요?
- P마트 화장실에서 울음을 터뜨린 백보리의 마음은 어땠을까요?
- 석진 누나는 부모님의 직업에 대해 어떻게 생각하나요?
- 방송 유세를 앞둔 목요일 새벽에 석진이가 꾼 꿈의 의미는 무엇일까요?
- 문덕초등학교의 2학기 회장 선거는 어떻게 될지 예측해 보세요.

3. 단어 표현에 집중하기 비속어

이 책에서 '비속어'를 찾아보세요. 비어와 속어를 뜻하는 비속어는 '점잖지 못하고 천한 말, 대상을 얕잡아 보고 경멸하는 태도로 하는 말'이에요. 보통 비속어를 사용하면 듣는 사람에게 불쾌감을 주게 되죠. 그런데도 이 동화에서 비속어가 사용된 이유는 무엇일까요?

• 내가 찾은 비속어   • 동화에서 비속어를 사용한 이유

4. 비판적으로 사고하기

• 기호 3번 안석진의 공약 다섯 가지(62~63쪽)에 대해 비판해 보세요.

• 회장 선거 결과, 석진이는 2등을 합니다. 이 결과가 나의 예측과 어떤 차이가 있는지 써 보세요.

5. 참고 자료 읽고 입장 정리하기

재래시장에 가서 물건을 사 본 적이 있나요? 분위기나 구매 방식이 마트, 백화점과 어떻게 다른가요?
아래 내용은 최근 뉴스의 일부입니다. 재래시장을 보호하는 정책에 찬성하는지 반대하는지 원고지에 써 보세요.

**당이 골목상권 보호 및 활성화 대책을 내놓는다. 재래시장과 골목상권 보호를 위해 대형마트 등 대규모 점포의 골목상권 진출 규제를 강화하는 내용도 담긴 것으로 알려졌다. 현행 '유통산업발전법'은 대형마트의 격주 일요일 의무휴업, 전통시장 인근 출점 제한, 신규 출점 시 인근 중소상인과 상생협의 의무화 등 대형유통점을 규제하는 조항을 포함하고 있는데 이를 더 강화하는 방안을 검토키로 했다.

김승욱 기자
ⓒ연합뉴스(2017. 2. 16.)

지구촌의 불평등

원제: Atlas des inégalités, 2009년

#불평등(성차별, 인종차별)
#인권 문제

글 스테파니 르뒤·스테판 프라티니
그림 엘로디 발랑드라스·줄리앙 카스타니에
옮김 김이정
출간 2010년
펴낸 곳 그린북
갈래 비문학(사회, 문화, 시사)

이 책을 소개합니다

　세계의 모든 사람이 의식주의 불편 없이, 원하는 교육을 받으며, 걱정 없이 즐겁게 살 수 있다면 얼마나 좋을까요? 하지만 안타깝게도 현실은 우리가 꿈꾸는 이상과는 거리가 멉니다. 불평등은 나라 밖뿐 아니라 우리 주변에서도 일어나고 있지요.

　《지구촌의 불평등》은 선진국과 후진국, 성차별, 인종차별 등 지구상에 있는 수많은 '불평등'을 한 권에 담아낸 그림책입니다. 각기 다른 초점으로 그린 열한 개의 지구 평면 구형도가 널찍하게 펼쳐져 있어 한눈에 살펴보며 각 나라의 사례를 쉽게 이해할 수 있어요. 어려운 개념을 흐름에 따라 이해할 수 있도록 다양한 도표, 친근한 삽화와 풍부한 사진 자료를 실어 다소 딱딱하고 무거운 주제임에도 읽기에 무리가 없습니다.

이 책을 통해 가장 존중받고 보호되어야 할 어린이와 여성이 생존과 직결되는 불평등을 겪고 있다는 사실을 알 수 있어요. 또 나라가 잘산다는 의미, 물의 소중함, 바다가 유한한 자원임을 알게 됩니다. 사막을 푸르게 만들기 위한 노력, 가난한 사람들에게 돈을 빌려 주는 은행, 불을 밝혀 주는 단체 등등 불평등을 줄이기 위한 세계 곳곳의 노력을 보여 주어 아이들에게 희망을 줍니다.

 도서 선정 이유

이 책을 읽고 세계의 자원, 교육, 건강, 경제 상황 등 다양한 사회 문제에 대해 생각해 보게 되고, 불평등에 관한 시각이 넓어질 거예요. 동시에 나와 그리 멀지 않은 이웃의 삶도 들여다보고 함께 살아가기 위한 방법을 생각하게 됩니다. 즉, 더 평등한 세상을 위해 내가 할 수 있는 일이 무엇인지 찾아보게 되는 기회가 될 거예요. 지도, 도표 등 시각적 자료를 읽어 내는 방법에 익숙해지게 하는 그림책이에요.

함께 읽으면 좋은 책

비슷한 주제

- 닐과 순다리 | 미탈리 퍼킨스 글, 제이미 호건 그림, 김선희 옮김, 도토리숲, 2020
- 나는 불평등이 싫어! | 카트린 르뷔펠·소피 보르데-프티용 글, 로젠 브레카르 그림, 이희정 옮김, 이봉주 감수, 톡, 2015
- 차별 없는 세상을 연 넬슨 만델라 | 권태선 글, 흩날린 그림, 창비, 2015
- 함께 사는 세상 소중한 인권 | 신선웅 글, 주형근 그림, 뭉치, 2021(개정판)
- 평화를 지키는 아이들 | 아닉 드 지리 글, 브뤼노 필로르제 그림, 김윤진 옮김, 파란자전거, 2017
- 성 평등이 뭐예요? | 제랄딘 맹상 글, 하프밥 그림, 이정주 옮김, 개암나무, 2018
- 차별은 세상을 병들게 해요 | 오승현 글, 백두리 그림, 개암나무, 2018
- 사라, 버스를 타다 | 윌리엄 밀러 글, 존 워드 그림, 박찬석 옮김, 사계절, 2004
- 노경실 선생님의 지구촌 인권 동화(전 3권) | 노경실 글, 김윤경·이유나·문보경 그림, 담푸스, 2013~2015

같은 작가

- 물건은 어떻게 작동할까? | 스테판 프라티니 글, 콜린 시트론 그림, 이선민 옮김, 그린북, 2018
- 세고 재고 찾아보는 숫자 동물원 | 스테판 프라티니 글, 에두아르 망소 그림, 양혜진 옮김, 책읽는곰, 2020
- 알고 보면 쓸모 있는 엉뚱한 비교 100 | 스테판 프라티니 글, 뱅상 리프 그림, 최정수 옮김, 재미북스, 2019
- 알고 보면 쓸모 있는 엉뚱한 질문 100 | 스테판 프라티니 글, 로베르 그림, 이정주 옮김, 재미북스, 2019

문해력을 키우는 엄마의 질문

1. 정보 찾으며 읽기(스캐닝, scanning)

- 현재 인구와 2050년의 인구가 많은 대륙의 순서대로 써 보세요.

  현재: 아시아, 아프리카, 유럽, 남미, 북미, 오세아니아

  2050년: 아시아, 아프리카, 남미, 유럽, 북미, 오세아니아

- 12쪽의 세계지도는 '구매력'에 따라 나라의 크기를 다르게 표현했어요. 구매력이 높은 국가부터 순서대로 써 보세요.

  중국, 미국, 일본, 인도, 독일, 프랑스, 영국, 브라질, 이탈리아, 대한민국, 멕시코

- 13쪽의 세계지도를 보고 인간개발지수(HDI)가 높은 나라부터 순서대로 써 보세요.

  노르웨이, 일본, 프랑스, 미국, 브라질, 중국, 인도, 시에라리온

- 14쪽의 세계지도를 보고 알게 된 점과 느낀 점을 각각 한 문장씩 써 보세요.

  아시아와 아프리카에 영양실조에 걸린 사람들이 많다는 것을 알게 되었다. 우리가 사는 아시아도 그렇다는 점에 매우 놀랐다. 식량이 남는 나라에서 도와줘야 할 것 같다.

- 25쪽의 세계지도를 보고 알게 된 점과 느낀 점을 각각 한 문장씩 써 보세요.

  나라마다 에너지 사용량이 크게 다르다는 것을 알게 되었다. 전기를 아껴야 겠다.

이렇게 활용해 보세요

정보책의 경우에는 필요한 정보를 찾는 게 주목적일 때가 많아요. 책이 아닌 다른 자료에도 이러한 읽기가 적용되는데, 아주 쓸모 있는 기술이지요. 주사(scanning)를 하면서 찾는 정보를 빨리 파악해야 해요.

여기에서는 다양한 조건에 따라 여러 나라의 순위를 매기는 방식을 보여 줍니다. 세계지도를 활용해서요. 현재와 미래의 상황을 비교하거나 특정 조건에 따라 국가 간 비교를 하는 것이죠. 그래프나 표를 보고 정보를 정확하게 이해하고 추출하는 것도 정말 중요한 기술입니다.

그리고 이런 자료를 보고 알게 된 점, 느낀 점도 나누어 봅니다. 단순히 정보를 찾아내는 것보다 훨씬 더 의미 있는 행동이지요.

2. 자기 생각 말하기

- 16~17쪽에 나오는 인물 중 누가 가장 불쌍하다고 생각하나요? 그 이유를 말해 보세요.
- 29쪽 '누가 가장 많이 일하나요?'를 보면 한국 사람이 세계 최고로 일을 많이 한답니다. 그 이유는 무엇일까요? 어떻게 하면 일을 줄일 수 있을까요?
- 32~33쪽에는 변화하는 가족 구조에 대한 내용이 나옵니다. 가까운 미래에 우리나라의 가족은 어떻게 변화할까요?
- 39쪽에서는 세계화의 영향으로 각 나라의 개성이 사라지고 있다고 말해요. 우리가 사는 서울은 어떠한가요? 우리 고유의 모습과 세계적 도시들과 닮은 모습을 각각 말해 보세요.

이렇게 활용해 보세요

구체적인 정보가 나오는 쪽수를 명시했어요. 다시 한번 같이 훑어보면서 질문에 대한 각자의 생각을 편안하게 말해 보게 합니다. 부모님은 처음 이 책을 읽으면서 질문할 만한 내용이 보이면 바로 표시해 두면 좋겠습니다.

3. 대조하는 글쓰기

40쪽을 보고 민주 국가와 독재 국가의 특징을 비교해서 원고지에 써 보세요. 서로 대비되는 특징을 하나씩 비교하면 됩니다.

첫째, 둘째, 셋째와 같이 순서를 붙여 나가도 좋고, '그러나', '반면에', '이와 반대로' 등의 표현으로 두 문장의 내용을 대조적으로 쓰는 게 좋아요.

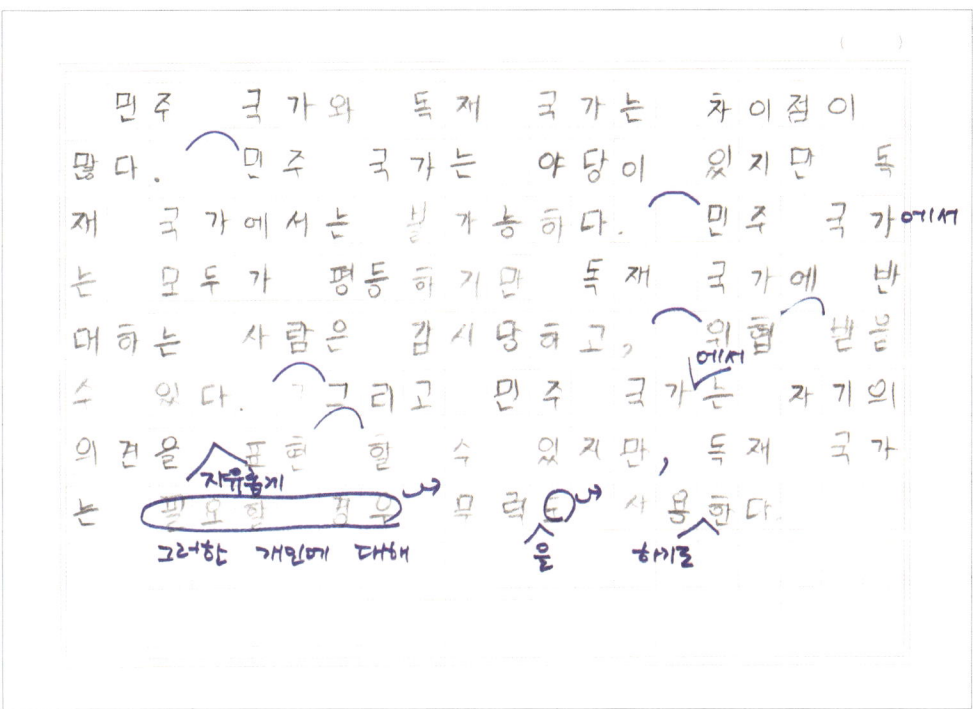

 이렇게 활용해 보세요

마지막 활동인 글쓰기를 위해 비교하는 형식의 문단 쓰기를 골랐어요. '대조'가 초점으로, 차이점을 명확하게 부각시키는 것이 좋습니다.

4학년 초반에는 아직 이런 형식적인 글쓰기에 익숙하지 않을 거예요. 문단을 자연스럽게 쓸 수 있도록 중심 문장을 먼저 쓰는 방법이나 적절한 연결어로 문장들을 이어나가는 방법을 알려 주세요.

WORK SHEET

1. 정보 찾으며 읽기 〔스캐닝〕

- 현재 인구와 2050년의 인구가 많은 대륙의 순서대로 써 보세요.

  현재:

  2050년:

- 12쪽의 세계지도는 '구매력'에 따라 나라의 크기를 다르게 표현했어요. 구매력이 높은 국가부터 순서대로 써 보세요.

- 13쪽의 세계지도를 보고 인간개발지수(HDI)가 높은 나라부터 순서대로 써 보세요.

- 14쪽의 세계지도를 보고 알게 된 점과 느낀 점을 각각 한 문장씩 써 보세요.

- 25쪽의 세계지도를 보고 알게 된 점과 느낀 점을 각각 한 문장씩 써 보세요.

2. 자기 생각 말하기

- 16~17쪽에 나오는 인물 중 누가 가장 불쌍하다고 생각하나요? 그 이유를 말해 보세요.
- 29쪽 '누가 가장 많이 일하나요?'를 보면 한국 사람이 세계 최고로 일을 많이 한답니다. 그 이유는 무엇일까요? 어떻게 하면 일을 줄일 수 있을까요?
- 32~33쪽에는 변화하는 가족 구조에 대한 내용이 나옵니다. 가까운 미래에 우리나라의 가족은 어떻게 변화할까요?
- 39쪽에서는 세계화의 영향으로 각 나라의 개성이 사라지고 있다고 말해요. 우리가 사는 서울은 어떠한가요? 우리 고유의 모습과 세계적 도시들과 닮은 모습을 각각 말해 보세요.

3. 대조하는 글쓰기

40쪽을 보고 민주 국가와 독재 국가의 특징을 비교해서 원고지에 써 보세요. 서로 대비되는 특징을 하나씩 비교하면 됩니다.

첫째, 둘째, 셋째와 같이 순서를 붙여 나가도 좋고, '그러나', '반면에', '이와 반대로' 등의 표현으로 두 문장의 내용을 대조적으로 쓰는 게 좋아요.

일수의 탄생

#성장 #자존감 #쓸모
#특별함 #가훈

글 유은실
그림 서현
출간 2013년
펴낸 곳 비룡소
갈래 한국문학(사실주의 동화)

이 책을 소개합니다

　자신의 가치(쓸모)를 찾아가는 일수의 성장담입니다.《일수의 탄생》은 한 인물이 태어날 때부터 30대 청년이 될 때까지를 다룸으로써 어린 시절의 모습만 그린 대부분의 동화와 차별화됩니다. 한국어린이도서상, IBBY(국제아동청소년협의회) 어너리스트 수상자인 유은실 작가가 12년 동안이나 쓰고, 덮어 두고, 고치기를 반복해서 탄생했다고 하네요.

　아빠의 길한 태몽에다 행운의 숫자 7이 두 개나 겹치는 날 태어난 아이에게 부모의 기대는 대단했어요. '일등'의 '일'과 '수재'의 수가 합쳐진 '일수'는 '1등하는 수재가 되라'는 뜻이 담긴 이름이지요. 하지만 일수는 너무나 평범한 아이였어요. 자기주장도, 존재감도 없는 아이는 자신이 무엇을 잘하는지, 무엇을 좋아하는지도 모르면서 학교를 졸업하고, 군대를 다녀오고, 어른이 됩니다. 그러나 '쓸모 있는 사람이 되자'가 좌우명인 일수는 동네 서예학원의 명필 원장님을 우연히 만나면서 자신의 쓸모에 대해 고민하기 시작하고 자신의 길을 찾아갑니다.

도서 선정 이유

전래 동화처럼 입말체로 되어 있고, 문장 곳곳에 해학, 풍자, 재치가 가득해 웃으며 술술 읽게 되는 책이에요. 하지만 30여 년에 걸친 성장담에 담긴 주제는 가볍지 않습니다. 현실감 넘치는 열린 결말도 이 책의 매력이에요.

사실 일수는 우리 모두를 대변하는 캐릭터예요. 삶의 여정 속에서 끊임없이 자신의 존재 이유를 고민한다는 철학적 메시지는 모든 세대에게 적용되는 메시지입니다. 남의 기대 속 내가 아니라 내가 되고 싶은 나를 찾아야 한다는 것이지요. 자신의 길을 잘 몰라 갈팡질팡하는 아이도, 너무 빨리 찾은 길로 갔다가 후회하는 아이도 실패한 게 아닙니다. 일수처럼 오래 걸리더라도 계속 찾아가야 하는 게 자신의 길이니까요. 부모의 지나친 기대가 아이의 자존감에 얼마나 안 좋은 영향을 끼칠 수 있는지 생각하게 해 주는 이야기로, 어른들에게도 추천합니다.

함께 읽으면 좋은 책

비슷한 주제

○ 3초 다이빙 | 정진호 글·그림, 위즈덤하우스, 2018
○ 쓸모가 없어졌다 | 윤미정 글, 조성흠 그림, 국민서관, 2020
○ 발자국 아이 | 이나영 글, 이갑규 그림, 위즈덤하우스, 2017
○ 내가 슈퍼 히어로라면? | 카트린느 라코스트 글, 이정주 옮김, 정문주 그림, 스푼북, 2016
○ 탈출! 아무거나 | 함영연 글, 현숙희 그림, 머스트비, 2018

같은 작가

○ 나의 린드그렌 선생님 | 유은실 글, 권사우 그림, 창비, 2013
○ 만국기 소년 | 유은실 글, 정성화 그림, 창비, 2007
○ 멀쩡한 이유정 | 유은실 글, 변영미 그림, 푸른숲주니어, 2008
○ 우리 집에 온 마고할미 | 유은실 글, 백대승 그림, 푸른숲주니어, 2015(개정판)
○ 눈물바다 | 서현 글·그림, 사계절, 2009
○ 커졌다! | 서현 글·그림, 사계절, 2012
○ 칠판에 딱 붙은 아이들 | 최은옥 글, 서현 그림, 비룡소, 2015

 **문해력을 키우는 엄마의 질문**

1. 인물 분석하기

- 일수는 어떤 아이인가요? 초등학생 일수의 특징을 한 가지씩 말해 보세요.
- 일수의 아버지와 어머니에 대해 생각해 봅시다. 부모님이 일수에 대해 가진 바람에 대해 어떻게 생각하나요? 부모님 캐릭터의 특징 중에서 마음에 들지 않는 점이 있다면 써 보세요.

  나는 일수의 어머니가 아들한테 바라는 점이 너무 많다고 생각한다. 건강하고 바르게 자라는 것 외에 너무 많이 바라는 건 좋지 않다고 본다.

이렇게 활용해 보세요

이야기책을 읽었으니 인물 이야기부터 해 볼까요? 주인공 일수가 가진 특징을 돌아가며 하나씩 말해 보면 금방 주요한 특징을 갖춘 인물로 드러날 거예요.

또한 자녀의 입장에서 일수의 부모님을 평가한다면 어떤 이야기가 나올까요? 아이들의 이야기에 귀 기울여 보세요.

2. 깊이 있게 생각하기

- 일수가 5학년 때 쓴 〈하면 된다〉와 이 책의 내용을 연결 지을 수 있나요? 노력하면 모든 일을 다 할 수 있을까요? 이 책이 보여 준 결과는 어떤가요?
- 동네 명필 아저씨는 일수에게 "너의 쓸모는 누가 정하느냐?"고 물었어요. 이 질문에 답할 수 있나요?
- 아래 표현이 기억나요? 밑줄 친 부분에 주의를 기울여 보세요. 이런 표현은 무슨 뜻을 담고 있을까요? 간략하게 글로 써 보세요.

  이런 역할은 자기 스스로 결정한 것이 아니라 국가, 사회, 가족이 정해 준 것이거나 저절로 그렇게 된 것이다. 자신이 좋아서 된 것이 없다. 아마 '수동적인' 인물을 나타내는 것 같다. 그래서 '더 많은 가능성과 자유가 있었다면 이들은 무엇이 되었을까? 어떤 모습으로 살고 있을까?'를 묻는 표현이라고 생각한다.

> 이렇게 활용해 보세요

깊이 있는 이해를 위해 책의 내용 중에서 다소 무게감이 있는 부분을 질문으로 연결했어요. 아이들은 질문에 대해 답을 쓰는 것보다는 말로 하는 것을 더 편하게 여겨요. 아무래도 부담이 덜한가 봐요. 책동아리에서는 친구들과 함께 하니 의견을 서로 나눌 수 있어 더 좋기도 하고요.

그럼에도 불구하고 제가 활동지를 만들 때 직접 쓰는 칸을 많이 제시하는 건 나눈 의견을 적어 두면 나중에도 볼 수 있는 데다 책동아리 모임이 문해 활동을 겸하는 시간이라고 생각해서랍니다. 아이들은 많이 읽고, 많이 쓰고, 많이 생각할 시간이 필요해요. 조금 더 깊이 있는 내용과 관련된 활동일 때는 쓰는 칸도 마련해 주세요.

3. 생각 넓혀 글쓰기

이 책에는 일수의 탄생부터 30대가 되었을 때까지의 이야기가 담겨 있어요. 동화치고는 독특한 전개입니다. 다음 두 질문을 이용해서 두 문단의 글을 원고지에 써 보세요.

- 지금까지 살아온 주인공의 삶이 더 행복할 수 있었을까요? 무엇이 문제였나요?
- 주인공이 앞으로 더 행복하게 살아가는 데 필요한 것은 무엇일까요?

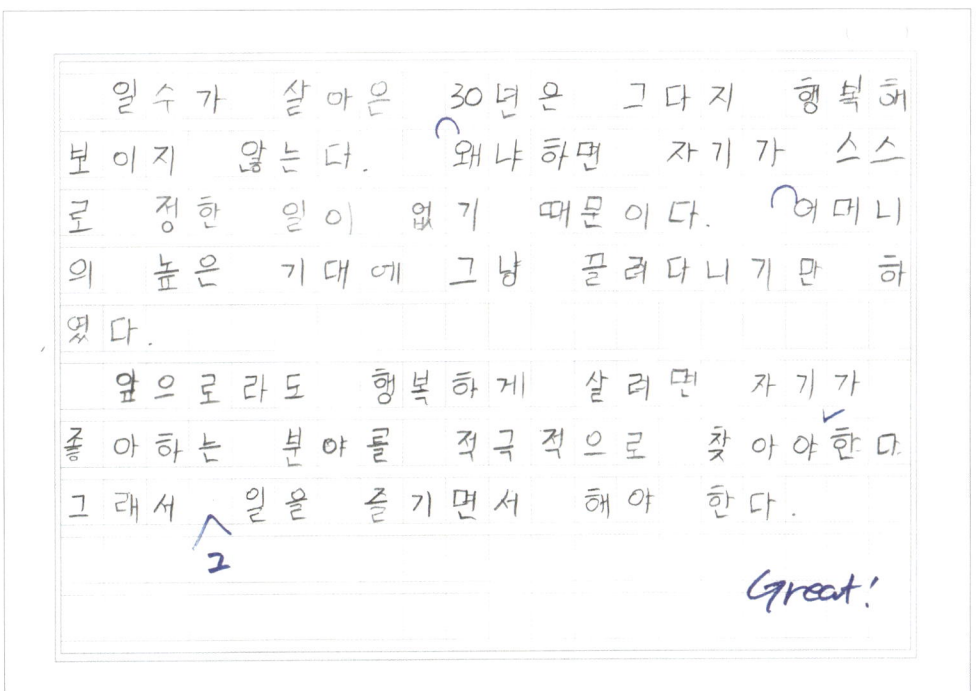

이렇게 활용해 보세요

일수(씨?)의 인생 이야기를 읽고 짧은 글을 써서 모임을 마무리합니다. 무엇을 써야 하는지는 지시 사항을 잘 읽고 이해하는 것부터 시작이에요. 논술 시험에서도 가장 중요한 부분이지요.

여기에서는 '주어진 질문을 이용해서 두 문단의 글을 쓰시오'가 포인트예요. 두 개의 질문에 대한 생각으로 각 문단을 구성하면 되겠지요.

논술 시험에서는 내용과 형식으로 나누어 평가를 하는데, 형식이 F면 내용이 좋아도 좋은 점수를 받을 수 없답니다. 그런데 놀랍게도 많은 학생들이 지시 사항을 잘 지키기 못하거나 형식에 어긋난 글을 써서 탈락을 하고 말아요. 4학년 학생들이 쓰는 아주 짧은 글이지만, 지금부터 형식을 갖추는 연습을 해 볼 필요가 있다고 생각해요.

1. 인물 분석하기

- 일수는 어떤 아이인가요? 초등학생 일수의 특징을 한 가지씩 말해 보세요.
- 일수의 아버지와 어머니에 대해 생각해 봅시다. 부모님이 일수에 대해 가진 바람에 대해 어떻게 생각하나요? 부모님 캐릭터의 특징 중에서 마음에 들지 않는 점이 있다면 써 보세요.

2. 깊이 있게 생각하기

- 일수가 5학년 때 쓴 〈하면 된다〉와 이 책의 내용을 연결 지을 수 있나요? 노력하면 모든 일을 다 할 수 있을까요? 이 책이 보여 준 결과는 어떤가요?

- 동네 명필 아저씨는 일수에게 "너의 쓸모는 누가 정하느냐?"고 물었어요. 이 질문에 답할 수 있나요?

- 아래 표현이 기억나나요? 밑줄 친 부분에 주의를 기울여 보세요. 이런 표현은 무슨 뜻을 담고 있을까요?

  – 국민, 시민, 예비군, 아들, 가훈업자, 일석반점 단골, 문구점 아저씨가 <u>아닌 일수 씨</u>
  – 국민, 시민, 예비군, 아들, 형, 요리사, 일석반점 주방장을 <u>뺀 일석 씨</u>

3. 생각 넓혀 글쓰기

이 책에는 일수의 탄생부터 30대가 되었을 때까지의 이야기가 담겨 있어요. 동화치고는 독특한 전개입니다. 다음 두 질문을 이용해서 두 문단의 글을 원고지에 써 보세요.

- 지금까지 살아온 주인공의 삶이 더 행복할 수 있었을까요? 무엇이 문제였나요?
- 주인공이 앞으로 더 행복하게 살아가는 데 필요한 것은 무엇일까요?

백번 읽어야 아는 바보

#노력 #성실 #독서 #책 #김득신

글 김흥식
그림 김수자
출간 2013년
펴낸 곳 파란자전거
갈래 한국문학(역사, 판타지 동화)

이 책을 소개합니다

　조선의 독서광 김득신의 어린 시절 일화에 판타지를 섞어 엮은 책이에요. 이 책은 여느 인물 이야기와 다르게 조선 시대의 책들이 주인공이에요. 김득신은 10세에 글을 깨우치고 20세에 첫 글을 짓고 59세에 과거에 급제한 늦깎이 독서 천재이자 최고의 시인으로 알려져 있어요.

　어린 득신은 열병을 앓은 뒤로 서당에서 쫓겨날 만큼 머리가 아둔해졌고, 득신의 방에 있는 책들은 책꽂이를 나가지 못해 좀이 쑤셨어요. 그러던 어느 날 득신이 책을 읽기 시작하자 한번 잡은 책을 백 번이고 천 번이고 읽어 나갔다죠.

　아버지 김치는 "자신을 갈고 닦아 세상에 이로운 인간이 되기 위해 공부하는 것이니 지금 못한다고 해서 그만두어서는 안 된다. 공부를 못하는 것이 죄가 아니라 안 하는 것이 죄다" "친구들이 열 번 읽으면 백 번 읽어라. 글이란 아무리 어려워도 또 읽으면 뜻이 통하기 마련이다"라고 아들을 다독이고 격려합니다. '독서백편의자현(讀書百遍義自見)'을 흥미롭게 풀어낸 설득력 있는 이야기이지요.

📖 도서 선정 이유

옛 고전들, 즉, 책이 의인화되어 이야기를 이끌어 나가는 독특한 형식의 책이에요. 이 책은 타고난 능력보다는 노력이 내 미래를 좌우한다는 메시지와 책 읽는 즐거움에 대해 말해 줍니다. 그러니 이 책을 읽는 것이 부모가 "책 좀 읽어라!"라고 하는 잔소리 백 번보다 훨씬 효과적일 거예요. 독서뿐 아니라 자신이 부족한 부분에 대해 스스로 한계를 짓지 말고, 포기하지 말라는 교훈이 담겨 있어요. 또한 아이의 성향 그대로를 인정하고 받아들이며 따뜻하게 격려하는 아버지의 모습은 부모들에게도 귀감이 됩니다.

📖 함께 읽으면 좋은 책

비슷한 주제

○ 기적을 불러온 타자기 | 윤혜숙 글, 장경혜 그림, 별숲, 2017
○ 어쨌든 무조건 반드시 꼭 하늘을 날 거야 | 강이비 글, 홍수진 그림, 책속물고기, 2018
○ 책 깎는 소년 | 장은영 글, 박지윤 그림, 파란자전거, 2018
○ 책, 즐겁게 읽는 법 | 박동석 글, 송은경 그림, 봄별, 2014(개정판)
○ 쓰담쓰담 사자성어 | 창의개발연구회 글, 42미디어콘텐츠, 2020

같은 작가

○ 아빠의 술친구 | 김홍식 글, 고정순 그림, 씨드북, 2019
○ 그렇게 나무가 자란다 | 김홍식 글, 고정순 그림, 씨드북, 2019
○ 인사동 가는 길 | 김이경 글, 김수자 그림, 파란자전거, 2005
○ 창덕궁 나들이 | 김이경 글, 김수자 그림, 파란자전거, 2007

문해력을 키우는 엄마의 질문

1. 작가-주인공-독자 연결하기

- '글쓴이의 말'과 이 책의 이야기에서 나온 중요한 책은 각각 무엇이었나요?

작가 김흥식이 초등학교 시절 갖게 되어 백 번 이상 읽은 책	득신이 홀로 공부를 시작한 후 가장 많이 읽은 책
여섯 권짜리 위인전 한 질	사기열전

- 지금까지 읽은 책 중, 내게 가장 의미 있었던 책은 무엇인가요? 어떤 점에서 그렇게 느끼나요?

이렇게 활용해 보세요

어릴 적 내게 소중했던 책에 대한 기억이 있으세요? 도서관에 책을 반납하기 아쉬워 외울 지경으로 읽고 또 읽으셨다는 제 시아버지 이야기가 생각나네요. 요즘 아이들에게는 기대하기 어려운 이야기지만, 내용상 의미가 깊어 첫 활동으로 제시해 보았어요. 본문 외에 글쓴이의 말에서 알 수 있었던 부분을 통해 책의 작가와 주인공의 연결고리를 찾아봅니다.

그리고 더 나아가 나에게 소중한 책에 대해서도 생각해 봅니다. 아이들에게는 아마도 책이 귀해 소중하다기보다는 인상적이고 재미있었던 책일 거예요. 보통 초등 저학년에서 고학년이 되려고 할 때 '와, 이 책은 정말 재미있다'라고 여겨지는 첫 책이 생기게 마련이지요. 이후의 독서 동기나 습관에도 영향을 미칠 뿐 아니라, 평생 기억에 남을 만한 책이니 책동아리 모임에서 친구들 앞에 펼쳐 봐도 좋을 것 같습니다.

2. 주석 이해하기: 한자와 한문

이 책의 각 장 끝에는 어려운 단어의 뜻을 풀어놓은 '주석'이 달려 있어요. 한자 구문의 뜻을 다시 한번 알아보고, 선으로 연결해 보세요.

설왕설래 (說往說來)	막힘없이 단숨에 글을 쓰는 모양.
천우신조 (天佑神助)	사람은 자신이 해야 할 일에 최선을 다하고 결과는 하늘에 맡긴다.
일필휘지 (一筆揮之)	책을 백 번 읽으면 그 뜻을 스스로 알게 된다.
독서백편의자현 (讀書百遍義自見)	하늘이 돕고 신이 도왔다는 뜻으로 어려운 상황을 간신히 벗어남을 이름.
진인사대천명 (盡人事待天命)	이런저런 말들이 많이 오고 감.

이렇게 활용해 보세요

교과 과정에서 한자를 배우지 않는 초등학생들은 책에 한자가 등장하면 어렵고 딱딱하다고 생각할 거예요. 하지만 우리말의 절반 이상은 한자어로 이루어져 있고, 문화적으로 한자/한문은 우리 생활에 깊숙이 들어와 있지요. 뜻글자인 한자는 개별 글자의 뜻을 알면 오히려 의미 파악이 쉬운 장점이 있어요.

이 책에 소개된 사자성어나 한자 구문은 자주 쓰이고 쉬운 편이에요. 책에서 주석이라는 형식을 통해서 추가적으로 설명하고 있으니 그런 형식에도 익숙해질 겸, 다시 한번 읽어 봅니다. '讀書百遍義自見(독서백편의자현)'은 이 책의 주제와 직결되는 표현이기도 하지요.

3. 시점 이해하기

- 이 책의 시점은 무엇인가요?

  1인칭 관찰자 시점

- 글쓴이가 이러한 시점을 선택한 이유는 무엇일지 이야기 나누어 봅시다.

이렇게 활용해 보세요

픽션을 읽을 때 다양한 시점이 재미를 주지만, 줄거리 위주로 급히 따라 가다 보면 어떤 차이가 있는 시점 설정인지 눈치 채지 못하기도 쉬워요. 그래서 이야기책을 읽었을 때 가끔씩 한번 짚어볼 필요가 있어요. 시점 설정이 이야기 전개나 책의 분위기와 잘 연결되었을 때 특히요.

이 책을 이끌어 가는 화자는 《사기》라는 책입니다. 아이들이 잘 파악하고 있는지 물어봐 주세요. 주인공을 이 책이라고 볼 수도 있지만, '백번 읽어야 아는 바보'는 득신이라는 인물이지요? 의인화된 책이 바라보는 인물의 이야기라는 흥미로운 장치와 그 역할에 대해 이야기 나누어 보세요.

4. 흥미로운 포인트 찾기

이 책에서는 조선 시대와 2015년의 책들이 의인화되어 이야기가 전개되지요. 이 때문에 가장 흥미롭게 여겨진 장면은 무엇인가요?

> 사기열전이 수면향을 내뿜는 장면이 재미있었다. 따분하거나 어려운 책을 읽으면 졸리는 이유가 수면향 때문일지도 모르겠다.

이렇게 활용해 보세요

이 책은 역사책이나 전기 같기도 하고 판타지 동화 같기도 해요. 의인화가 쓰여 '환상성이 낮은' 판타지에 해당하지요. 책들의 의인화가 일어난 장면 중 각자에게 가장 흥미로웠던 부분을 뽑아 봅니다.

5. 감상 나누기

김득신이 남긴 편지(158~160쪽)에 대한 감상을 적어 봅시다.
- 어떤 부분이 감동적인가요?
- 그의 인생에 대해 어떻게 생각하나요?

> 아버지가 득신이를 위로하고 믿어 주는 장면이 감동적이었다. 책을 읽기가 쉽지 않았을 텐데 포기하지 않았던 점이 대단하다고 느꼈다.

이렇게 활용해 보세요

편지 형식의 텍스트를 읽은 감상을 나눠 봅니다. 본문을 통해 김득신의 인생 이야기를 읽었으니 편지에만 국한된 감상은 아니겠지만요. 이 활동에서처럼 간단한 질문 몇 개를 추가해 주면 감상을 말하기 쉬워져요.

6. 초점 맞춘 글쓰기

'사대주의'는 '주체성 없이 세력이 강한 나라나 사람을 받들고 섬기는 일'을 뜻해요. 아래의 질문들에 대한 답으로 두 문단의 글을 원고지에 써 보세요.

- 이 이야기의 시대적 배경인 조선 시대에는 중국의 영향력이 어떠했나요? 그렇게 생각하게 된 구체적인 이유는 무엇인가요?
- 요즘 볼 수 있는 사대주의의 예를 들어 보세요. 이에 대한 나의 생각은 어떠한가요?

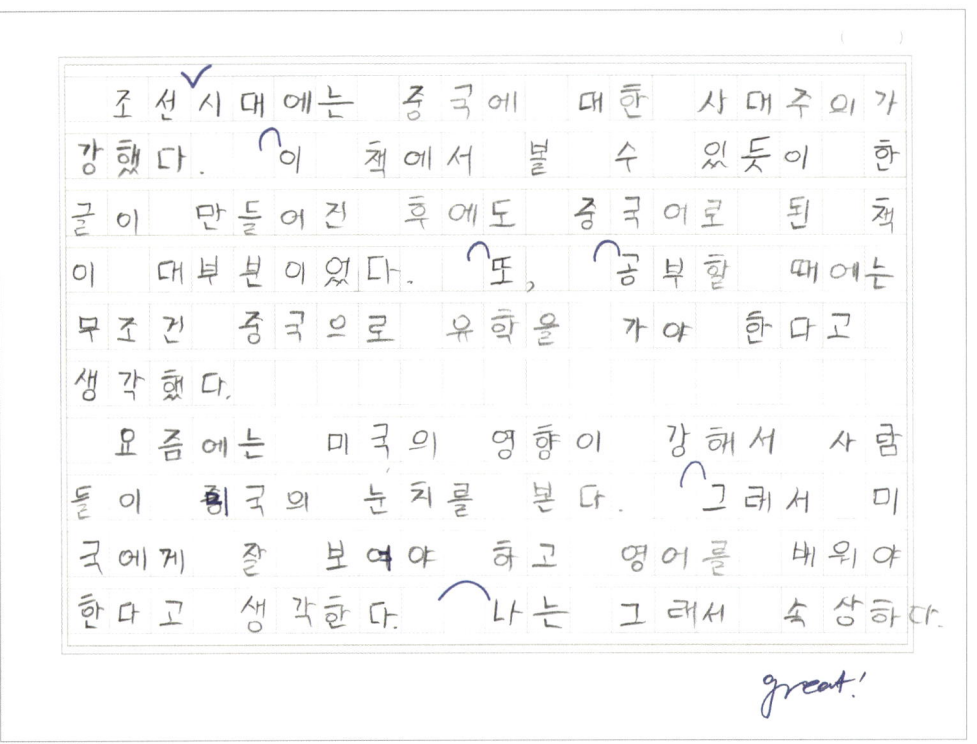

이렇게 활용해 보세요

이번에도 두 개의 질문을 이용해 두 문단의 글을 써 보기로 해요. 초등생이 200자 원고지 한 장을 채우기 적절한 양이 된답니다.

원고지 사용을 시작한 지 얼마 안 되었으니 띄어쓰기 등 원고지 사용법에 대해서는 천천히 길들게 해 주세요. 원고지 쓰는 법을 다룬 초등학생용 참고 도서를 이용해 한번 지도해 주면 좋아요.

이 책에서 뽑아낼 수 있는 주제 중에 '사대주의'가 있어요. 조선 시대와 오늘날의 상황을 비교할 수 있는 주제이기도 하고요.

1. 작가-주인공-독자 연결하기

- '글쓴이의 말'과 이 책의 이야기에서 나온 중요한 책은 각각 무엇이었나요?

작가 김흥식이 초등학교 시절 갖게 되어 백 번 이상 읽은 책	득신이 홀로 공부를 시작한 후 가장 많이 읽은 책

- 지금까지 읽은 책 중, 내게 가장 의미 있었던 책은 무엇인가요? 어떤 점에서 그렇게 느끼나요?

2. 주석 이해하기 한자와 한문

이 책의 각 장 끝에는 어려운 단어의 뜻을 풀어 놓은 '주석'이 달려 있어요. 한자 구문의 뜻을 다시 한번 알아보고, 선으로 연결해 보세요.

설왕설래
(說往說來)   •   • 막힘없이 단숨에 글을 쓰는 모양.

천우신조
(天佑神助)   •   • 사람은 자신이 해야 할 일에 최선을 다하고 결과는 하늘에 맡긴다.

일필휘지
(一筆揮之)   •   • 책을 백 번 읽으면 그 뜻을 스스로 알게 된다.

독서백편의자현
(讀書百遍義自見)   •   • 하늘이 돕고 신이 도왔다는 뜻으로 어려운 상황을 간신히 벗어남을 이름.

진인사대천명
(盡人事待天命)   •   • 이런저런 말들이 많이 오고 감.

WORK SHEET

3. 시점 이해하기

이 책의 시점은 무엇인가요?

글쓴이가 이러한 시점을 선택한 장점은 무엇일지 이야기 나누어 봅시다.

4. 흥미로운 포인트 찾기

이 책에서는 조선 시대와 2015년의 책들이 의인화되어 이야기가 전개되지요. 이 때문에 가장 흥미롭게 여겨진 장면은 무엇인가요?

5. 감상 나누기

김득신이 남긴 편지(158~160쪽)에 대한 감상을 적어 봅시다.

어떤 부분이 감동적인가요?

그의 인생에 대해 어떻게 생각하나요?

6. 초점 맞춘 글쓰기

'사대주의'는 '주체성 없이 세력이 강한 나라나 사람을 받들고 섬기는 일'을 뜻해요. 아래의 질문들에 대한 답으로 두 문단의 글을 원고지에 써 보세요.

- 이 이야기의 시대적 배경인 조선 시대에는 중국의 영향력이 어떠했나요? 그렇게 생각하게 된 구체적인 이유는 무엇인가요?
- 요즘 볼 수 있는 사대주의의 예를 들어 보세요. 이에 대한 나의 생각은 어떠한가요?

어린이를 위한 우동 한 그릇

원제: 一杯のかけそば, 1988년

#가난 #가족 #배려 #우정 #감사

원작 구리 료헤이 · 다케모도 고노스케
옮김 최영혁
그림 이가혜
출간 2015년
펴낸 곳 청조사
갈래 외국문학(사실주의 동화)

이 책을 소개합니다

　이 책은 오랫동안 감동과 웃음을 선물하며 독자들에게 사랑을 받아온《우동 한 그릇》의 어린이 버전이에요. 〈우동 한 그릇〉, 〈산타클로스〉, 〈마지막 손님〉 세 작품이 옴니버스식으로 구성되어 있어요. 표제작 〈우동 한 그릇〉은 삿포로에 있는 북해정이라는 우동집을 배경으로 연말마다 우동을 먹으러 오는 가난한 세 모자와 우동집 주인 부부가 펼치는 감동적인 이야기입니다. 〈산타클로스〉는 급성 골수성 백혈병으로 병원에 입원해 있는 소년 겐보오와 폐렴으로 입원한 료헤이 씨와의 우정을 보여 주고요. 〈마지막 손님〉은 춘추암이라는 과자점에서 종업원으로 일하고 있는 열아홉 살 소녀 게이코의 착한 마음을 느낄 수 있는 이야기예요. 가슴 뭉클한 감동을 주는 세 이야기의 주인공들은 물질적으로 넉넉하지 않지만 모두 진심으로 가득한 마음 부자들입니다.

📖 도서 선정 이유

요즘 많은 아이들의 장래희망이 씁쓸하게도 '영 앤 리치(Young & Rich)'라지요. 우리는 물질만능주의에 빠지기 쉬운 위험 속에서 살고 있습니다. 이 책은 원작의 감동이 어린이들의 감성에 맞게 그대로 대물림되었어요. 짧은 이야기들 속에서 작가가 전달하고자 하는 주제 의식을 느낄 수 있어요. '물질적 부보다 마음이 부자여야 진정한 부자'라는 교훈을 독자 스스로 찾아내게 해 줍니다. 가족 간의 이해와 사랑, 상처 주지 않고 도움을 주는 이웃, 아픔을 이겨낸 형제, 진심으로 손님을 대하는 상인의 모습을 통해 희망을 보게 됩니다.

📖 함께 읽으면 좋은 책

비슷한 주제

○ 어린이를 위한 배려 | 한상복 원작, 전지은 글, 김성신 그림, 위즈덤하우스, 2006
○ 두부를 훔친 소년 | 윤후명 글, 윤영진 그림, 노루궁뎅이, 2018
○ 수상한 편의점 | 박현숙 글, 장서영 그림, 북멘토, 2018
○ 눈이 내리는 여름 | 권정생 글, 이기영 엮음, 이소영 그림, 단비, 2017
○ 손으로 보는 아이, 카밀 | 토마시 마우코프스키 글, 요안나 루시넥 그림, 최성은 옮김, 소원나무, 2018
○ 우리 가족 최고의 식사 | 신디위 마고나 글, 패디 보우마 그림, 이해인 옮김, 샘터, 2008
○ 진짜 거짓말 | 임지형 글, 박영란 그림, 고래가슴쉬는도서관, 2017
○ 강재의 비밀 | 최은영 글, 최윤영 그림, 어린이나무생각, 2015
○ 숫자 없는 아파트 | 김희숙 글, 공공이 그림, 가문비어린이, 2018

문해력을 키우는 엄마의 질문

1. 비평 연습하기

첫 번째 이야기 〈우동 한 그릇〉에서 감동을 느꼈던 부분과 마음에 들지 않았던 내용은 각각 무엇이었나요?

이 부분은 감동적	이 부분은 이상해
가족들이 돈이 없을 때 똘똘 뭉쳐서 열심히 일하고 결국 빚을 다 갚은 것	마지막 장면에서 큰아들이 가족의 이야기를 길게 늘어놓는 것이 진짜 같지 않아서 어색하다.

이렇게 활용해 보세요

아무리 어려도 책을 읽으면서 스스로의 감상이 있겠지요. 유아들에게 그림책을 읽어 줄 때도 그런 부분을 무시하거나 어른의 감상만 전달하려 하면 안 된다고 생각해요. 클수록 비평의 기술도 늘어날 텐데 아무리 좋은 작품도 독자의 마음에 안 드는 부분이 있을 수 있습니다. 읽으면서 좋았던 부분, 아쉬웠던 부분을 친구들과 공유하면서 점점 더 성숙한 독자가 되어 갑니다.

2. 인물에 대한 사실과 의견 구별하기

두 번째 이야기 〈산타클로스〉의 주인공 겐보오는 어떤 아이인지 사실과 내 생각으로 나누어 써 보세요.

사실: 백혈병에 걸렸다. 일곱 살이다.

내 생각: 예절 바르고 남을 배려하며 긍정적이다.

이렇게 활용해 보세요

등장인물이 어떤 사람인지 묘사할 때, 책에 명확하게 제시된 사실과 은연중에 드러나 독자가 받아들이게 되거나 유추할 수 있는 정보를 사용할 수 있어요. 사실은 주로 인물의 지위(성별, 나이, 직업, 사는 곳 등)나 관계(가족, 친구 등)처럼 눈에 드러나며 객관적으로 소개되는 반면, 명확하게 언어화되지 않는 부분은 인물의 성격적 측면에 해당하지요.

이 두 가지를 구분해서 주인공을 묘사해 보면 인물의 특징에 입체적으로 접근할 수 있습니다.

3. 추론 통해 깊이 있게 이해하기

세 번째 이야기 '마지막 손님'에서 게이코는 왜 자신의 선행을 스스로 말하지 않았을까요?

> 이렇게 활용해 보세요

　　책을 읽고 이해한다는 것은 드러난 줄거리만 간략하게 파악하는 것에서 더 나아가야 해요. 행간을 읽어 내고, 숨어 있는 전후 상황까지 추론할 수 있어야 진짜 독서를 하는 거죠. 작가가 문장으로 말해 주지 않은 부분을 독자가 말할 수 있는 것, 그 능력을 키우는 데 책동아리에서 함께 읽고 이야기 나누는 것이 큰 도움이 됩니다.

4. 단편 아우르는 감상문 쓰기

세 편의 이야기가 담긴 이 책에는 '가난'이라는 공통적 주제가 드러납니다. 아래 질문에 대해 깊이 생각해 보고 세 문단의 글을 원고지에 써 봅시다.

- 내가 생각하는 가난이란 무엇인가요?
- 〈우동 한 그릇〉의 세 모자, 〈산타클로스〉의 겐보오, 〈마지막 손님〉의 게이코에게서 공통적으로 나타나는 특징은 무엇인가요?
- 작가 구리 료헤이가 가난을 바라보는 관점은 어떠한가요?

> 이렇게 활용해 보세요

　　이 책은 공통의 주제로 연결될 수 있는 세 편의 단편 소설로 이루어져 있어요. 그 주제까지 아이들이 먼저 생각해낼 수 있으면 최선이겠지만, 쉽지는 않을 것 같았어요.

　　'가난'이라는 공통 주제를 제시하고, 세 편의 이야기를 아우르는 감상문을 써 보기로 했습니다. 도움을 주기 위해 역시 질문이 필수겠죠. 4학년생이 완성할 수 있는 짧은 글이 되겠지만, 그 안에서 서론, 본론, 결론의 역할을 하는 문단들로 채워지기를 바랐어요. 그래서 각각에 대한 내용을 뽑아낼 수 있는 질문 세 가지를 던졌습니다.

내가 생각하는 가난은 살아가는 것이 힘든 것이다. 왜냐하면 돈이 없으면 의식주를 해결하지 못한다. 또한 자기가 배우고 싶은 것을 배우지 못한다.
　　세 편에 나오는 인물들은 어려운 상황에서도 긍정적이고 성실히 일한다. 또한 이들은 가난하지만 당당하고 다른 사람들까지 배려한다.
　　이 글의 작가가 가난을 바라보는 관점은 가난이 힘들기만 하지는(지 않은) 많다는 것이다. 왜냐하면 주인공들처럼 꿈과 용기를 가지고 있으면(노력하면) 가난을 극복할 수 있기 때문이다.

great!

1. 비평 연습하기

첫 번째 이야기 〈우동 한 그릇〉에서 감동을 느꼈던 부분과 마음에 들지 않았던 내용은 각각 무엇이었나요?

이 부분은 감동적	이 부분은 이상해

2. 인물에 대한 사실과 의견 구별하기

두 번째 이야기 〈산타클로스〉의 주인공 겐보오는 어떤 아이인지 사실과 내 생각으로 나누어 써 보세요.

- 사실:

- 내 생각:

3. 추론 통해 깊이 있게 이해하기

세 번째 이야기 '마지막 손님'에서 게이코는 왜 자신의 선행을 스스로 말하지 않았을까요?

4. 단편 아우르는 감상문 쓰기

세 편의 이야기가 담긴 이 책에는 '가난'이라는 공통적 주제가 드러납니다. 아래 질문에 대해 깊이 생각해 보고 세 문단의 글을 원고지에 써 봅시다.

- 내가 생각하는 가난이란 무엇인가요?
- 〈우동 한 그릇〉의 세 모자, 〈산타클로스〉의 겐보오, 〈마지막 손님〉의 게이코에게서 공통적으로 나타나는 특징은 무엇인가요?
- 작가 구리 료헤이가 가난을 바라보는 관점은 어떠한가요?

부와 가난은 어떻게 만들어지나요?

원제: Pourquoi les riches sont-ils de plus en plus riches et les pauvres de plus en plus pauvres?, 2014년

#경제 #분배 #평등 #빈부 격차

글 모니크 팽송-샤를로·미셸 팽송
그림 에티엔 레크로아트
옮김 목수정
출간 2015년
펴낸 곳 레디앙어린이
갈래 비문학(사회, 경제)

이 책을 소개합니다

　빈곤과 불평등의 문제, 전 세계 슈퍼 부자들의 행태를 연구해 온 사회학자 노부부가 빈부 격차 심화 현상을 분석하여 어린이들을 위해 쓴 책이에요. 가난한 자들과 부자들 사이에 점점 더 커지는 사회적 불평등의 문제를 20개의 질문과 답변으로 제시합니다. 가난한 사람과 부자가 생기는 이유는 무엇인지, 부자와 가난한 사람들 간에는 투쟁이 불가피한 것인지, 부자들의 부의 원천이 무엇이며 어떻게 슈퍼 부자가 될 수 있는지 등 다소 어려운 경제 개념들을 알기 쉽게 설명해 줍니다. 옮긴이가 우리나라의 예를 주석으로 친절하게 달아 주어 이해하는 데 도움이 됩니다. 우리가 정의롭고 평등한 세상을 위해 어떻게 살아야 할지 진지한 고민을 던져 주는 책입니다.

📖 도서 선정 이유

이 책을 번역한 목수정 번역가는 열한 살 딸이 프랑스에서 이 책을 읽고 부자와 가난한 사람들이 어떻게 생겨나는지, 돈을 둘러싼 세상의 구조가 어떤 건지를 단박에 파악하는 걸 보고 우리나라 어린이들을 위해 번역을 했다고 합니다. 경제에 관심이 많은 아동뿐 아니라, 점차 사회에 관심을 기울여야 할 모든 아이들에게 도움이 될 책입니다. 글이 많지 않지만 세상의 경제적 구조에 대해 고민을 하게 해 주기 때문에 부모와 함께 읽기 좋습니다. 아이들이 평등하고 공정한 사회에 관심을 갖게 하고, 사회 전체를 통찰하는 시선을 키우며 균형 잡힌 사고를 하는 데 도움이 될 거예요.

📖 함께 읽으면 좋은 책

비슷한 주제

○ 묻고 답하면서 배우는 정의 수업 | 김숙분 글, 이우일 그림, 가문비어린이, 2020
○ 세계의 빈곤, 게을러서 가난한 게 아니야! | 김현주 글, 권송이 그림, 사계절, 2016
○ 좋은 돈, 나쁜 돈, 이상한 돈 | 권재원 글·그림, 창비, 2015
○ 뉴턴의 돈 교실: 돈은 어떻게 벌고, 어떻게 써야 할까? | 이향안 글, 윤지회 그림, 시공주니어, 2017

같은 번역가

○ 아삭아삭 문화학교 | 목수정 글, 설찌 그림, 배성호 감수, 동녘주니어, 2019

 **문해력을 키우는 엄마의 질문**

1. 시어 이해하여 주제와 연결시키기

`9쪽` 로베르 데스노스의 시 〈펠리컨〉에서 '펠리컨'과 '오믈렛'은 각각 무엇을 상징하나요? 시인은 왜 이런 표현을 썼을지 의견을 나누어 봅시다.

펠리컨	오믈렛
부의 축적으로 인한 불평등의 계속	불평등의 고리를 끊어버리는 것

이렇게 활용해 보세요

 시어로 함축적인 표현이 쓰였을 때 (특히 초등학생들이) 그 의미를 이해하기는 쉽지 않아요. 부와 가난에 대해 '돈이 많다, 적다'와 같이 구체적으로만 알고 있었을 아이들이 다소 추상적인 수준으로 주제에 접근할 수 있도록 시가 쓰였어요. 외국어로 된 시가 우리말로 번역되어 좀 딱딱하긴 해도 첫 활동으로 기억에 남을 만할 거예요. 확장을 위해서 '부'와 '가난'이라는 말을 들으면 생각나는 게 무엇인지 연상을 통한 다른 시어 만들기를 해 볼 수 있어요.

2. 도식 통한 사회 구조의 이해: 내 생각으로 연결하기

`15쪽` 사회 계급을 나타내는 피라미드 구조를 보세요. 서민 계급, 중산 계급, 상류 계급, 지배 계급(슈퍼 부자)의 네 계급 중에서 내가 어른이 되었을 때 속하고 싶은 순서대로 나열하고 그 이유를 써 보세요.

이렇게 활용해 보세요

 표와 그래프, 그림 등의 부가적인 텍스트를 이해하는 능력은 글을 읽고 이해하는 것 못지않게 중요한 기술입니다. 여기에서는 피라미드 구조를 보고 의미를 이해해야 해요.

사회·경제적 지위를 나타내는 네 지위 중 본인이 속하고 싶은 순서를 정하라 하면 아이들이 당연히 높은 순서부터 낮은 순서로 원하지 않을까 했는데 그렇지 않더라고요. 원하는 이유도 다양하고요. '상류 계급-원하는 교육을 다 받을 수 있어서, 중산 계급-생활에 어려움 없이 무난하게 살 수

있어서, 서민-늘 열심히 살 수 있어서' 등과 같은 답변이 있었고, 놀랍게도 슈퍼 부자는 의외로 인기가 없었어요.

3. 도식 활용해 내용 요약하기

20~21쪽 슈퍼 부자들의 부는 무엇으로 이루어지나요? 다음 도식을 채우고 그 의미가 무엇인지 이야기해 봅시다.

이렇게 활용해 보세요

이번에는 거꾸로, 제시된 도식 안에 글의 내용을 요약해 넣는 활동이에요. 들어가야 할 내용의 양에 따라 도식의 모양과 크기를 조정해서 활동지에 넣으면 된답니다. 이렇게 도식을 만들 때는 파워포인트 프로그램을 이용하거나 손으로 직접 그려도 괜찮아요.

여기에서는 다섯 칸에 각각 돈, 상징적 부, 사회적 관계, 문화, 권력이 들어가면 됩니다. 추상적인 개념들이니 각 요소의 의미에 대해 충분히 이야기 나눌 필요가 있어요.

4. 내용 찾고 비판하기

책에서 부자가 더 큰 부자가 되는 방법으로 소개된 내용을 찾아보세요. 이에 대한 내 생각은 어떤지 써 보세요.

방법	내 생각
건물을 사서 빌려 주고 임대료를 받는 것	너무 편하게 돈을 버는 것 같다. 땅값을 과하게 올리게 될 수 있다. 임대료가 비싸서 서민들이 고생을 하게 된다.
가진 돈과 정보력으로 투기(땅, 금, 주식 등)를 하는 것	투자와 투기는 다른데, 투기는 남에게 피해를 줄 수도 있고, 거꾸로 큰 손해를 보고 망할 수도 있다. 돈이 전부이고 가장 중요하다고 생각하는 사람들이 투기를 한다.

이렇게 활용해 보세요

기존 부자들의 부 축적 방법으로 소개된 방법들을 찾는 과제예요. 책을 읽었으니 기억 속에 어느 정도 내용이 남아 있을 것이고, 책장을 휘리릭 넘기며 금방 찾아낼 수 있을 거예요. 이런 식으로 구체적인 내용 찾기 과제를 낼 수 있어요.

그리고 나서 내용에 대해 어떻게 생각하는지까지 나아간다면 더 의미 있는 활동이 되겠지요. 찬반양론이 가능한 내용이라면 토론을 할 수 있어서 더 재미있겠네요.

5. 낯선 개념의 정의 내려 이해하기

34~35쪽 세금 구멍과 세금 천국이 각각 무엇을 말하는지 정리해 보세요.

세금 구멍	세금 천국
부자들이 가난한 사람들보다도 더 적은 세금을 내려고 요리조리 빠져나갈 구멍을 만드는 것	고객의 신분과 같은 비밀을 보장해 주고 돈을 맡아 주는 곳. 세금은 아주 적게 물리거나 전혀 물리지 않는 나라. 즉, 불법으로 재산을 빼돌려 세금을 안 내는 것

이렇게 활용해 보세요

아마 이 책을 통해 처음 접했을 개념을 정의 내리는 게 쉽지는 않겠지요? 연관된 두 개의 개념 '세금 구멍'과 '세금 천국'의 뜻을 본인이 이해한 대로(책에 쓰인 표현을 적절하게 이용해도 괜찮아요) 풀어 봅니다.

이렇게 한번 적어 보면 더 확실히 이해하게 될 거예요. 다른 사람에게 설명까지 할 수 있어야 제대로 이해한 것이라죠.

6. 제목에 맞는 글쓰기

이 책을 읽고 부와 가난에 대해서 많은 것을 새로 알았지요? 아래 질문들에 대해 생각해 보면서 〈부와 가난, 그리고 불평등〉이라는 제목으로 원고지에 글을 지어 봅시다.

- 부, 가난과 관련된 불평등 중에서 어떤 내용이 가장 기억에 남나요?
- 프랑스와 대한민국의 경제적 불평등은 각각 어떠한가요?
- 더 좋은 사회, 많은 사람이 행복한 사회가 되려면 어떤 변화를 만들어야 할까요?

> **이렇게 활용해 보세요**

이 책을 읽고 알게 된 것을 중심으로 마무리 글을 써 봅니다. 질문에 대한 대답을 생각해서 글을 조직해요. 그러면서 제목을 생각할 수도 있지만, 오늘은 미리 제목을 정해 주었어요. 그렇다면 이 제목에 잘 맞는 내용만으로 유기적인 연결을 해야겠지요. 주어진 질문을 모두 활용하지 않아도 괜찮습니다.

제목이 주어졌으니 원고지 둘째 줄에 좌우 간격을 헤아려 써 보도록 지도해 주세요(예시에서는 빠졌네요).

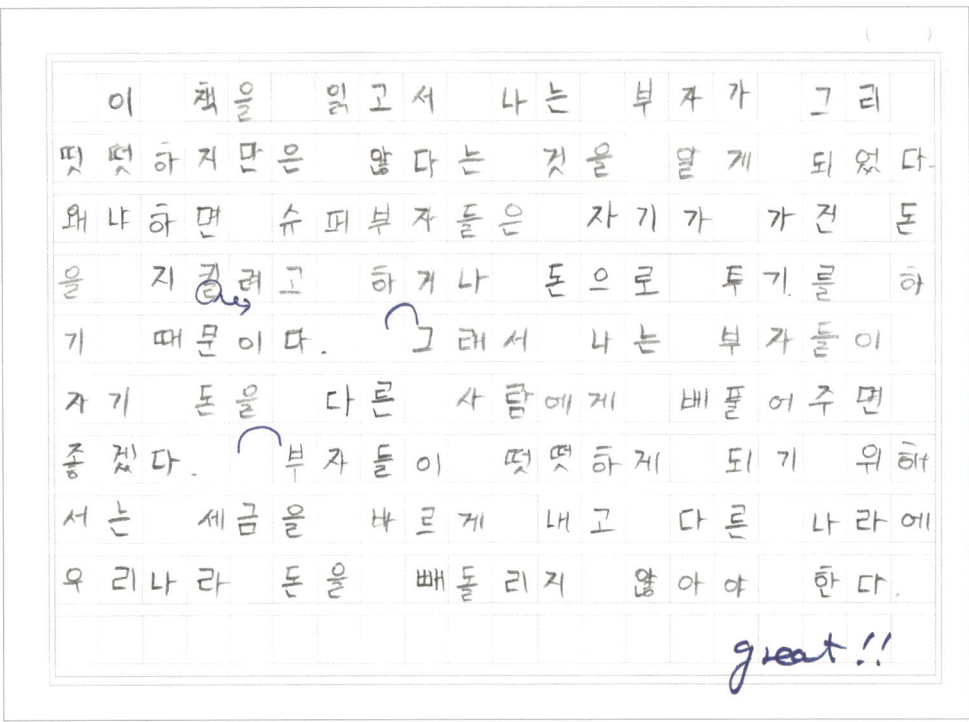

1. 시어 이해하여 주제와 연결시키기

9쪽 로베르 데스노스의 시 〈펠리컨〉에서 '펠리컨'과 '오믈렛'은 각각 무엇을 상징하나요? 시인은 왜 이런 표현을 썼을지 의견을 나누어 봅시다.

펠리컨	오믈렛

2. 도식 통한 사회 구조의 이해: 내 생각으로 연결하기

15쪽 사회 계급을 나타내는 피라미드 구조를 보세요. 서민 계급, 중산 계급, 상류 계급, 지배 계급(슈퍼 부자)의 네 계급 중에서 내가 어른이 되었을 때 속하고 싶은 순서대로 나열하고 그 이유를 써 보세요.

순위	계급	이유
1		
2		
3		
4		

3. 도식 활용해 내용 요약하기

20~21쪽 슈퍼 부자들의 부는 무엇으로 이루어지나요? 다음 도식을 채우고 그 의미가 무엇인지 이야기해 봅시다.

4. 내용 찾고 비판하기

책에서 부자가 더 큰 부자가 되는 방법으로 소개된 내용을 찾아보세요. 이에 대한 내 생각은 어떤지 써 보세요.

방법	내 생각

5. 낯선 개념의 정의 내려 이해하기

34~35쪽 세금 구멍과 세금 천국이 각각 무엇을 말하는지 정리해 보세요.

세금 구멍	세금 천국

6. 제목에 맞는 글쓰기

이 책을 읽고 부와 가난에 대해서 많은 것을 새로 알았지요? 아래의 질문들에 대해 생각해 보면서 〈부와 가난, 그리고 불평등〉이라는 제목으로 원고지에 글을 지어 봅시다.

- 부, 가난과 관련된 불평등 중에서 어떤 내용이 가장 기억에 남나요?
- 프랑스와 대한민국의 경제적 불평등은 각각 어떠한가요?
- 더 좋은 사회, 많은 사람이 행복한 사회가 되려면 어떤 변화를 만들어야 할까요?

그 여름의 덤더디

#한국전쟁 #가족애 #반려동물
#죽음(생명)

글 이향안
그림 김동성
출간 2016년
펴낸 곳 시공주니어
갈래 한국문학(역사 동화)

📖 이 책을 소개합니다

　이 책은 한국전쟁을 배경으로, 한 가족의 이야기를 그리고 있어요. 책 표지에서 외양간을 막아선 아이의 표정처럼 가슴 아픈 이야기입니다. 한국사의 고난기를 이겨 낸 할머니, 할아버지 세대의 삶을 어린이들에게 전해 주는 슬프고도 아름다운 동화지요. 이향안 작가가 아버지로부터 직접 들은 이야기가 싹이 되었다고 해요(마지막 장에 필체가 정갈한 아버지의 친필 회고록이 실려 있어요).

　1950년 여름, 전쟁이 터지고 가족은 피난길에 오릅니다. 꼬마 주인공 탁이와 늙은 소 덤더디의 우정이 펼쳐져요. 덤더디는 피난 짐을 싣고 온몸이 흠뻑 젖도록 함께 걸어요. 탁이가 책 읽는 소리도 알아듣는 소는 겁 많은 탁이를 지켜 줍니다. 이 책은 어린이의 시선에서 탁이네 가족의 소박한 삶이 전쟁으로 상처받는 과정을 보여 줍니다.

 도서 선정 이유

요즘 아이들에게 6·25전쟁은 다른 차원의 일 같을 테지요. 이 책은 생생하고 가슴 아픈 '평범한 사람들의 역사'를 통해 어린이와 어른, 세대와 세대를 이어 주는 소중한 작품입니다. 역사책에는 '사람'이 없다고 비판을 받지만, 역사 동화는 사람과 그들의 삶이 중심이기 때문에 어린 독자들에게 귀한 읽기 경험을 줍니다. 특히 덤더디를 바라보는 탁이의 감정 변화가 잘 표현되어 있어 아이들과 감정에 대해 깊이 이야기 나눌 수 있습니다.

도입부에서 등장한 이솝 우화 〈욕심 많은 개 이야기〉가 마무리에서 다시 쓰이며 전쟁 후 상처 회복의 희망을 보여 주는 등 탄탄하게 잘 짜인 이야기예요. 덤더디를 묘사한 부분에서 알 수 있듯이 간결한 문장에 의성어와 의태어가 실려 리듬감이 있고 묘사도 세밀해서 읽는 재미를 더해 줍니다.

함께 읽으면 좋은 책

비슷한 주제

- 찍보와 황구의 그해 여름 | 유금호 글, 윤영진 그림, 노루궁뎅이, 2018
- 꿈을 파는 요괴 | 신은경 글, 이영림 그림, 파랑새, 2018
- 정말 멋진 날이야 | 김혜원 글·그림, 고래뱃속, 2019
- 할아버지의 감나무 | 서진선 글·그림, 평화를품은책, 2019
- 온양이: 흥남부두의 마지막 배, 온양호 이야기 | 선안나 글, 김영만 그림, 샘터, 2010
- 굿모닝, 굿모닝? | 한정영 지음, 이승현 그림, 미래아이, 2010
- 한국 전쟁의 여섯 가지 얼굴 | 김한종 글, 임근선 그림, 책과함께어린이, 2021
- 코딱지 할아버지 | 신순재 글, 이명애 그림, 책읽는곰, 2019

같은 작가

- 별난 반점 헬멧뚱과 X사건 | 이향안 글, 손지희 그림, 웅진주니어, 2016
- 미션! 황금 카드를 모아라!: 남북한 공통 문화 대탐험 | 이향안·신연호 글, 신슬기 그림, 시공주니어, 2020
- 엄마 마중 | 이태준 글, 김동성 그림, 보림, 2013
- 메아리 | 이주홍 글, 김동성 그림, 길벗어린이, 2001

문해력을 키우는 엄마의 질문

1. 배경 파악하기

- 이 동화의 시간적, 공간적 배경을 정확하게 써 보세요.

시간적 배경	공간적 배경
1950년 여름	경상남도 한수골, 금주골

- 6·25, 즉, 한국전쟁에 대해 내가 알고 있는 사실을 친구들에게 말해 봅시다.

이렇게 활용해 보세요

책동아리에서 독후 모임을 한다는 건 책을 더 꼭꼭 씹어 소화시킨다는 것을 의미해요. 그냥 흘려 넘어가기 쉬운 배경도 콕 집어서 새길 수 있어요. 우리에게 역사적으로 의미 있는 시기를 다룬 시간적 배경과 개연성을 더 높여 주는 시골의 공간적 배경을 짚어 봅니다.

그리고 사전 지식과 이 책을 읽고 되새긴 내용을 이야기 나누며 워밍업을 해요. 서로의 지식이 얼마나 겹치고 어떻게 다른지 확인하며 본격적인 활동으로 넘어갑니다.

2. 심경 변화 따라가기

- 이야기가 시작될 때, 탁이는 늙은 소 덤더디에 대해 어떻게 생각하고 있나요? 이야기가 계속되면서 탁이의 그 마음은 어떻게 변하나요?

처음	중간	끝
귀찮게 생각한다.	피난해서 위험을 피한 것을 대견하게 생각한다.	가족같이 생각해서 덤더디의 죽음을 슬퍼한다.

- 형수의 임신에 대한 탁이의 생각은 어떻게 변하나요?

형수가 아기를 가진 것을 알았을 때	형수가 아기를 잃었을 때
자신을 잘 돌봐 주던 형수의 사랑을 뺏길까 봐 아기를 질투한다.	자기가 아기를 미워한 것을 후회한다.

> **이렇게 활용해 보세요**
>
> 이야기가 기승전결, 발단-전개-절정-결말을 거치는 동안 인물의 심경 변화도 뚜렷하게 나타나는 경우가 많아요. 2~3단계로 바뀌는 감정이 드러나는 이야기일 때, 이런 도식으로 그 변화를 간추리게 해 보세요.
>
> 이야기 전반에 걸친 변화일 때는 처음-중간-끝으로 제시해도 되고, 특정 사건에 따른 변화일 때는 그 시점을 구체적으로 제시하거나 사건의 전후(Before & After)로 제시하면 됩니다.

3. 인물에 공감하기

전쟁으로 인해 갑작스러운 피난을 떠나야 하는 탁이의 마음을 헤아릴 수 있나요?

- 집을 두고 안전을 위해 떠나는 탁이와 가족들의 마음은 어땠을까요?
- 나라면 어떤 물건을 가지고 가고, 어떤 물건을 집에 숨겨 둘 것인지 생각해 봅시다.
- 반려견 등 반려동물이 있다면 피난길에 어떻게 할 것인가요?

> **이렇게 활용해 보세요**
>
> 아이들은 한국전쟁을 역사책의 한 부분으로만 생각할 거예요. 이 책에서 피난이라는 주요 사건이 나오지만, 마음 깊이 공감하기는 어려웠겠죠.
>
> 이야기의 인물, 사건, 배경에 조금 더 가깝게 다가가기 위해 내 생활에 비추어 생각해 보는 시간이에요. 자유롭게 이야기 나누게 해 주세요. 영화 〈국제시장〉을 함께 시청해도 좋을 것 같아요.

4. 제목과 질문 활용해 글쓰기

이 책을 읽은 감상을 활용해 〈전쟁과 생명〉이라는 제목의 글을 원고지에 써 봅시다.

- 전쟁은 왜 일어나나요?
- 이 책에서 전쟁은 어떻게 묘사되고 있나요?
- 이 책에서는 어떤 죽음이 나오나요?
- 가장 가슴 아팠던 장면은 언제였나요?
- 내가 전쟁에 반대하는 이유는 무엇인가요?

( )

　내가 전쟁을 반대하는 이유는 국민들의 삶에 도움이 되지 않기 때문이다. 그리고 전쟁의 여파로 많은 사람들이 목숨을 잃기도 한다.
　<그 여름의 덤더디>에서는 유산, 가족들의 죽음, 국민들의 죽음이 일어난다. 내가 가장 가슴 아팠던 장면은 형수가 아이를 잃는 장면이다.
　전쟁이 일어나면 많은 생명들이 목숨을 잃는다. 나는 이 책에서 한국전쟁

( )

에 대해서 알게 되어서 생명이 소중하다고 느꼈다.

good!!

이렇게 활용해 보세요

　독후 활동을 마무리하는 글을 쓸 때는 주제나 제목을 잘 정해 주면 효율적이에요. 때로는 아이들 스스로 정해서 자유롭게 써 볼 수도 있지만요(제목을 빠뜨리지 않게 잘 지도해 주세요).

　오늘은 이야기의 중심인 인물이나 사건에 집중하지 않고, 다소 추상적인 제목을 제시해 봤어요. 하지만 책을 읽은 감상과 제시된 질문들을 활용하는 것이라 결국 이야기와 엮인 글을 쓰게 된답니다. 이렇게 도움을 주면 초점을 잘 유지하며 글을 완결하는 것을 연습하게 돼요.

1. 배경 파악하기

- 이 동화의 시간적, 공간적 배경을 정확하게 써 보세요.

시간적 배경	공간적 배경

- 6·25, 즉, 한국전쟁에 대해 내가 알고 있는 사실을 친구들에게 말해 봅시다.

2. 심경 변화 따라가기

- 이야기가 시작될 때, 탁이는 늙은 소 덤더디에 대해 어떻게 생각하고 있나요? 이야기가 계속되면서 탁이의 그 마음은 어떻게 변하나요?

처음	중간	끝
→	→	

- 형수의 임신에 대한 탁이의 생각은 어떻게 변하나요?

형수가 아기를 가진 것을 알았을 때	형수가 아기를 잃었을 때
→	

3. 인물에 공감하기

전쟁으로 인해 갑작스러운 피난을 떠나야 하는 탁이의 마음을 헤아릴 수 있나요?

집을 두고 안전을 위해 떠나는 탁이와 가족들의 마음은 어땠을까요?

나라면 어떤 물건을 가지고 가고, 어떤 물건을 집에 숨겨 둘 것인지 생각해 봅시다.

반려견 등 반려동물이 있다면 피난길에 어떻게 할 것인가요?

4. 제목과 질문 활용해 글쓰기

이 책을 읽은 감상을 활용해 〈전쟁과 생명〉이라는 제목의 글을 원고지에 써 봅시다.

- 전쟁은 왜 일어나나요?
- 이 책에서 전쟁은 어떻게 묘사되고 있나요?
- 이 책에서는 어떤 죽음이 나오나요?
- 가장 가슴 아팠던 장면은 언제였나요?
- 내가 전쟁에 반대하는 이유는 무엇인가요?

2등을 기록하는 역사책

#가치 #최고 #최선 #노력 #끈기

글 이향안
그림 신민재
출간 2012년
펴낸 곳 현암사
갈래 비문학(역사, 인물)

📖 이 책을 소개합니다

　《2등을 기록하는 역사책》은 1등에 가려 능력이나 가치를 제대로 평가받지 못했던 역사 속의 2등들을 기록한 책이에요. 식민지의 흑인 혼혈이라는 이유로 간호 활동을 거부당한 간호사 메리 시콜, 훌륭한 전술을 펼쳤음에도 동료였던 이순신의 전기에서 항상 악역으로 등장하는 원균 장군, 여자라는 이유로 동생 펠릭스 멘델스존의 그늘에서 살아야 했던 비운의 음악가 파니 멘델스존, 전화기를 최초로 발명했지만 특허권 신청을 늦게 한 탓에 '최초의 전화기 발명가'로 인정받지 못한 엘리사 그레이, 손기정의 금메달에 가려진 베를린 올림픽 동메달리스트 남승룡 등의 이야기를 읽을 수 있어요.

　이 책의 인물들이 1등으로 기억되지 못하는 이유는 시대의 불리함으로 인종차별, 성차별을 당하거나, 권력에 밀리거나, 동료가 배신을 해서 등등 다양해요. 최고, 최초라는 최상급 수식어는 받지 못했지만, 자신의 분야에서 혼신의 힘을 다해 멋진 성취를 이룩한 사람들이에요. 이 중에는 새롭게 조명되면서 1등보다 더 뛰어나다고 재평가받거나 2등이란 한계를 극복하고 스스로 우뚝 선 인물도 있어요. 꿈을 위해 노력했던 이들의 삶과 사연을 읽으며 과연 1, 2등이라는 구분에 의미가 있을지 생각해 보게 됩니다.

📖 도서 선정 이유

아동기는 앞으로의 인생을 살아가기 위해 배우고 익힐 것이 더 많은 시기예요. 이 책은 역사 속의 2등을 통해 아이들이 배워야 할 소중한 가치와 갖추어야 할 올바른 인성에 대해 알려 줍니다. 역사적 사실은 시대에 따라 재조명 또는 재평가된다는 것을 아이들과 함께 나누고 싶었어요. 치열한 경쟁 사회에서 최고, 1등만이 의미 있다고 받아들이기 쉽지요. 이 책의 메시지는 그렇다고 2등을 하라는 의미가 아니에요. 한 명 빼고는 모두가 1등이 아닌 상황에서 최선을 다해 노력을 하는 과정의 중요성을 일깨워 주는 것이지요. 역사에 좀 더 흥미롭게 다가가게 해 주고, 타인에 공감하게 하며, 감동도 주는 책이에요.

📖 함께 읽으면 좋은 책

비슷한 주제

○ 1등 용이가 사라졌다 | 윤숙희 글, 에스더 그림, 어린이나무생각, 2018

○ 2등을 위하여 | 실비아 태케마 글, 하연희 옮김, 오승민 그림, 아름다운사람들, 2014

○ 어린이를 위한 그릿 | 전지은 글, 이갑규 그림, 노규식 감수, 비즈니스북스, 2017

○ 거꾸로 오르기 숙제 | 후쿠다 이와오 글·그림, 황세정 옮김, 상상의집, 2016

○ 1등 없는 1등 | 실비아 태케마 글, 윤영 옮김, 오승민 그림, 아름다운사람들, 2019

같은 작가

○ 거꾸로 말대꾸 | 류미정 글, 신민재 그림, 잇츠북어린이, 2021

○ 베컴 머리 힙합 선생님 | 노혜영 글, 신민재 그림, 교학사, 2010

○ 나에게는 꿈이 있습니다 | 김주희 글, 신민재 그림, 길벗스쿨, 2008

문해력을 키우는 엄마의 질문

1. 워밍업과 정보 정리

- 지금까지 '1등'을 해 본 적이 있나요? 어떤 일이었나요? 그때 어떤 기분을 느꼈나요?
- 이 책에서 보여 주는 2등은 누구인지 1등과 함께 각각 적어 보세요.

	소제목	2등(주인공)	1등
1	진정한 백의의 천사	메리 시콜	나이팅게일
2	그도 나라를 위해 목숨을 바친 조선의 충신이었다	원균	이순신
3	동생의 그늘에 가려진 비운의 음악가	파니	펠릭스 멘델스존
4	최초의 전화기 발명가는 벨이 아니다	엘리사	벨
5	그는 모차르트를 죽이지 않았다	안토니오	모차르트
6	오토 한에게 빼앗긴 노벨상	마이트너	오토 한
7	손기정의 금메달에 가려진 동메달	남승룡	손기정
8	빛나는 2등	삼국유사	삼국사기
9	형의 명성에 가려진 위대한 왕	조지	에드워즈
10	힐러리일까, 맬러리일까?	맬러리	힐러리

이렇게 활용해 보세요

격주로 모여서인지 아이들이 모이면 이상하게 처음에는 좀 서먹서먹해해요. 그래서 첫 활동은 워밍업 성격의 깊이 생각하지 않아도 되는 질문으로 제시합니다.

먼저 개인적 경험과 그때의 정서를 되돌아보게 했고요. 책의 전체 챕터를 휘리릭 넘기며 주요 정보를 표에 정리합니다. 2등이 주인공인 책인 만큼 1등보다 먼저 쓰게 배려했어요. 이렇게 인물들의 이름을 한 번씩 되새기며 읽은 책에 대한 기억을 떠올리게 됩니다.

2. 정보 분석하기: 이유 찾기

각 이야기에서 보여 주는 인물들이 역사에서 잘 알려지지 않았던 이유는 다양합니다. 각각 어떤 이유일지 생각해서 간략하게 써 보세요.

	소제목	역사에서 가려진 이유
1	진정한 백의의 천사	인종차별
2	그도 나라를 위해 목숨을 바친 조선의 충신이었다	사람들이 라이벌 관계를 만듦
3	동생의 그늘에 가려진 비운의 음악가	성차별
4	최초의 전화기 발명가는 벨이 아니다	특허 신청이 늦어서
5	그는 모차르트를 죽이지 않았다	라이벌 관계
6	오토 한에게 빼앗긴 노벨상	성차별, 동료의 배신
7	손기정의 금메달에 가려진 동메달	금메달만 중시하는 풍조
8	빛나는 2등	저자의 계급 차이, 역사책의 형식 차이
9	형의 명성에 가려진 위대한 왕	장남이 아니라서
10	힐러리일까, 맬러리일까?	확인을 못해서

> **이렇게 활용해 보세요**

1등에게 가려진 2등들에 초점을 둔 독특한 책이니 그 맥락을 좀 더 파헤쳐 보기로 해요. 열 개의 이야기에서 2등이 역사에서 가려진 이유는 다양하게 나타납니다. 서로 다른 이유를 찾으며 정보를 분석하는 활동이에요.

> **책동아리 POINT**

문제집 풀듯이 혼자서만 하지 않도록 친구들과 이야기 나눌 수 있게 진행을 해 주세요. 또는 아이마다 한 챕터씩 맡아 발표하게 하고, 다른 아이들이 듣고 의견을 말하는 방식도 좋아요.
긴 내용을 줄여 어떤 표현으로 이유를 말하면 좋을지 생각하는 과정이 필요해요. 서로 토의를 통해 더 적합한 말이 있다면 바꿔 나갈 수 있게 지도해 주세요.

3. 관심 내용 뽑아 발표하기

이 책에 실린 열 개의 이야기 중에서 가장 안타까웠던 것은 무엇인가요? 왜 그렇게 느꼈는지 말해 보세요.

누구의 이야기인가요?	왜 안타까웠나요?
전화기 발명가들: 엘리샤와 벨	엘리샤가 먼저 전화기를 발명했는데, 벨이 특허권을 먼저 신청해서 세계적으로 유명해지고 부자가 되었다. 세상 사람들이 엘리샤에 대해 잘 알지도 못하는 게 안타깝다.

이렇게 활용해 보세요

이번에는 읽은 내용을 좀 더 개인화시키는 활동이에요. 열 개나 되는 이야기 중에서 가장 인상적이었던 것을 고르는 것으로, 아이들마다 다른 선택이 이루어지면 더 다채로운 이야기가 가능해집니다.

'1등에 밀린 2등'에 초점을 두어 가장 안타까웠던 경우를 뽑음으로써 이제라도 독자로서 2등을 인정해 주는 시간이 될 거예요.

책동아리 POINT

활동지 칸에 쓰는 것도 문장력 향상에 도움이 되지만, 일단은 친구들에게 조리 있게 말해 보는 경험을 중시해 주세요.

4. 제목과 질문 활용해 글쓰기

〈역사 속의 2등〉이라는 제목으로 원고지에 글을 지어 봅시다.
- 이 책의 인물들이 세상에 잘 알려지지 못하거나 존경받지 못했던 이유를 몇 가지로 추려 보세요.
- 내가 가장 안타깝게 느꼈던 건 누구에 대한 이야기였나요?
- 우리 사회에서 '1등', '최고'가 강조되는 것에 대해 어떻게 생각하나요?

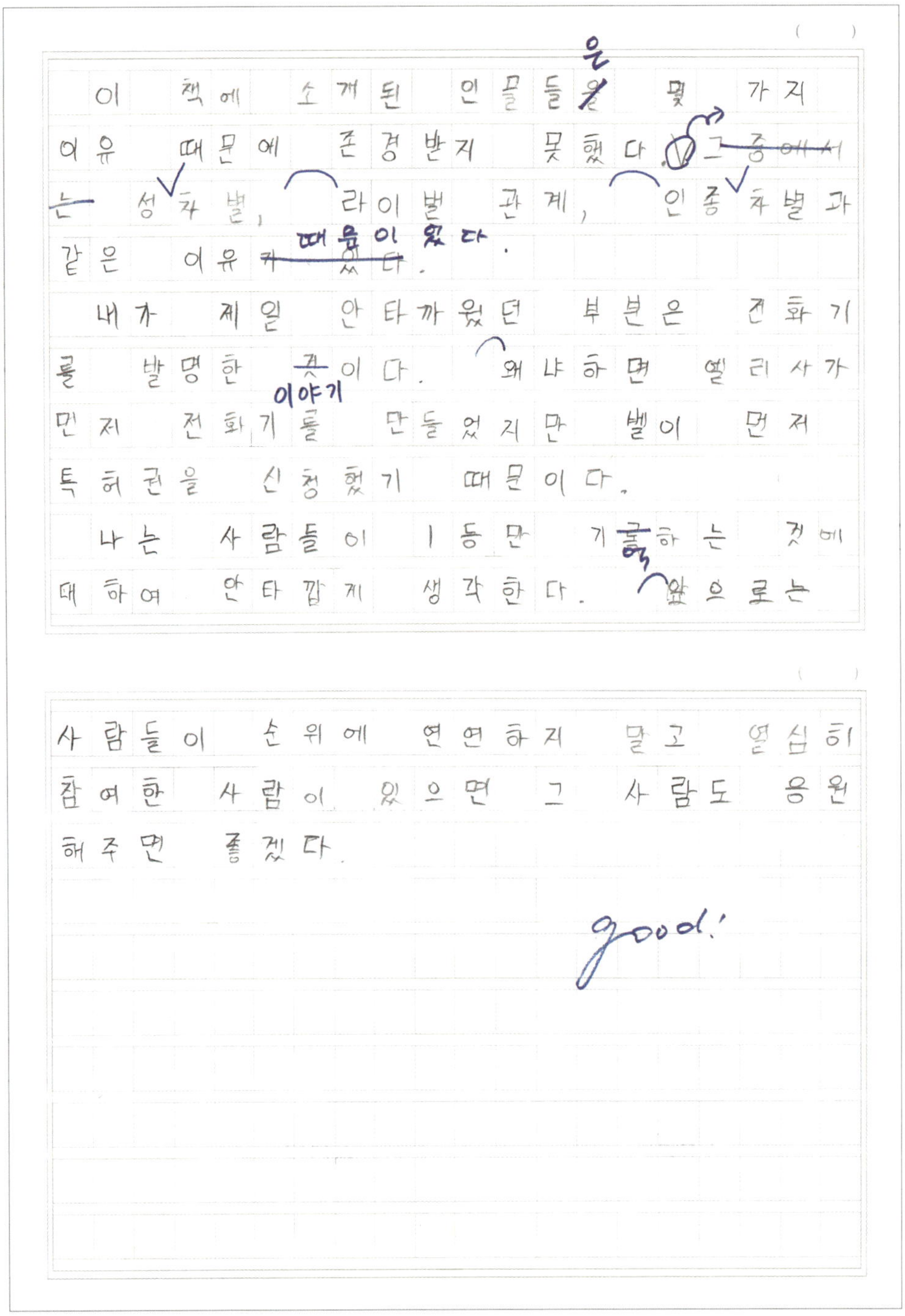

이 책에 소개된 인물들은 몇 가지 이유 때문에 존경받지 못했다. 그중에는 성차별, 라이벌 관계, 인종 차별과 같은 이유 때문이 있다.

　　내가 제일 안타까웠던 부분은 전화기를 발명한 이야기이다. 왜냐하면 엘리사가 먼저 전화기를 만들었지만 벨이 먼저 특허권을 신청했기 때문이다.

　　나는 사람들이 1등만 기록하는 것에 대하여 안타깝게 생각한다. 앞으로는 사람들이 순위에 연연하지 말고 열심히 참여한 사람이 있으면 그 사람도 응원해주면 좋겠다.

good!

> 이렇게 활용해 보세요

많은 아이들이 글쓰기를 할 때, 제목 짓기를 어려워해요. 4학년이니 아직은 좀 천천히 연습해도 괜찮아요. 그래서 〈역사 속의 2등〉이라는 제목을 제시해 주었어요. 많이 경험하면 나중에는 스스로도 멋진 제목을 지을 수 있을 거예요(원고지에 제목을 빼먹지 않게 도와주세요).

이미 앞의 활동에서 경험한 내용을 질문으로 되살렸어요. 이 책에서 소개된 2등들의 배경, 그 열 가지 이야기 중 내가 가장 안타까웠던 것은 무엇이었는지, 그리고 마지막으로 우리 사회의 현상으로 연결시켜 보도록 했어요. 좋은 질문이 생각의 흐름을 매끄럽게 해 준다는 사실, 잊지 마세요.

1. 워밍업과 정보 정리

- 지금까지 '1등'을 해 본 적이 있나요? 어떤 일이었나요? 그때 어떤 기분을 느꼈나요?

- 이 책에서 보여 주는 2등은 누구인지 1등과 함께 각각 적어 보세요.

	소제목	2등(주인공)	1등
1	진정한 백의의 천사		
2	그도 나라를 위해 목숨을 바친 조선의 충신이었다		
3	동생의 그늘에 가려진 비운의 음악가		
4	최초의 전화기 발명가는 벨이 아니다		
5	그는 모차르트를 죽이지 않았다		
6	오토 한에게 빼앗긴 노벨상		
7	손기정의 금메달에 가려진 동메달		
8	빛나는 2등		
9	형의 명성에 가려진 위대한 왕		
10	힐러리일까, 맬러리일까?		

2. 정보 분석하기 [이유 찾기]

각 이야기에서 보여 주는 인물들이 역사에서 잘 알려지지 않았던 이유는 다양합니다. 각각 어떤 이유일지 생각해서 간략하게 써 보세요.

	소제목	역사에서 가려진 이유
1	진정한 백의의 천사	
2	그도 나라를 위해 목숨을 바친 조선의 충신이었다	
3	동생의 그늘에 가려진 비운의 음악가	
4	최초의 전화기 발명가는 벨이 아니다	
5	그는 모차르트를 죽이지 않았다	
6	오토 한에게 빼앗긴 노벨상	
7	손기정의 금메달에 가려진 동메달	
8	빛나는 2등	
9	형의 명성에 가려진 위대한 왕	
10	힐러리일까, 맬러리일까?	

304

3. 관심 내용 뽑아 발표하기

이 책에 실린 열 개의 이야기 중에서 가장 안타까웠던 것은 무엇인가요? 왜 그렇게 느꼈는지 말해 보세요.

누구의 이야기인가요?	왜 안타까웠나요?

4. 제목과 질문 활용해 글쓰기

〈역사 속의 2등〉이라는 제목으로 원고지에 글을 지어 봅시다.

- 이 책의 인물들이 세상에 잘 알려지지 못하거나 존경받지 못했던 이유를 몇 가지로 추려 보세요.
- 내가 가장 안타깝게 느꼈던 건 누구에 대한 이야기였나요?
- 우리 사회에서 '1등', '최고'가 강조되는 것에 대해 어떻게 생각하나요?

이상한 나라의 앨리스

원제: Alice's Adventures in Wonderland, 1865년

#모험 #상상력 #가치

글 루이스 캐럴
그림 존 테니얼
옮김 손영미
출간 2019년
펴낸 곳 시공주니어
갈래 외국문학(판타지 동화)

이 책을 소개합니다

 호기심 많고 당찬 소녀가 신기한 나라를 방문해서 겪는 흥미진진하고 환상적인 모험담이에요. 아동문학의 고전인 '앨리스' 시리즈는 지금도 연구되는 텍스트이고, 연극, 뮤지컬, 오페라, 영화 등 거의 모든 예술 장르로 확장되었으며, 철학자, 수학자, 물리학자, 심리학자, 수많은 소설가에게 영감을 주기도 했어요. 출간된 지 150여 년이 지난 지금도 남녀노소를 막론하고 많은 이들에게 여전히 사랑받는 세계적인 문학 작품입니다.

 작가 루이스 캐럴은 찰스 럿위지 도지슨이라는 본명을 가진 옥스퍼드대학 교수로 수학자이자 논리학자랍니다. 어려서 호흡기 질환을 크게 앓으면서 귀에 이상이 생겨 말을 더듬게 되었고, 천성적으로 수줍음이 많아 사람들과 어울리는 걸 힘들어했다고 하네요. 그러나 그는 그림 그리고 사진 찍는 것을 좋아하고 어린이들과 어울려 이야기

하는 것을 즐겼대요. 《이상한 나라의 앨리스》는 지인의 딸들을 위해 즉석으로 지어낸 이야기이며 앨리스는 그중 한 명의 이름이기도 해요. 이후 줄거리에 작가가 전하고 싶은 사회적 메시지들을 담아 환상의 세계를 모험하는 어린 소녀의 이야기로 완성되었어요. 패러디와 언어유희, 상징 등 재미와 깊이가 동시에 가득 담겨 있어요.

초판의 그림은 존 테니얼이 그렸고, 뒤를 이어 피터 뉴웰, 아서 래컴의 삽화도 유명하며 오늘날 토베 얀손, 헬렌 옥슨버리, 앤서니 브라운 등 유명한 그림책 작가들도 이 이야기에 삽화를 그렸어요. 초창기 고전적인 분위기에서 지금은 만화 스타일, 오컬트 스타일, 고딕 스타일 등으로 다양해졌답니다.

도서 선정 이유

유명한 고전이고 책이 아닌 다른 장르로 접했을 가능성이 높아 읽지 않고도 읽었다고 착각하기 쉬운 책이에요. 내용을 대충은 알기에 완독할 흥미를 느끼지 못하고 지나치기 쉬운 책이라 아이들이 놓치지 않았으면 해서 책동아리 도서 목록에 넣었어요.

《이상한 나라의 앨리스》에는 다양한 캐릭터와 상징이 등장하고, 공간의 설정, 다른 세계, 신체의 크기 변화 등에 대해 의미를 해석하는 재미가 있어요. 독자에 따라 다른 풀이를 할 수 있어 이야기 나누기에도 좋고요. 교훈을 목적으로 하지 않고 순전히 기쁨과 즐거움만을 주기 위한 아동문학이라는 점도 매력 있지요. "모든 모험은 첫 걸음을 필요로 하지", "내 기분은 내가 정해. 오늘 나는 행복으로 할래"와 같은 유명한 문구가 보물처럼 숨겨져 있어요.

함께 읽으면 좋은 책

시리즈

○ 거울 나라의 앨리스 | 루이스 캐럴 글, 존 테니얼 그림, 손영미 옮김, 시공주니어, 2019

비슷한 주제

○ 보물섬 | 로버트 루이스 스티븐슨 글, 에드워드 윌슨 그림, 정영목 옮김, 비룡소, 2003

○ 피노키오 | 카를로 콜로디 글, 로버트 잉펜 그림, 음경훈 옮김, 파랑새, 2014

○ 페피데페디피와 요술반지 | 고미솔 글, 남강한 그림, 북극곰, 2021(개정판)

○ 걸리버 여행기 | 조너선 스위프트 글, 아서 래컴 그림, 햇살과나무꾼 옮김, 비룡소, 2016

같은 작가

○ 엄마, 나도 논리를 말하고 싶은데 논리가 뭔지 정말 모르겠어요 | 루이스 캐럴 글, 김영수 옮김, 인간희극, 2020

문해력을 키우는 엄마의 질문

1. 장르 이해하기: 판타지

판타지 동화에서는 현실(1차 세계)과 환상(2차 세계)을 오가는 구조가 흔합니다.

- 지금까지 읽어 본 판타지 동화(또는 그림책)에서 어떤 2차 세계를 보았나요? 그 세계로 들어가는 관문은 무엇이었나요?
- 《이상한 나라의 앨리스》의 1차 세계와 2차 세계는 각각 어떤지 간략히 써 보세요.

1차 세계	2차 세계
앨리스가 정원에서 언니 무릎에 누워 있었다.	토끼 굴로 들어가 이상한 나라로 가게 된다.

- 판타지 동화에서도 환상적 세계는 그럴듯해야 해요. 이러한 특성을 '개연성'이라고 합니다. 말도 안 되는 일이 벌어지더라도 그럴 만한 이유와 배경, 또는 방법이 필요하다는 뜻이에요. 현실인 1차 세계에서 환상의 2차 세계로 들어가게 하는 관문이나 방법, 또는 마법이 일어나게 하는 물건 등이 소개되지요. 《이상한 나라의 앨리스》에서는 무엇이 이러한 역할을 했나요? 생각나는 대로 말해 보세요.

  흰 (시계) 토끼, 토끼 굴, 물약, 케이크, 버섯, 파이

이렇게 활용해 보세요

판타지 그림책, 판타지 동화는 아이들이 참 좋아하는 장르죠. 어른들도 마찬가지고요. 판타지 문학은 환상성이 높은 경우와 낮은 경우로 나뉘어요. 낮은 경우에는 의인화된 동물이 등장하는 책도 포함되지요. 하지만 환상성이 높은 경우를 판타지로 분류하는 게 더 일반적이에요.

먼저 어렸을 때부터 읽었던 판타지 동화에 대해 떠올려 봅니다. 《깊은 밤 부엌에서》, 《괴물들이 사는 나라》, 《마법 침대》와 같은 그림책이나 '해리 포터' 시리즈가 대표적이라 아이들이 언급하기 쉬워요. 이렇게 이미 읽은 책을 통해 장르에 대한 이해가 가장 쉽게 될 수 있어요.

이 책에서도 1, 2차 세계가 동시에 등장합니다. 어떤 포인트에서 환상의 세계가 시작되는지 되짚어 보면서 장르에 대한 이해로 모임을 시작해요.

앞뒤가 안 맞는 판타지는 설득력이 없지요. 개연성을 높여 주면서도 상상력이 가득한 근사한 장치들이 필요해요. 이 책에 제시된 환상 장치들을 아이들마다 돌아가면서 하나씩 떠올려 봅니다. 혼자 생각할 때보다 금방, 빠뜨린 것 없이 생각할 수 있을 거예요.

2. 인물 분석하기

이 책에 나오는 인물들의 특성을 간략히 정리해 보세요.

앨리스	흰 토끼	여왕	공작부인
엉뚱하다. 천진난만하다. 창의적이다. 당당하다. 순진하다. 모험을 좋아한다.	성격이 급하다. 겁이 많다. (여왕, 공작부인을 무섭게 생각한다.)	섬뜩하다. 잔인하다. 공감능력이 없다.	못생겼다. 과격하다. 억지스러운 말을 많이 한다.

이렇게 활용해 보세요

이야기에 등장하는 주요 인물들을 묘사해 봅니다. 한 단어의 형용사도 좋고, 행동 특성을 나타내는 더 긴 문장도 괜찮아요.

책동아리 POINT

친구들이 돌아가며 하나씩 말할 때 그 특징에 공감이 되면 자신의 표에 써 넣는 방법도 좋습니다.

3. 생각 나누기

- 이 책에서 일어난 일들 중에서 어떤 이야기가 가장 황당하다고 느꼈나요?
  버섯의 왼쪽을 먹으면 몸이 커지고 오른쪽을 먹으면 작아지는 것

- 지금까지 꾼 꿈 중에서 판타지 동화에 나올 법한 신기한 일이 있었다면 말해 보세요.
  그림 속에서 십장생 동물들이 서로 말을 하다가 그림 밖으로 나왔다.

- 내가 이상한 나라를 만들어 내는 동화 작가라면 어떤 일이 벌어지게 하고 싶나요?
  이상한 나라를 캔디 나라로 바꾸겠다. 모든 집이 사탕으로 되어 있는데, 그 사탕들은 맛도 있지만 맛에 따라 각각 다른 마법의 힘이 있다. 무엇보다 절대 이가 안 썩는 사탕이다.

> **이렇게 활용해 보세요**

이야기의 안팎을 넘나들며 자기 생각을 자유롭게 말해 보는 시간이에요. 이 책에서 가장 황당했던 사건, 내가 꾼 이상한 꿈, 내가 바꾸는 이상한 나라의 특징에 대해서요.

허무맹랑한 이야기를 주고받는 시간이 될 거예요. 누구 이야기가 기발한지 열린 마음으로 들어 봅니다. 이처럼 반드시 이야기의 내용에만 집중하지 않아도 책동아리는 의미 있고 재미있어요.

4. 책의 물리적 특성 이해하기: 팝업북

팝업북《이상한 나라의 앨리스》를 살펴보세요. 이런 책은 페이퍼 엔지니어(paper engineer)가 만든답니다. 팝업은 책에서 어떤 기능을 하는지 생각해 보세요.

> 이야기의 내용과 분위기를 최대한 살려 더 실감 나게 읽게 해 준다. 앨리스가 토끼 굴(우물?)에 빠지는 장면에서 떨어지는 통로가 길게 튀어나와 진짜 떨어지는 느낌이 들었다. 종이책의 공간이 좁은데 그걸 더 확대해 주는 페이지도 있다.

> **이렇게 활용해 보세요**

함께 읽은 책과 다른 판형의 팝업북을 같이 보았어요. 저는 로버트 사부다가 만든 팝업북을 준비했습니다. 이처럼 가끔씩 다양한 판형을 비교할 수 있게 준비해 주면 좋아요. 서점에서 책을 고를 때도 큰 책-작은 책, 종이의 색감과 질감이 다른 책 등 다양한 버전을 비교하여 고를 수 있는 게 좋더라고요.

팝업북이 일반적인 책과 차별화되는 점은 무엇일지 생각해서 문장으로 써 보는 활동입니다. 책이 지닌 물리적 특성에 다가갈 수 있어요.

이밖에도 함께 읽은 책의 전자책 버전이 있는 경우, 같이 보여 주어도 책이라는 사물을 이해하는 데 도움이 될 것입니다.

5. 참고 자료(기사) 읽고 글쓰기

《거울나라의 앨리스》는 이 책의 속편이에요. 후속작에서 앨리스가 겪은 일 중에서 붉은 여왕과 제자리 뛰기 일화가 있답니다. 다음 기사를 읽고 '레드퀸 효과'에 대한 내 생각을 원고지에 써 봅시다.

> '거울 나라의 앨리스'에서 앨리스는 붉은 여왕을 만나는데 아무리 뛰어도 제자리였다. 아무리 노력해도(이처럼) 앞서가지(남들보다) 못하는 것을 ①→'레드퀸' 효과라고 한다. 우리나라 아이들의 신행되슈도 '레드퀸' 효과라고 표현할 수 있다. 나는 어쩔 수 없이 '레드퀸' 효과는 일어날 수밖에 없는 것 같<del>다고 생각한다</del>. 왜냐하면 모두가 뒤처지길 싫어하고 앞서가려 하기 때문이다.

이렇게 활용해 보세요

관심을 가지고 읽어 볼 수 있도록 후속편을 소개했어요. 그리고 문학 작품의 내용을 넘어 지식으로도 도움이 되는 개념 '레드퀸 효과'에 대해 알아보았습니다. 이처럼 문학 작품과 관련된 개념을 깊이 있게 이해하는 데에 참고 자료 읽기를 결합하면 일석이조겠지요.

레드퀸 효과는 '앨리스' 시리즈의 일화에 등장하는 개념으로, 평소에 관심을 갖고 있었는데 읽기 자료가 있을지 찾아보다 맘에 드는 기사를 발견했어요. 이런 것을 아이들과 나눌 수 있어서 보물찾기에 성공한 것처럼 기뻤답니다.

참고 자료를 읽는다고 해서 아이들 생각이 그대로 따라서 형성되는 것은 바람직하지 않아요. 자기 생각과 판단대로 표현할 수 있는 것이 중요합니다. 글쓴이의 주장과 다르게 느끼거나 비판할 점은 없는지 생각해 볼 기회가 되어야 하지요. 그러라고 강조하지 않아도 아이들 글의 방향성이 제각각 달라서 흐뭇했어요. 다양성을 수용하고 인정해 주세요.

1. 장르 이해하기 [판타지]

판타지 동화에서는 현실(1차 세계)과 환상(2차 세계)을 오가는 구조가 흔합니다.

- 지금까지 읽어 본 판타지 동화(또는 그림책)에서 어떤 2차 세계를 보았나요? 그 세계로 들어가는 관문은 무엇이었나요?

- 《이상한 나라의 앨리스》의 1차 세계와 2차 세계는 각각 어떤지 간략히 써 보세요.

1차 세계	2차 세계

- 판타지 동화에서도 환상적 세계는 그럴듯해야 해요. 이러한 특성을 '개연성'이라고 합니다. 말도 안 되는 일이 벌어지더라도 그럴 만한 이유와 배경, 또는 방법이 필요하다는 뜻이에요. 현실인 1차 세계에서 환상의 2차 세계로 들어가게 하는 관문이나 방법, 또는 마법이 일어나게 하는 물건 등이 소개되지요. 《이상한 나라의 앨리스》에서는 무엇이 이러한 역할을 했나요? 생각나는 대로 말해 보세요.

2. 인물 분석하기

이 책에 나오는 인물들의 특성을 간략히 정리해 보세요.

앨리스	흰 토끼	여왕	공작부인

3. 생각 나누기

이 책에서 일어난 일들 중에서 어떤 이야기가 가장 황당하다고 느꼈나요?

지금까지 꾼 꿈 중에서 판타지 동화에 나올 법한 신기한 일이 있었다면 말해 보세요.

내가 이상한 나라를 만들어 내는 동화 작가라면 어떤 일이 벌어지게 하고 싶나요?

4. 책의 물리적 특성 이해하기 [팝업북]

팝업북 《이상한 나라의 앨리스》를 살펴보세요. 이런 책은 페이퍼 엔지니어(paper engineer)가 만든답니다. 팝업은 책에서 어떤 기능을 하는지 생각해 보세요.

5. 참고 자료(기사) 읽고 글쓰기

《거울나라의 앨리스》는 이 책의 속편이에요. 후속작에서 앨리스가 겪은 일 중에서 붉은 여왕과 제자리 뛰기 일화가 있답니다. 다음 기사를 읽고 '레드퀸 효과'에 대한 내 생각을 원고지에 써 봅시다.

레드퀸 효과와 선행학습

영국 작가 루이스 캐럴의 《거울나라의 앨리스》는 모든 것이 마치 거울에 비친 듯 반대로 가는 세상의 이야기다. 《이상한 나라의 앨리스》의 속편이라 할 수 있는 이 소설 속에 붉은 여왕이 나온다. 붉은 여왕은 거울나라로 빨려 들어온 앨리스의 손을 잡고 숲속을 뛰기 시작한다. 하지만 앨리스는 아무리 뛰어도 자신이 한걸음도 앞으로 나가지 못하고 있다는 것을 느낀다. 그런 앨리스에게 붉은 여왕은 말한다. "이 세상에서는 제자리에 머물러 있기 위해 죽어라고 뛰어야 해. 만약 네가 앞으로 나가고 싶다면 지금보다 두 배는 더 빨리 뛰어야 할 걸."

미국의 생물학자 리 벤 베일른은 소설 속 붉은 여왕의 이 말을 바탕으로 '레드퀸 효과'라는 이론을 제시했다. 생물 종(種)들 간의 진화 경쟁을 설명한 이 이론은 '우리가 살고 있는 환경은 끊임없이 진화하고 있기 때문에 우리가 사라지지 않기 위해서는 최소한 환경과 같은 속도로 진화해야 한다'는 것이다. 그리고 이제 '레드퀸 효과'는 그 의미가 확장돼 서로 쫓고 쫓기는 경쟁 사회를 비유하는 데 쓰인다. '내가 변화하는 속도보다 더 빨리 상대방이 변화하기 때문에 뒤처지지 않기 위해서는 더 달려야' 하는 무한경쟁 상태를 말한다.

'레드퀸 효과'는 무엇보다 지금 우리나라의 교육 현실에 그대로 적용된다. 아이들은 남들과의 경쟁에서 지지 않기 위해 선행학습을 한다. 그런데 이 선행학습이란 것이 과거의 예습 수준이 아니다. 초등학생이 토플과 토익시험 준비를 하고, 수학 정석을 공부하기도 한단다. 공교육만으론 어림없는 일이다. 불안한 부모들은 너도나도 사교육 시장으로 아이들을 내몬다. 하지만 남들도 나와 똑같이 뛰고 있으니 잘해 봐야 제자리걸음일 뿐이다.

이런 가운데 최근 한 시민단체가 과도한 선행학습을 금지하는 법안 발의를 추진하고 있어 주목받고 있다. 대선 주자들도 너나없이 사교육의 폐해를 없애겠다는 공약을 내걸었다. 물론 지금의 경쟁적인 교육 현실이 근본적으로 바뀌지 않는 한 법을 만든다 해도 결국 무용지물이 될 것이란 부정적인 시각도 많다. 그럼에도 불구하고 이런 움직임들이 아이들이 지쳐 쓰러지기 전에 레드퀸의 달리기를 조금이라도 멈출 수 있게 해 주기를 기대해 본다.

강경희 기자 ⓒ제민일보(2012. 7. 25.)

여기는 따로섬 경제를 배웁니다

#경제 원리 #소비 #생산 #돈

글 원예지
그림 유설화
감수 윤기호
출간 2016년
펴낸 곳 천개의바람
갈래 비문학(사회)

 이 책을 소개합니다

사회를 운영하는 경제 원리를 주입식 설명이 아닌 재미난 이야기로 풀어낸 책이에요. '따로섬'이라는 사회 속에서 살아가는 사람들의 생활을 통해 일하고, 나누고, 소비하는 경제 개념을 자연스럽게 익힐 수 있어요. 이 섬에는 꼬꼬 아주머니(닭을 키움), 까까 군(이발사), 뚝딱 아저씨(목수), 이영차 군(어부), 반짝 아가씨(장신구 제작) 등의 재치 있는 이름을 가진 주민들이 살아요. 이들의 생활을 살펴보며 물물교환, 화폐, 시장, 은행, 수요와 공급에 따른 가격 결정, 합리적 선택, 주식회사, 무역, 소비자, 생산과 배송 등 경제 개념과 원리를 배울 수 있어요.

📖 도서 선정 이유

어린이 경제 입문서로서 정보를 주는 책이지만, 인물, 사건, 배경이 탄탄하게 구성된 이야기여서 아주 재미있게 읽을 수 있어요. 생생한 체험식의 이해로 기본적인 경제 개념이 탄탄하게 자리 잡힐 거예요. 아이들은 나와 공동체를 위해서 '어떻게 만들고, 나누고, 쓸지' 함께 고민하며 경제 원리의 실천에 대해서도 생각하게 됩니다.

초등학교 사회 교과의 이해와 학습에도 도움이 됩니다. 6장의 '합리적 선택'과 10장의 '유통과정'은 4학년 교과서의 비중 있는 주제입니다. 초등 교사가 집필하고, 경제학 교수가 감수한 책이라 초등 수준에 잘 맞고 공신력도 있어요.

📖 함께 읽으면 좋은 책

비슷한 주제

○ 아기 돼지 삼 형제가 경제를 알았다면 | 박원배 글, 송연선 그림, 열다, 2018
○ 어린이를 위한 생산과 이동의 원리 | 리비 도이치 글, 발푸리 커툴라 그림, 성세희 옮김, 풀과바람, 2019
○ 와글와글 어린이 경제 수업 | 김세연 글, 홍화정 그림, 다림, 2019
○ 장바구니는 왜 엄마를 울렸을까? | 석혜원 글, 김진이 그림, 풀빛, 2021(개정판)
○ 한 입에 꿀꺽! 짭짤한 세계 경제 | 김지혜 글, 홍수진 그림, 한진수 감수, 토토북, 2017
○ 알뜰살뜰! 우리 집 경제 대장 나백원이 간다! | 박민선 글, 김민준 그림, 임한철 감수, 가나출판사, 2016
○ 아짜다카이별에서 온 우주 최강 경제 스파이들 | 서지원 글, 박우희 그림, 다락원, 2020
○ 수상한 돈돈농장과 삼겹살 가격의 비밀 | 서해경·이소영 글, 김들 그림, 키큰도토리, 2016

같은 작가

○ 잘했어, 쌍둥이 장갑! | 유설화 글·그림, 책읽는곰, 2019
○ 용기를 내, 비닐장갑! | 유설화 글·그림, 책읽는곰, 2021
○ 나도 몰래 체인지! | 신은경 글, 유설화 그림, 라임, 2019
○ 사라진 축구공 | 최은옥 글, 유설화 그림, 국민서관, 2013
○ 장 꼴찌와 서 반장 | 송언 글, 유설화 그림, 잇츠북어린이, 2017

 **문해력을 키우는 엄마의 질문**

1. 이해 확인하기

이 책은 따로섬이라는 공간을 설정하고 인물들의 성격과 행동, 그리고 사건을 통해 경제 개념을 쉽게 설명하고 있습니다. 책을 읽고 개념을 잘 이해했나요? 다음 질문들에 답해 보세요.

- 물물교환이 어려운 이유는 무엇인가요?
  서로 원하는 물건이 달라서, 가치가 달라서

- 화폐는 왜 만들어졌나요?
  물물교환을 하기 힘들어서. 반면, 화폐는 가볍고 휴대하기 편하며 상하지 않는다.

- 시장이 없으면 무엇이 불편했을까요?
  원하는 물건을 찾으러 여기저기 다녀야 한다.

- 은행이 없다면 어떨까요?
  집에 돈을 보관해야 한다. 이자를 만들어 낼 수 없다.

- 물건의 가격은 어떻게 만들어지나요?
  수요와 공급이 맞아떨어지는 지점에서 결정된다.

- 기회비용이란 무엇인가요?
  한 가지를 선택함으로써 대신 포기해야 하는 것

- 주식회사란 무엇인가요?
  주식을 발행하고 주주를 모아서 그 돈으로 사업을 하는 단체

- 무역을 하면서 일어날 수 있는 좋은 점과 나쁜 점은 무엇인가요?
  자국에 없는 물건도 들여와서 이용할 수 있고, 풍부하게 나는 물건을 해외에 팔아 돈을 벌 수 있다. 대신 우리나

라의 산업이 보호되지 않을 수 있다. 예를 들어, 외국의 싼 농산물을 수입하면 우리나라 농산물이 안 팔려서 문제가 된다.

- 소비자는 어떤 권리를 갖나요?
  구매로 인한 피해를 보상받을 권리, 안전할 권리

- 생산자, 운반자, 판매자가 모두 한 사람인 예를 들어 보세요.
  수박 농사를 지은 농부가 트럭에 수박을 싣고 시장에 가서 판다.

이렇게 활용해 보세요

중학교 때 영어 교과서에 단원마다 'Comprehension Check-up'이라는 내용이 있었던 기억이 납니다. 본문 내용을 잘 이해했는지 점검할 수 있는 질문들이 있었죠.

저학년 시기를 지나면 읽기에서 궁극적으로 해독보다 중요한 것이 바로 이해입니다. 요즘 아이들이 독서력도 떨어지고 책을 점점 안 읽는데, 이해력 역시 낮아지고 있는 것을 자주 목격하게 됩니다. 뉴스 기사를 읽고 제대로 이해 못 한 어른들도 흔한 게 현실이지요.

정보책을 읽었을 때 이해를 확인하는 문해 활동을 해 보는 것도 의미가 있습니다. 국어 시험처럼 딱딱하게 접근할 필요는 없지만, 이렇게 필수적인 내용을 질문으로 만들어 주면 기억의 인출, 내용의 조직, 조리 있게 말하기, 문장으로 표현하기를 모두 연습할 수 있어요.

문제는 구두로 제시해 주고, 대답도 말로 먼저 해 보도록 해 주세요. 서로 친구의 말을 듣고 답을 수정하거나 동의를 할 수 있습니다. 그런 과정을 거쳐 더 깔끔하게 다듬은 문장을 쓰면 됩니다.

질문은 '무엇, 어떻게, 왜?'와 같은 의문사가 들어가거나 내용을 대비시키는 것, 예를 들어 보게 하는 것 등이 적절합니다. '무엇'은 주로 정의를 내리라는 질문인데, 의미를 간결하게 정리하는 게 생각보다 쉽지 않다는 걸 알게 될 거예요.

2. 신문 활용 문해 활동: NIE

동전에 대한 기사들을 차례로 읽어 보세요.

- 1번 기사를 읽고 내용에 맞게 다음 문장에 들어갈 단어에 동그라미를 하세요.
  신용카드와 스마트폰 간편 결제 서비스 이용이 확대되면서 동전 사용이 (증가 / **감소**)하였고, 은행으로 돌아오는 동전이 많아 발행량도 (늘었다 / **줄었다**).

- 2번 기사를 보면, 유통되는 동전을 통해 경제가 현재 어떤 상황인지 가늠할 수 있기 때문에 동전의 사용량은 중요한 경제 지표가 된답니다. 500원짜리 동전에 숨겨진 경제의 비밀을 바르게 설명한 것은 ○표, 그렇지 않은 것은 ×표 하세요.

동전의 사용량이 늘면 '경기 둔화' 등 안 좋은 측면으로 해석된다.	○
500원짜리 동전의 사용량이 는다는 것은 유통이 침체된 것을 의미한다.	X
500원짜리 동전의 사용량이 늘면 새 동전 발행비용이 줄어 한국은행에는 이득이 된다.	○
여러 동전 중 500원짜리가 가장 많이 사용되는 건 '물가 하락'의 영향이다.	X

- 3번 기사에서 '코로나19와 동전의 관계'를 두 가지 말해 보세요.

  동전에 바이러스가 묻어 전파될 수 있다.

  사람들이 집에 머물러 동전을 사용하지 않는다.

- 이 기사들을 읽고 생각을 정리하여 〈동전의 미래〉라는 글을 원고지에 써 봅시다. 미래의 사회에서 동전은 계속 사용될까요? 아니면 완전히 사라지게 될까요?

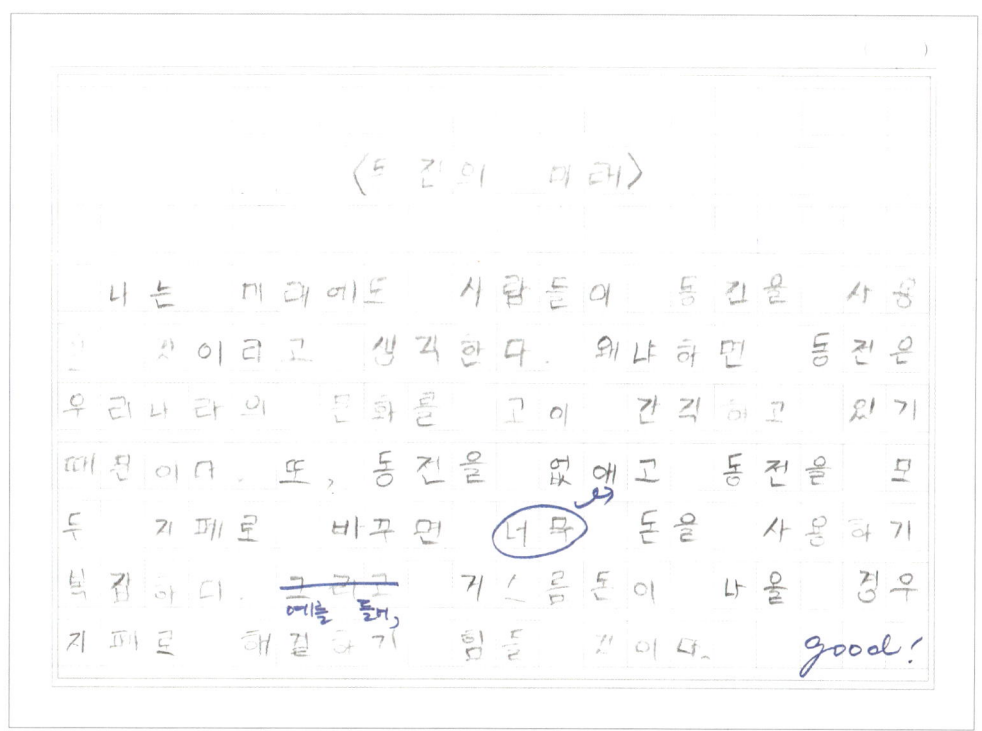

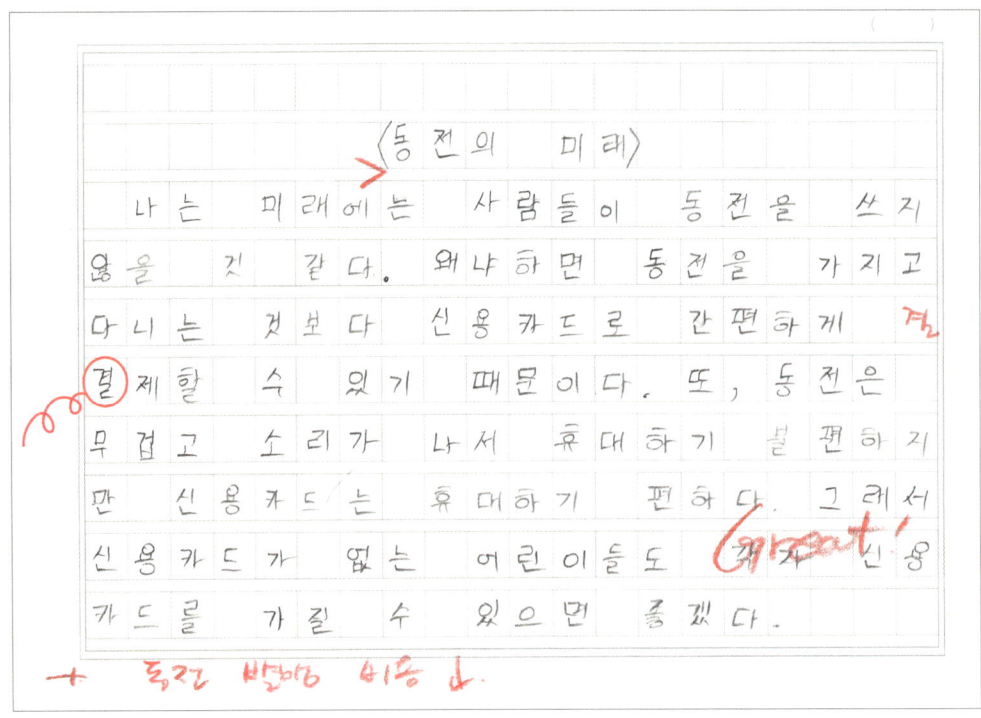

이렇게 활용해 보세요

읽은 책과 관련된 부가적인 읽기 자료로 동전에 관한 신문 기사들을 스크랩했어요. 4학년 수준에 맞을 만한 기사들을 준비해 주제와 난이도에 따라 제시 순서를 정하고, 내용을 조금 줄이는 등 편집을 했습니다.

중~고학년으로 학년이 올라갈수록 논픽션 읽기가 중요해지는 만큼 정보책뿐 아니라, 신문 기사 읽기도 강력 추천합니다. 신문 기사는 우리가 살아가는 사회의 일상을 담아내는 보물단지예요. 게다가 부담 없이 무료로 매일 만날 수 있으니 정말 가치 있는 자료죠. 종이 신문이든 온라인 신문이든 상관없어요. 둘 다이면 가장 좋고요. 꾸준히 신문을 읽은 어린이의 읽기 이해력과 정보력은 몇 년 후 따라잡기 힘들 거예요.

기사에 대한 이해를 확인하는 질문도 만들어 보았습니다. 마지막 글쓰기에 도움이 될 거예요. 이 정도의 글쓰기는 종합적인 사고가 필요한 프로젝트거든요.

기사의 양도 많고 글쓰기도 해야 하니 이번에는 드물게 숙제를 내 줬어요. 차근차근 읽어 보고 글을 완성해 오는 걸로요. 예시처럼 '동전의 미래'를 두 가지로 예상해서 써 보는 것도 좋은 연습이 됩니다. 즉, '동전이 사라질 것이다'와 '동전은 계속 쓰일 것이다'에 대해서 각각 써 보는 거지요. 기사를 충실히 읽고 깊이 생각했다면 이 전망이 그리 간단한 것만은 아니라는 걸 깨달았을 거예요.

1. 이해 확인하기

이 책은 따로섬이라는 공간을 설정하고 인물들의 성격과 행동, 그리고 사건을 통해 경제 개념을 쉽게 설명하고 있습니다. 책을 읽고 개념을 잘 이해했나요? 다음 질문들에 답해 보세요.

- 물물교환이 어려운 이유는 무엇인가요?

- 화폐는 왜 만들어졌나요?

- 시장이 없으면 무엇이 불편했을까요?

- 은행이 없다면 어떨까요?

- 물건의 가격은 어떻게 만들어지나요?

- 기회비용이란 무엇인가요?

- 주식회사란 무엇인가요?

- 무역을 하면서 일어날 수 있는 좋은 점과 나쁜 점은 무엇인가요?

- 소비자는 어떤 권리를 갖나요?

- 생산자, 운반자, 판매자가 모두 한 사람인 예를 들어 보세요.

2. 신문 활용 문해 활동 NIE

동전에 대한 기사들을 차례로 읽어 보세요.

100원짜리 19년 만에 감소
신용카드 등 간편 결제 확대 때문

올해 상반기 시중에 유통된 100원짜리 동전 개수가 외환위기 이후 19년 만에 처음으로 감소했다. 한국은행에 따르면, 2017년 상반기 시중에서 100원짜리 동전 총 95억 1600만 개가 사용됐다. 이는 지난해 말(95억 8500만 개)보다 6900만 개 줄어든 수치. 반기 기준으로 100원 주화 유통량이 줄어든 건 1998년 상반기 이후 처음이다. 당시에는 1997년 불거진 외환위기 탓에 경기가 침체하면서 동전 사용이 급감했다.

한국은행 관계자는 "신용카드와 스마트폰 간편 결제 서비스 이용이 확대되면서 이 같은 현상이 나타났다"며 "은행으로 돌아오는 동전이 많아 발행량도 줄었다"고 설명했다.

김지혜 기자
ⓒ 어린이조선일보(2017. 8. 16.)

500원에 숨겨진 경제의 비밀?

시중 사용량 늘면 '경기 둔화' 의미
새 동전 발행비용 줄어 한은엔 이득

한국은행(이하 '한은')에 따르면 지난해 시중 은행으로부터 흘러들어 온 500원짜리 동전은 106억 8000만 원어치에 달했다고 합니다. 이는 전년(2009년·65억 8800만 원)보다 무려 63%나 늘어난 수치예요.

한은으로 들어오는 동전의 양이 많아졌다는 것은 사람들이 동전을 많이 쓰고 있다는 걸 의미합니다. △동전이 시장에서 많이 사용되면 △자연히 시중 은행에도 많이 유입되고 △시중 은행은 다음 날 영업에 필요한 양만 남기고 모두 한은으로 보내기 때문이죠.

동전 사용이 늘어나는 데는 여러 가지 상황이 복잡하게 얽혀 있습니다. 경제학적으로 볼 때 우선 '거래(유통) 활발'을 의미하지만, '경기 둔화(鈍化·느리고 무디어짐)' 등 안 좋은 측면으로도 해석됩니다. 사회복지단체들의 동전 모으기 캠페인 등 기부 문화와 거래의 활성화로도 볼 수 있지만, 경기 둔화로 사람들

이 책상 서랍이나 저금통에 있던 동전을 꺼내 쓴다고도 볼 수 있습니다.

10원·100원 등 여러 동전 중 500원짜리가 가장 많이 사용되는 건 '물가 상승'의 영향입니다. 물가가 많이 올라 요새 과자 값만 해도 1,000원을 훌쩍 넘는데 100원을 모아 사기엔 부피가 커 번거롭고, 500원 동전은 몇 개만 있으면 살 수 있기 때문이죠.

한은 입장에서 동전 사용 증가는 예산을 줄일 수 있는 반가운 일이기도 합니다. 동전이 잘 유입되지 않으면 막대한 양의 예산을 투입해 신규 동전의 발행을 늘려야 하거든요. 실제로 지난해 500원짜리 동전의 발행에 쓰인 돈은 484억 4500만 원으로 전년(2009년·587억 5100만 원)보다 17.5% 감소했다고 합니다.

김지혜 기자
ⓒ 어린이조선일보(2012. 2. 2.)

팬데믹으로 동전 사용도 줄었다…
영국 조폐기관 "20% 감소 전망"

코로나19 봉쇄 조치 여파

신종 코로나바이러스 감염증(코로나19) 사태가 동전 사용 감소에도 큰 영향을 미친다는 보도가 나왔다.

15일(현지시간) 영국 일간 텔레그래프에 따르면 영국 화폐 생산기관인 '로열민트'(Royal Mint)는 동전 사용이 팬데믹(전염병의 세계적 대유행)을 거치며 20% 감소할 것으로 내다봤다.

로열민트 대표인 앤 제숍은 (중략) 코로나19 봉쇄 조치 기간 사람들이 집에서 저금통에 동전을 채웠을 것으로 추정했다.

텔레그래프는 지난해 코로나19 사태의 여파로 상점들이 상당 기간 문을 닫았고 일부 가게가 실물 화폐를 받지 않으면서 현금 사용이 줄었다고 분석했다.

코로나19 제한 조처에 따라 경제 활동이 위축되고 비대면 거래가 확산했다.

여기에 동전이나 지폐가 코로나19 감염의 매개물이 될 수 있다는 우려의 시선도 있다.

백신 등으로 코로나19 사태가 진정될 경우 경제 제한 조치가 서서히 풀리겠지만 동전을 적게 사용하는 행태는 팬데믹 종식 이후에도 이어질 것이라는 게 로열민트의 판단이다.

(중략)

동전 사용 감소는 영국에 국한된 현상이 아니다. 작년 7월 미국 워싱턴포스트(WP)는 코로나19 사태를 계기로 미국에서 1센트(약 11원)짜리 동전인 페니의 폐지론이 다시 부상했다고 보도했다.

(후략)

노재현 기자
ⓒ 연합뉴스(2021. 2. 16.)

- 1번 기사를 읽고 내용에 맞게 다음 문장에 들어갈 단어에 동그라미를 하세요.

  신용카드와 스마트폰 간편 결제 서비스 이용이 확대되면서 동전 사용이 **(증가 / 감소)**하였고, 은행으로 돌아오는 동전이 많아 발행량도 **(늘었다 / 줄었다)**.

- 2번 기사를 보면, 유통되는 동전을 통해 경제가 현재 어떤 상황인지 가늠할 수 있기 때문에 동전의 사용량은 중요한 경제 지표가 된답니다. 500원짜리 동전에 숨겨진 경제의 비밀을 바르게 설명한 것에는 ○ 표, 그렇지 않은 것에는 × 표를 하세요.

동전의 사용량이 늘면 '경기 둔화' 등 안 좋은 측면으로 해석된다.	
500원짜리 동전의 사용량이 는다는 것은 유통이 침체된 것을 의미한다.	
500원짜리 동전의 사용량이 늘면 새 동전 발행비용이 줄어 한국은행에는 이득이 된다.	
여러 동전 중 500원짜리가 가장 많이 사용되는 건 '물가 하락'의 영향이다.	

- 3번 기사에서 '코로나19와 동전의 관계'를 두 가지 말해 보세요.

- 이 기사들을 읽고 생각을 정리하여 〈동전의 미래〉라는 글을 원고지에 써 봅시다. 미래의 사회에서 동전은 계속 사용될까요? 아니면 완전히 사라지게 될까요?

쓰레기통에 숨은 보물을 찾아라!

원제: Trash Talk: Moving Toward a Zero-Waste World, 2015년

#환경 #쓰레기 #재활용 #생태 #소비

글 미셸 멀더
옮김 현혜진
출간 2016년
펴낸 곳 초록개구리
갈래 비문학(사회, 과학)

나의 탄소 발자국은 몇 kg일까?

원제: Putting Your Carbon Foot in It!, 2012년

#환경 #지구온난화 #탄소 발자국

글 폴 메이슨
그림 마이크 고든
옮김 이충호
출간 2011년
펴낸 곳 다림
갈래 비문학(과학, 사회)

이 책을 소개합니다

《쓰레기통에 숨은 보물을 찾아라》는 어린이의 눈높이에 맞춰 쓰레기 문제를 알기 쉽게 소개한 책입니다. 고대 문명의 쓰레기 구덩이부터 오늘날 바다로 흘러드는 어마어마한 쓰레기에 이르기까지 쓰레기의 역사를 살펴보고, 전 세계 사람들이 쓰레기를 활용하는 기발한 방법을 소개해요.

쓰레기를 줄이려면 덜 쓰고 덜 버리는 방법이 가장 좋겠지만, 적절한 재활용도 중요해요. 물건 하나를 버리면 만들기 위해 사용된 재료와 노력, 물건을 쌌던 포장재, 물건 운반에 사용된 에너지 등 그 물건의 40배를 버리는 것이

래요. 그러니 쓰레기 문제의 유일한 해결책은 꼭 사야 하는 물건만 사고, 쓰레기를 아예 만들지 않는 '제로 쓰레기'랍니다. 이 책은 '제로 쓰레기' 세상을 만들기 위해 쓰레기를 줄이고 다시 쓰는 실천 사례들을 알려 줘요.

《나의 탄소 발자국은 몇 kg일까?》는 우리가 일상적으로 쓰는 연료, 물건, 식품 등 모든 것이 생겨날 때부터 버려질 때까지 직간접적으로 발생하는 이산화탄소의 양을 말하는 탄소 발자국(Carbon Footprint)에 대한 책입니다. 지구 온난화의 원인을 설명해 주면서 그 주범인 온실 기체와 그중에서도 큰 온실 효과를 일으키는 이산화탄소가 언제 어떻게 발생하는지 보여 줍니다. 인구 증가와 생활방식, 에너지원, 교통수단, 식품, 집안의 에너지, 쇼핑 등 우리 생활과 밀접한 내용을 다루어 이해하기 쉬워요. 아울러 아이들에게 탄소 발자국을 줄이는 데 필요한 작은 실천을 알려 주어 실용적인 도움이 됩니다.

도서 선정 이유

이 시대의 아이들은 환경 문제와 함께 살아가야 하는 세대라 관련된 독서 경험도 풍부하게 필요해요. 일상적인 삶만으로는 쓰레기 문제의 심각성을 깨닫기 어려우니 정보책이 도움이 됩니다. 정보에 머물지 않고 실천 방법을 알려 주거나 스스로 생각해 보게 해서 좋고요.

초등학교 사회, 과학 교과와 직결되는 내용이고, 각종 통계 자료, 도표, 다양한 형식의 그래프 등을 이해하고 자기 의견을 표현하는 법을 익힐 수 있어요. 퀴즈, 색인, 단어 풀이 등의 활동 자료도 많습니다.

함께 읽으면 좋은 책

시리즈

○ 페달을 밟아라!(작은 발걸음 큰 변화 1) | 미셸 멀더 글, 전혜영 옮김, 초록개구리, 2014

○ 축구공으로 불을 밝혀라!(작은 발걸음 큰 변화 3) | 미셸 멀더 글, 김아림 옮김, 이유진 감수, 초록개구리, 2015

○ 내 친구는 왜 목이 마를까?(작은 발걸음 큰 변화 4) | 미셸 멀더 글, 김아림 옮김, 초록개구리, 2015

○ 어떻게 소비해야 모두가 행복할까?(작은 발걸음 큰 변화 9) | 미셸 멀더 글, 현혜진 옮김, 초록개구리, 2017

○ 이웃끼리 똘똘 뭉치면 무슨 일이 생길까?(작은 발걸음 큰 변화 14) | 미셸 멀더 글, 현혜진 옮김, 초록개구리, 2019

비슷한 주제

○ 쓰레기 산의 비밀 | 강로사 글, 박현주 그림, 썬더키즈, 2020

○ 지구가 보내는 위험한 신호, 아픈 바다 이야기 | 박선희 글, 박선하 그림, 팜파스, 2020

○ 바다를 살리는 비치코밍 이야기 | 화덕헌 글, 이한울 그림, 썬더키즈, 2019

- 바다의 생물, 플라스틱 | 아나 페구·이자베우 밍뇨스 마르칭스 글, 베르나르두 카르발류 그림, 이나현 옮김, 살림어린이, 2020
- 자연의 마지막 경고, 기후 변화 | 김은숙 글, 이경국 그림, 미래아이, 2019
- 기후가 수상해 | 주디스 허버드 글, 권예리 옮김, 김기상 감수, 매직사이언스, 2017
- 제1차 세계 동물 정상 회의 | 그웨나엘 다비드 글, 시몽 바이이 그림, 권지현 옮김, 토토북, 2021
- 지구를 숨 쉬게 하는 바람 | 정창훈 글, 김진화 그림, 웅진주니어, 2010
- 지구를 죽이는 1초 지구를 살리는 1초 | 하오광차이 글, 페드로 페니조토 그림, 이재훈 옮김, 미세기, 2010
- 탄소발자국: 탄소중립으로 지구를 구해요 | 우명원 글, 박로사 그림, 삼성당, 2021(개정판)
- 자본주의가 쓰레기를 만들어요 | 장성익 글, 송하완 그림, 풀빛미디어, 2018
- 라면을 먹으면 숲이 사라져 | 최형원 글, 이시누 그림, 책읽는곰, 2020
- 우유 한 컵이 우리 집에 오기까지 | 율리아 뒤르 글·그림, 윤혜정 옮김, 우리학교, 2021
- 상자 세상 | 윤여림 글, 이명하 그림, 천개의 바람, 2020
- 어쩌지? 플라스틱은 돌고 돌아서 돌아온대! | 이진규 글, 박진주 그림, CMS영재교육연구소 감수, 생각하는아이지, 2016
- 재활용, 쓰레기를 다시 쓰는 법 | 이영주 글, 김규택 그림, 사계절, 2020
- 미래를 위한 따뜻한 실천, 업사이클링 | 박선희 글, 박선하 그림, 강병길 감수, 팜파스, 2018
- 뭐든지 뚝딱 만들기 처방전 | 빠요밍 글·그림, 책읽는곰, 2017
- 도시야, 안녕 | 디디에 코르니유 글·그림, 최지혜·권선영 옮김, 놀궁리, 2020

같은 작가

- 씨앗 빌려주는 도서관 | 미셸 멀더 글, 김은영 옮김, 설은정 그림, 풀빛미디어, 2021
- 예니의 끝나지 않은 축제 | 미셸 멀더 글, 김태헌 옮김, 초록개구리, 2010
- 최강 공룡왕 선발대회 | 폴 메이슨 글, 안드레 레오나드 그림, 김지연 옮김, 보랏빛소어린이, 2019
- 동물들의 별난 오줌 생활 | 폴 메이슨 글, 토니 드 솔스 그림, 김현희 옮김, 황보연 감수, 위즈덤하우스, 2020

참고 사이트와 앱

- 환경부 2050 탄소중립 포털 www.gihoo.or.kr/netzero/main/index.do
- 기후변화홍보포털 www.gihoo.or.kr/portal/kr/main/index.do
- 어린이 환경과 건강포털 케미스토리 www.chemistory.go.kr
- 환경부 환경교육 포털 www.keep.go.kr
- 환경교육포털 유튜브 www.youtube.com/keepyoutube
- 기후행동 1.5℃ 앱 www.c-action.kr

 **문해력을 키우는 엄마의 질문**

1. 스캐닝: 정보를 찾기 위한 읽기

정보책은 독자에게 특정 주제에 대한 정보를 제공하는 장르입니다. 환경에 대한 두 권의 책을 읽고 내용을 잘 이해했는지 문제를 풀어 점검해 볼까요? 책을 다시 펼쳐 보고 정보를 찾아봐도 좋습니다. 구체적인 정보를 찾기 위한 읽기를 경험해 보세요.

- 쓰레기를 처리하는 방식은 문명마다 다양했어요. 4000년 전 고대 그리스의 크레타 섬 사람들은 쓰레기를 어떻게 처리했나요?
  구덩이를 파서 그 안에 쓰레기를 묻었다.

- 영국 발명가 알렉산더 파크스가 1862년에 개발한 물질로, 공장에서 싼값에 원하는 모양으로 만들 수 있었던 건 무엇일까요? 매년 100만 마리의 새와 10만 마리의 해양 포유동물이 이것 때문에 목숨을 잃어요.
  플라스틱

- 대표적인 온실 기체의 예를 들어 보세요.
  이산화탄소, 메탄, 일산화이질소

- 우리의 지구가 경험하는 기상 이변의 종류를 써 보세요.
  허리케인, 쓰나미, 엘 니뇨, 엘 니냐, 태풍, 홍수, 가뭄

- 해수면이 상승하는 원인은 무엇인가요?
  온도가 올라가면 물이 팽창해서, 빙하와 빙판이 녹은 물이 바다로 흘러들어 가서

- 현대 사회에서 '탄소 발자국'이 점점 깊어지는 원인을 크게 두 가지로 말해 보세요.
  세계 인구가 늘어나서, 편하게만 살려고 하는 사람들의 마음 때문에 (예-조금 덥다고 에어컨을 많이 사용함)

- 1997년 12월에 세계 각국 지도자들이 일본의 한 도시에 모여 온실 기체 배출을 줄이자고 국제적인 약속을 한 것을 무엇이라고 부를까요?
  교토 의정서

- 농업에서 비료를 쓰는 이유는 무엇인가요?

  식량 증산, 토지 부족, 값싼 농산물 공급 때문에

- 어떤 식품을 구입하는 것이 환경에 좋을까요?

  제철 식품, 유기농 식품, 포장을 덜한 식품 등

- 소고기와 환경 간의 관계에 대해 설명해 보세요.

  소가 온실 기체를 가장 많이 배출하는 가축이기 때문에 환경에 문제가 된다. 또한 소를 키우기 위해서는 많은 풀과 공간이 필요하다.

> 이렇게 활용해 보세요

정보를 찾기 위한 읽기, 즉, 스캐닝 기술을 이용해서 텍스트를 빠르게 훑어보며 필요한 정보를 찾아내는 연습을 해 봅니다. 스캐닝은 글에서 특정 사실을 발견하기 위해 빨리 읽는 것을 말해요. 책을 읽으면서 문제로 내면 좋겠다 싶은 부분에 표시를 하거나 바로 활동지 편집 작업을 하면 됩니다.

이런 내용은 학교 교과와 직결되기 때문에 쌍방향(독서 활동-학교 공부)으로 도움이 됩니다. 이렇게 학습에 도움이 되는 활동도 따분하지 않게, 친구들과 함께 할 수 있으니 책동아리가 정말 좋아요. 서로가 생각하는, 또는 찾은 답이 맞는지 맞춰 보며 진행합니다.

2. 설득하는 글쓰기

초등학교 4학년인 내가 지구의 앞날을 위해 할 수 있는 환경 운동으로 무엇이 있을까요? 실천 가능한 내용을 생각해 보세요. 이 내용으로 또래 친구들을 설득하는 글을 원고지에 써 보세요.

- 각자 제목을 정해 보세요.
- 두 권의 책에서 구체적인 정보를 인용해도 좋아요.

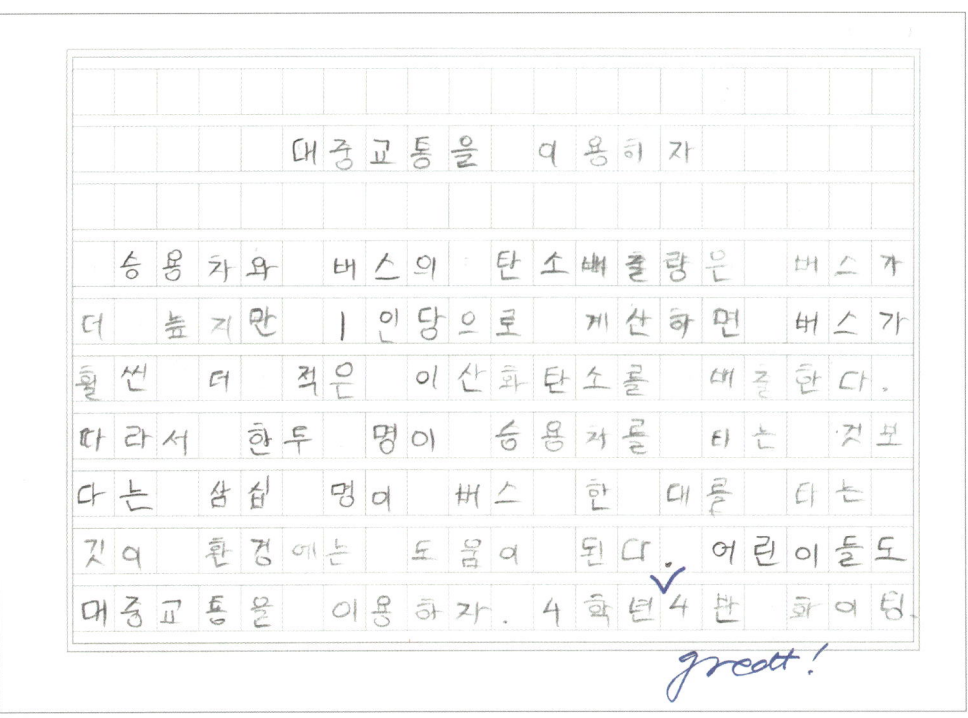

:speech_balloon: **이렇게 활용해 보세요**

오늘의 마무리는 설득을 위한 글쓰기입니다. 환경에 관련된 두 권의 책을 읽고 얻은 생각을 발전시켜 또래 친구들과 할 수 있는 실제적인 활동에 대해 쓰는 거예요.

초점을 잡기 쉬운 내용이니 제목도 알맞게 정해 보도록 했습니다. 주장의 내용을 바로 제목으로 하면 쉽죠. 그리고 읽었던 내용을 활용해 글 안에서 근거로 삼는 것도 조건이에요. 근거 없이 설득하기는 어려우니까요.

1. 스캐닝 　정보를 찾기 위한 읽기

정보책은 독자에게 특정 주제에 대한 정보를 제공하는 장르입니다. 환경에 대한 두 권의 책을 읽고 내용을 잘 이해했는지 문제를 풀어 점검해 볼까요? 책을 다시 펼쳐 보고 정보를 찾아봐도 좋습니다. 구체적인 정보를 찾기 위한 읽기를 경험해 보세요.

- 쓰레기를 처리하는 방식은 문명마다 다양했어요. 4000년 전 고대 그리스의 크레타 섬 사람들은 쓰레기를 어떻게 처리했나요?

- 영국 발명가 알렉산더 파크스가 1862년에 개발한 물질로, 공장에서 싼값에 원하는 모양으로 만들 수 있었던 건 무엇일까요? 매년 100만 마리의 새와 10만 마리의 해양 포유동물이 이것 때문에 목숨을 잃어요.

- 대표적인 온실 기체의 예를 들어 보세요.

- 우리의 지구가 경험하는 기상 이변의 종류를 써 보세요.

- 해수면이 상승하는 원인은 무엇인가요?

- 현대 사회에서 '탄소 발자국'이 점점 깊어지는 원인을 크게 두 가지로 말해 보세요.

- 1997년 12월에 세계 각국 지도자들이 일본의 한 도시에 모여 온실 기체 배출을 줄이자고 국제적인 약속을 한 것을 무엇이라고 부를까요?

- 농업에서 비료를 쓰는 이유는 무엇인가요?

- 어떤 식품을 구입하는 것이 환경에 좋을까요?

- 소고기와 환경 간의 관계에 대해 설명해 보세요.

2. 설득하는 글쓰기

초등학교 4학년인 내가 지구의 앞날을 위해 할 수 있는 환경 운동으로 무엇이 있을까요? 실천 가능한 내용을 생각해 보세요. 이 내용으로 또래 친구들을 설득하는 글을 원고지에 써 보세요.

- 각자 제목을 정해 보세요.
- 두 권의 책에서 구체적인 정보를 인용해도 좋아요.

나이 조절 타임머신

원제: Unbelievable!, 1987년

#상상 #초능력 #친구 #이웃 #관계

글 폴 제닝스
옮김 김희숙
그림 서영경
출간 2015년
펴낸 곳 아름다운사람들
갈래 외국문학(판타지 동화)

이 책을 소개합니다

호주 출신의 작가 폴 제닝스는 기발하고 엉뚱한 이야기의 대가입니다. 그의 '없는(Un)' 이야기 시리즈 중 두 번째 책이에요(첫 번째 책 《똑똑해지는 아이스크림(Unreal)》도 추천합니다). 어린이의 눈높이에 딱 맞는 주제로 구성된 아홉 편의 이야기가 담긴 단편집입니다. 비현실적이지만 너무나 재미있는 이야기들은 넘치는 상상력을 보여 줘요. 이야기마다 반전이 숨어 있어 단편의 매력을 한껏 보여 주고, 때로는 눈물 나는 감동도 느낄 수 있습니다.

내가 원하는 일을 생각만 하면 다 알아서 해 주는 '스누클', 수프 한 통으로 30분간 초능력을 발휘하는 '수프맨', 단 한 번 사용하면 평생 다시는 이를 닦을 필요가 없는 '한 방 치약', 나이를 마음대로 바꿀 수 있는 '나이 조절기' 등 유쾌하거나 기괴한 내용에 전반적으로 판타지적 요소가 가득해요.

📖 도서 선정 이유

단편집은 한두 편씩 읽어 나가면 되기 때문에 독서의 부담이 덜해요. 하물며 이렇게 기발하고 흥미진진한 이야기라면 한 번에 다 읽는다 해도 지루하거나 힘들지 않을 거예요. 중·고학년도 술술 읽히는 재미난 책으로 독서 동기를 높일 필요가 있답니다. '나도 책을 잘 읽을 수 있어'라고 느끼는 독서 효능감이 계속 독자로 남도록 해 주지요. 학습과 연습을 위한 책만 추천하지 마시고, 일단 재미있는 책을 충실히 고를 필요가 있어요.

📖 함께 읽으면 좋은 책

비슷한 주제

○ 꽁지도사와 빼뚜로 슈퍼키드 | 이성숙 글, 김이조 그림, 별숲, 2016
○ 내 친구 집은 켄타 별 | 윤혜숙 글, 윤태규 그림 | 리틀씨앤톡, 2019
○ 기울어진 집 | 톰 르웰린 글, 사라 와츠 그림, 김영욱 옮김, 어린이작가정신, 2016
○ 모퉁이 아이 | 양지안 글, 이윤우 그림, 위즈덤하우스, 2019
○ 두 배로 카메라 | 성현정 글, 이윤희 그림, 비룡소, 2017

같은 작가

○ 개구쟁이 우리 아이 책벌레 만들기 | 폴 제닝스 글, 권혁정 옮김, 나무처럼, 2005
○ 똑똑해지는 아이스크림 | 폴 제닝스 글, 하연희 옮김, 서영경 그림, 아름다운사람들, 2014
○ 환상과 경악 기즈모 | 폴 제닝스 글, 이정환 옮김, 성바오로출판사, 2006

※ 이 책은 현재 절판된 책이에요. 해당 책을 도서관이나 중고 서점에서 구할 수 있습니다.

 **문해력을 키우는 엄마의 질문**

1. 단편의 핵심 내용 파악하기

호주의 작가 폴 제닝스의 단편집을 재미있게 읽었나요? (이 책이 재미있었다면 《똑똑해지는 아이스크림》도 읽어 보세요.)

이 책에는 아홉 편의 단편 동화가 실려 있어요. 각 이야기의 끝은 어느 정도 열려 있어요. 이 이야기들처럼 독자는 글에 명확하게 나타나지 않은 내용을 추론해서 알아차려야 하는 경우가 많습니다. 다음 질문에 답해 보면서 작가의 의중을 파악해 보세요.

- 〈나이 조절 타임머신〉 – 뉴햄 선생님의 새 남자친구는 누구인가요?
  젊어진 교장선생님

- 〈한 방 치약의 비밀〉 – 빈 선생님은 '거대한 앞니'를 어떻게 했을까요?
  치과 간판으로 만들었다.

- 〈세상에 용 같은 건 없어요〉 – 할아버지가 그리블 간호사에게 마지막으로 한 말은 어떤 의미일까요?
  자기 말을 안 믿어 준 간호사에게 통쾌한 복수를 하는 것

- 〈겁주기 시험 보는 날〉 – 꼬마 유령의 주문에 대장 유령이 기절한 이유는 무엇일까요?
  사람은 안팎이 뒤집히면 죽기 때문에

- 〈백만장자가 된 거리 악사〉 – 하얀 수염의 노인이 주는 교훈은 무엇인가요?
  돈이 다가 아니다. 사람과의 관계가 훨씬 더 중요하다.

- 〈날아라 수프맨〉 – 수프맨이 슈퍼맨과 다른 점은 무엇인가요?
  수프맨은 수프를 먹어야만 초능력이 생긴다.

- 〈고무나무 잎 전쟁〉 – 고무나무가 또 살아나면 어떻게 될까요?
  서로 또 싸울 것 같다.

- 〈갈매기 유령의 보물〉 - 갈매기들의 '총알'이란 무엇인가요? 왜 쌍둥이를 공격했을까요?

  새똥이다. 쌍둥이가 자기들의 영역에 침입했다고 생각했다.

- 〈우유병 요정 스누클〉 - 맥키 할머니는 왜 행복했을까요?

  몸이 불편한데 스누클이 할머니가 원하는 것을 해 줘서

이렇게 활용해 보세요

이 책에는 아홉 편의 흥미진진한 단편 동화가 실려 있어요. 워낙 위트 넘치는 작가라 재미난 장치나 표현을 많이 심어 놓았어요. 잘 파악하지 않으면 무슨 의미인지 알아차리지 못하고 지나칠지도 몰라요. 특히 결말 부분은 명확하게 결론 짓지 않아서 어떻게 된 것인지 독자가 잘 파악해야만 하지요.

단편당 하나씩 이해를 점검하는 질문을 만들어 보았어요. 부모님이 읽으면서 좀 알쏭달쏭했던 부분, 이야기가 주는 교훈, 결말의 의미, 인물이 한 행동의 이유 등에 대해서 질문을 만들면 돼요. 단순히 아이들이 이야기를 잘 이해했는지 확인하는 목적보다는 다시 이야기들을 떠올리며 함께 재미를 느껴 보는 의미가 더 커요. 혼자만 느끼고 책장을 덮는 것보다 더 재미있으니까요.

2. 단편 골라 감상문 쓰기

《나이 조절 타임머신》에 실린 이야기 중 가장 흥미로웠던 것은 무엇인가요? 하나를 골라 원고지에 감상문을 써 보세요.

- 어떤 점이 흥미로웠나요?
- 이 이야기를 읽고 어떤 감정이 들었나요?
- 작가 폴 제닝스에 대해 어떻게 생각하나요?
- 친구에게 이 책을 읽어 보라고 추천한다면 어떤 점을 이용해 설득하고 싶은가요?

이렇게 활용해 보세요

재미난 이야기가 아홉 편이나 실려 있으니 각자에게 최고였던 이야기가 서로 다르기 쉬워요. 일단 어느 게 가장 재미있었는지 돌아가며 이야기해 봅니다.

전체 책에서 그 이야기가 가장 좋았던 이유를 바탕으로 짧은 감상문을 완성해요. 간략한 줄거리, 그에 대한 생각이나 느낌뿐 아니라 이 글들을 쓴 작가에 대한 생각, 또래에게 추천하고자 하는 이유 등으로 글을 씁니다. 제목도 마음대로 달아 보면 돼요. 학급 문집 같은 데에 친구들을 위해 책을 추천하는 글로 활용할 수 있겠지요.

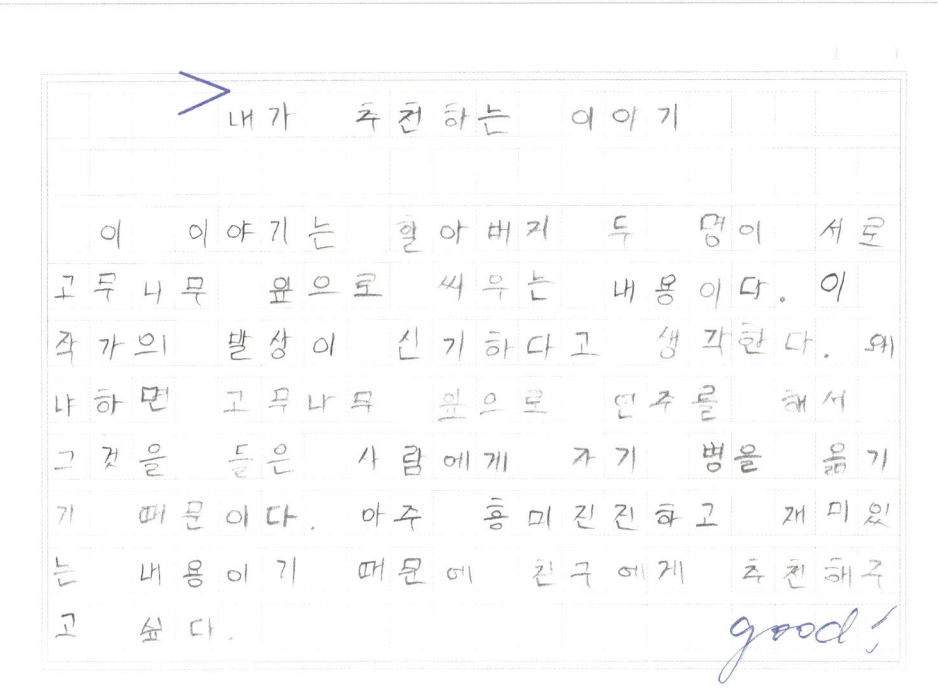

> 내가 추천하는 이야기
>
> 이 이야기는 할아버지 두 명이 서로 고무나무 잎으로 싸우는 내용이다. 이 작가의 발상이 신기하다고 생각한다. 왜냐하면 고무나무 잎으로 연주를 해서 그것을 들은 사람에게 자기 병을 옮기기 때문이다. 아주 흥미진진하고 재미있는 내용이기 때문에 친구에게 추천해주고 싶다.
>
> good!

책동아리 POINT

다른 친구들은 어떤 이야기를, 왜 좋아하는지 들어 보는 것도 의미 있는 경험이에요. 같은 이야기를 읽었지만 관점이나 생각이 다를 수도 있으니까요. 또 친구가 쓴 표현을 통해서 단어의 선택, 문장의 구성에 대한 대리 경험을 할 수 있어요.

1. 단편의 핵심 내용 파악하기

호주의 작가 폴 제닝스의 단편집을 재미있게 읽었나요? (이 책이 재미있었다면 《똑똑해지는 아이스크림》도 읽어 보세요.) 이 책에는 아홉 편의 단편 동화가 실려 있어요. 각 이야기의 끝은 어느 정도 열려 있어요. 이 이야기들처럼 독자는 글에 명확하게 나타나지 않은 내용을 추론해서 알아차려야 하는 경우가 많습니다. 다음 질문에 답해 보면서 작가의 의중을 파악해 보세요.

- 〈나이 조절 타임머신〉 – 뉴햄 선생님의 새 남자친구는 누구인가요?

- 〈한 방 치약의 비밀〉 – 빈 선생님은 '거대한 앞니'를 어떻게 했을까요?

- 〈세상에 용 같은 건 없어요〉 – 할아버지가 그리블 간호사에게 마지막으로 한 말은 어떤 의미일까요?

- 〈겁주기 시험 보는 날〉 – 꼬마 유령의 주문에 대장 유령이 기절한 이유는 무엇일까요?

- 〈백만장자가 된 거리 악사〉 – 하얀 수염의 노인이 주는 교훈은 무엇인가요?

- 〈날아라 수프맨〉 – 수프맨이 슈퍼맨과 다른 점은 무엇인가요?

- 〈고무나무 잎 전쟁〉 – 고무나무가 또 살아나면 어떻게 될까요?

- 〈갈매기 유령의 보물〉 – 갈매기들의 '총알'이란 무엇인가요? 왜 쌍둥이를 공격했을까요?

- 〈우유병 요정 스누클〉 – 맥키 할머니는 왜 행복했을까요?

2. 단편 골라 감상문 쓰기

《나이 조절 타임머신》에 실린 이야기 중 가장 흥미로웠던 것은 무엇인가요? 하나를 골라 원고지에 감상문을 써 보세요.

- 어떤 점이 흥미로웠나요?
- 이 이야기를 읽고 어떤 감정이 들었나요?
- 작가 폴 제닝스에 대해 어떻게 생각하나요?
- 친구에게 이 책을 읽어 보라고 추천한다면 어떤 점을 이용해 설득하고 싶은가요?

신사임당: 그림에 담은 자연 친구들

#미술사 #조선 시대 #신사임당
#미술 작품 #미술 놀이

글 김소연
미술 놀이 권은정
출간 2016년
펴낸 곳 다림
갈래 비문학(예술, 역사, 인물, 문화)

이 책을 소개합니다

예술가로서의 신사임당에 초점을 맞춰 소개한 책입니다. 웅장한 자연도, 미미한 생물도 모두 귀하게 여겼던 신사임당은 자연의 목소리를 섬세하게 그려낸 예술가였어요. 산수화부터 기품 있는 글씨체를 만날 수 있는 〈초서병풍〉까지 사임당의 붓끝에서 피어난 작품들이 알차게 담겨 있어요. 5만 원권에 실린 〈묵포도도〉, 〈자수 초충도 병풍〉의 제7폭 〈가지〉, 또 다른 대표작인 〈초충도 8폭 병풍〉도 감상할 수 있어요.

또한 다양한 미술사 상식을 함께 들려줍니다. 동시대 화가들의 작품과 영향, 서양화가와의 비교, 신사임당의 생애와 각 작품의 의미, 조선 시대 뛰어난 여성들의 이야기, 우리 문화재 등 재미있는 내용이 포함되어 있지요. '나만의 화폐 디자인하기', '검은 한지에 락스로 다양한 농도로 표현한 포도 그리기', '천에 그림 그려 바느질하기', '커피 가루를 녹여 만든 물감으로 병풍 만들기' 등 현대적인 방법으로 사임당의 예술을 이해하게 해 주는 여러 가지 미술 놀이 방법도 참신합니다.

 도서 선정 이유

박물관 학예연구원으로서 견학 온 어린이들을 지도한 저자의 내공이 예술 작품 감상을 도와줍니다. 어린이 독자가 미술 활동도 할 수 있어 옛 작품 감상을 넘어 예술가의 감성을 흡수하고 다양한 미술 놀이를 해 볼 수 있어요.

따분한 위인전기의 형식이 아니라서 인물에 대한 입체적인 조망이 가능합니다. 한 개인뿐 아니라 조선 시대 선비들의 작품, 우리나라 미술의 특징, 서양의 정물화나 풍경화 등 시대와 공간을 초월해서 다양한 작품과 작가들을 소개하고 있어서 미술사 정보책이라고도 볼 수 있어요. 조선 전기 시대상을 생각해 볼 기회도 제공합니다.

 함께 읽으면 좋은 책

비슷한 주제

○ 정민 선생님이 들려주는 한시 이야기 | 정민 글, 보림, 2002
○ 어린이의 마음을 담은 한시 | 김하라 글, 장경혜 그림, 위즈덤하우스, 2018
○ 김홍도 갤러리 | 이광표 글, 채원경 그림, 그린북, 2012
○ 신윤복의 풍속화로 배우는 옛 사람들의 풍류 | 최석조 글, 아트북스, 2009
○ 혜원 신윤복, 조선의 여인을 그리다 | 최석조 글, 김민준 그림, 사계절, 2015

같은 작가

○ 수다쟁이 미술 선생님의 점 선 면 놀이 | 권은정·박유로·박은이 글, 예경, 2010
○ 세잔: 사과에서 출발한 새로운 미술 | 정은미 글, 권은정 미술놀이, 다림, 2015

문해력을 키우는 엄마의 질문

1. 정보 요약하기

- 이 책에서는 신사임당이 그린 여러 점의 초충도가 실려 있어요. '초충도'의 특징을 정리해 보세요.

  식물과 벌레를 다루는 그림이다. 주변의 자연을 자세히 관찰해서 그렸다. 자연스러운 움직임이 느껴진다. 한국적이다.

- 우리의 옛 그림과 관련된 다음 용어들의 뜻을 찾아 적어 보세요.

영모화	새와 동물을 그린 그림
삼원법 (고원법, 평원법, 심원법)	그림을 그릴 때 시점을 세 가지로 나타낸 것
몰골법	밑그림 없이 한 번에 그리는 방법
사군자	매화, 난초, 국화, 대나무. 각각 봄, 여름, 가을, 겨울을 대표하는 식물로 문인들이 자주 그렸다.

이렇게 활용해 보세요

그림과 그에 대한 글을 보고 특징을 추출합니다. 일단 '초충도(草蟲圖)'의 각 한자가 가진 의미를 먼저 설명해 주세요. 초등학생은 한자어를 구성하는 글자의 의미를 충분히 받아들일 수 있답니다. 이런 접근을 통해 어휘력이 늘고 일상에서 모르는 단어를 만났을 때 추론하는 능력도 생겨요. 책동아리 구성원들이 특징을 하나씩 돌아가며 말하면 금방 풍부한 기술이 이루어집니다.

책에는 동양화와 관련된 낯선 용어가 등장합니다. 교양 삼아 알아 둘 만도 하지만, 모르는 단어의 뜻을 찾아보는 연습도 중요하니 주제를 묶어 활동을 제공했어요. 평소 스마트 기기 검색을 자주 하니 이럴 때는 두꺼운 국어사전을 활용해도 좋겠습니다. 어린이용 사전도 괜찮아요.

2. 정보책 읽고 추론하기

조선 시대에는 전문 화가보다는 그림을 취미로 그렸던 문인들이 많았어요. 이들은 벼슬이 높고, 부유한 특권층이었죠. 이 사실에서 당시 사회에 대한 어떤 점을 알 수 있나요?

벼슬이 높은 사람들만 그림을 그릴 수 있었다. 그림을 그리는 것은 그들의 여유로운 취미 생활이었다. 반면에, 화가라는 직업은 그다지 대우받지 못했다. 그들은 초상화 같은 그림이 필요할 때 자신의 기술을 제공하는 역할을 하고 돈을 받았다. 또한 서민들은 그림을 배울 수도, 비싼 재료를 구할 수도 없었을 것이고, 살기 바빠 그림 그릴 여유도 없었을 것이다.

이렇게 활용해 보세요

정보책을 보면 역사적으로 증명된 사실이나 구체적인 수치와 같은 객관적인 정보를 얻을 수 있지요. 한편, 정보책을 통해 얻은 내용과 사전 지식을 이용해 추론을 할 수도 있어요. 오래전의 생활상이나 먼 곳의 상황 같은 내용에 대해서요.

이 활동을 조금 더 확장한다면 조선 시대에 유명했던 화가와 그들의 그림, 미술사, 미술 교육 방식 등의 주제를 분담하고 각각 자료를 조사해 발표하거나 글을 쓸 수 있어요. 언제부터 미술 교육이 확대되었고, 서민들도 그림을 그렸는지에 초점을 맞출 수도 있고요.

3. 한시 감상하기

이 책에는 동양의 옛 시가 여러 편 실려 있어요. 한문과 우리말로 옮긴 내용이 제시되어 있지요. 이 시들을 읽었을 때의 느낌은 어떤가요? 그런 느낌이 드는 까닭은 무엇인가요?

어려울 줄 알았는데, 이해가 잘되었다. 그리고 감동적이었다. 신사임당의 시에서 어머니를 두고 외로이 서울로 가는 마음이 잘 드러났다. "외롭다, 쓸쓸하다, 걱정된다"라고 직접적으로 말하거나 편지를 쓰는 것보다 시로 써서 오히려 마음이 더 잘 전달되는 것 같다. 시로 쓰려면 말을 고르고 골라 짧게 써야 하니 그렇지 않을까?

이렇게 활용해 보세요

이 책에서는 한시도 찾아볼 수 있어요. 어린이책에서 쉽지 않은 경험이니 활동으로 살려 봅니다. 한문으로 된 문학 작품은 어른도 접하기 어렵지만, 다행히 우리말로 부드럽게 옮겨져 있어요. 시를 읽고 얻은 느낌을 말해 봅니다.

4. 인물평 말하기/쓰기

'신사임당의 삶과 예술'에 대해 자신의 생각을 말해 보세요.

당시의 여인들 중에서는 꽤 편안하고 우아하며 멋지게 살았다고 생각한다. 하지만, 역시 차별이 있었을 텐데 여성으로서 스스로 많이 공부하고 멋진 시와 그림을 만들어 낸 것이 존경스럽다.

이렇게 활용해 보세요

역사 속의 인물과 그의 예술 작품에 초점을 맞춘 책이니 읽고 나서 인물평을 내려 볼 수 있어요. 한두 개의 문장으로 쓴다면 보다 정리되고 간결하게 평할 수 있겠죠.

책동아리 POINT

돌아가며 친구의 의견을 듣고 그에 대한 자기 생각을 다시 말할 수 있어요. 왜 그렇게 평했는지 물을 수도 있고요.

5. 초점에 따라 비교하기

이 책에 실린 동양화와 서양화는 서로 어떻게 다른가요? 비교해서 차이점을 찾아보세요.

	동양화	서양화
그린 공간	주로 자연(실외)	주로 실내(인상파는 실외)
그린 대상	자연	사물(정물화), 사람(초상화)
상징	다산, 장수	종교, 욕심, 허무, 풍요
표현 기법	몰골법(한 번에 그림), 먹과 채색(수묵화, 담채화)	밑그림을 그리고 색칠, 유화, 아크릴화, 수채화 등
재료	먹, 안료, 붓, 화선지	물감(수채, 아크릴, 유화), 종이, 캔버스
구성	여백 활용	꽉 차게 배치

이렇게 활용해 보세요

우리 아이들은 명화나 미술 교육을 통해 동양화보다 오히려 서양화를 더 친숙하게 느낄 거예요. 이 책을 통해 동양화를 감상하고 특징을 알게 되었으니, 동-서양화를 비교하는 표를 작성하며 정보를 요약해 봅니다. 비교가 쉽도록 비교의 요소를 정해 배열했어요. 아이들이 스스로 요소를 더 찾을 수 있으니 빈칸을 두어도 좋습니다.

6. 미술 작품 비평하기

이 책의 저자는 미술 작품을 자세히 보고 자신의 감상을 다양한 어휘로 표현하고 있어요. 준비된 명화들 중에서 가장 마음에 드는 작품을 골라 원고지에 감상문을 써 보세요. 아래 질문들을 활용하세요.

- 무엇을 그렸나요?
- 전반적인 분위기는 어떤가요?
- 표현 기법은 어떤가요?
- 사용된 색채에 대해 설명해 보세요.
- 이 그림에 대한 자신의 느낌을 써 보세요.

오시아스 비어르트, 1620년대 추정, 〈랍스터가 있는 정물〉, 71×105cm, 패널에 유채, 벨기에 왕립 미술관 소장

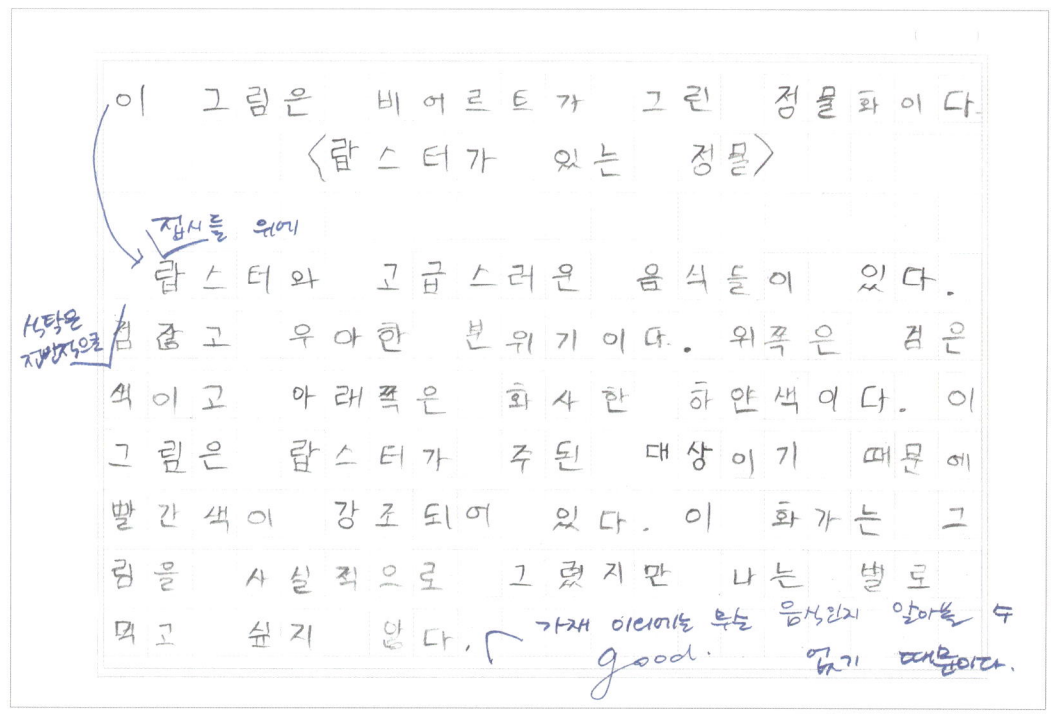

> 이 그림은 비어르트가 그린 정물화이다. 〈랍스터가 있는 정물〉
> (접시들 위에) 랍스터와 고급스러운 음식들이 있다. 깊고 우아한 분위기이다. 위쪽은 검은색이고 아래쪽은 화사한 하얀색이다. 이 그림은 랍스터가 주된 대상이기 때문에 빨간색이 강조되어 있다. 이 화가는 그림을 사실적으로 그렸지만 나는 별로 먹고 싶지 않다. 가재 이외에는 무슨 음식인지 알아볼 수 없기 때문이다. good.

> (색탕은 전반적으로)

이렇게 활용해 보세요

이 책에서 수많은 그림에 대한 감상을 읽을 수 있었어요. 그래서 오늘의 글쓰기는 미술 작품을 주제로 자신의 감상을 적는 것으로 해 보았습니다.

명화를 다룬 어린이용 미술책(성인용도 괜찮아요)을 몇 권 준비해서 나누어 보게 했습니다. 아이들이 이미 익숙한 명화도 많고 처음 보는 그림도 실려 있을 텐데, 가장 인상적인 작품 하나씩만 고르게 하세요. 그리고 몇 가지 질문에 대해 생각해 보고 각 답변을 활용해 문단을 구성하면 완성됩니다.

4학년을 위한 책동아리 활동 345

WORK SHEET

1. 정보 요약하기

- 이 책에서는 신사임당이 그린 여러 점의 초충도가 실려 있어요. '초충도'의 특징을 정리해 보세요.

- 우리의 옛 그림과 관련된 다음 용어들의 뜻을 찾아 적어 보세요.

영모화	
삼원법 (고원법, 평원법, 심원법)	
몰골법	
사군자	

2. 정보책 읽고 추론하기

조선 시대에는 전문 화가보다는 그림을 취미로 그렸던 문인들이 많았어요. 이들은 벼슬이 높고, 부유한 특권층이었죠. 이 사실에서 당시 사회에 대한 어떤 점을 알 수 있나요?

3. 한시 감상하기

이 책에는 동양의 옛 시가 여러 편 실려 있어요. 한문과 그것을 번역한 우리말로 제시되어 있지요. 이 시들을 읽었을 때의 느낌은 어떤가요? 그런 느낌이 드는 까닭은 무엇인가요?

4. 인물평 말하기/쓰기

'신사임당의 삶과 예술'에 대해 자신의 생각을 말해 보세요.

5. 초점에 따라 비교하기

이 책에 실린 동양화와 서양화는 서로 어떻게 다른가요? 비교해서 차이점을 찾아보세요.

	동양화	서양화
그린 공간		
그린 대상		
상징		
표현 기법		
재료		
구성		

6. 미술 작품 비평하기

이 책의 저자는 미술 작품을 자세히 보고 자신의 감상을 다양한 어휘로 표현하고 있어요. 준비된 명화들 중에서 가장 마음에 드는 작품을 골라 원고지에 감상문을 써 보세요. 아래 질문들을 활용하세요.

- 무엇을 그렸나요?
- 전반적인 분위기는 어떤가요?
- 표현 기법은 어떤가요?
- 사용된 색채에 대해 설명해 보세요.
- 이 그림에 대한 자신의 느낌을 써 보세요.

우리 모두 해피엔딩

원제 : Turtle in Paradise, 2011년

#성장 #가족 #화해 #사랑

글 제니퍼 홀름
옮김 남도현
출간 2012년
펴낸 곳 다산기획
갈래 외국문학(사실주의 동화)

이 책을 소개합니다

　이 책은 작가가 1897년 바하마에서 미국 키웨스트로 이민한 증조할머니의 이야기에서 영감을 받아 썼대요. 세계 대공황으로 모든 이들이 어려움에 빠져 고통을 받고, 심지어 꿈을 갖는 것마저 어려웠던 시기의 이야기예요. 고통과 외로움과 가난에 지지 않으려고 자신을 단단한 껍질로 감싼 채 세상과 맞선 열한 살 소녀의 성장담이지요. 주인공의 내면을 들여다보며 가족의 사랑과 화해가 주는 감동을 느낄 수 있어요.

　실화를 바탕으로 하고, 화소들이 탄탄하게 연결되어 생동감 있게 쓰인 책이에요. 실마리의 연결이나 반전도 이야기를 흥미롭게 만들고요.

📖 도서 선정 이유

시간적, 공간적 배경 모두 우리 아이들과 거리가 있는 이야기지만, 흥미롭게 읽으면서 그런 거리감을 좁힐 수 있을 거예요. '지금, 여기'에서 벗어나는 이야기를 읽는 것은 어린 독자에게 꼭 필요한 경험입니다. 힘든 시절에 서로를 위로하고 용기를 북돋우는 가족과 이웃, 친구들의 이야기라 배울 점도 많아요.

2011년 뉴베리 아너 상과 골든 카이트 상을 수상했고, 미국도서관협회 '올해의 주목할 만한 책'으로 선정되기도 한 작품이에요.

📖 함께 읽으면 좋은 책

비슷한 주제

○ 별이 된 소년 | 팜 무뇨스 라이언 글, 피터 시스 그림, 송은주 옮김, 비룡소, 2012
○ 내 동생 티시킨 | 글렌다 밀러드 글, 캐럴라인 매걸 그림, 한별 옮김, 자주보라, 2019(개정판)
○ 파트너 구하기 대작전 | 박현정 글, 최정인 그림, 라임, 2016
○ 카멜라의 행복한 소원 | 맷 데 라 페냐 글, 크리스티안 로빈슨 그림, 김경미 옮김, 비룡소, 2019
○ 일곱 명의 파블로 | 호르헤 루한 글, 키아라 카레르 그림, 유아가다 옮김, 지양어린이, 2019
○ 고슴도치 아이 | 카타지나 코토프스카 글·그림, 최성은 옮김, 보림, 2019

같은 작가

○ 열네 번째 금붕어 | 제니퍼 홀름 글, 최지현 옮김, 다산기획, 2015
○ 내 사랑 페니 | 제니퍼 홀름 글, 이광일 옮김, 지양어린이, 2008

문해력을 키우는 엄마의 질문

1. 공간적 배경 이해하기

이 책에 등장하는 인물들의 이동 경로를 알아봅시다. 바하마, 키웨스트, 뉴저지, 쿠바를 찾고 경로를 화살표로 표시해 보세요.

> **이렇게 활용해 보세요**

오늘날 내 주변에서 일어나는 이야기에 비해 과거나 미래의, 내가 가 보지 못한 먼 곳의 이야기를 이해하는 게 더 어렵습니다. 오래전이나 아직 오지 않은 미래라는 시간적 배경보다도, 공간적 배경이 더 낯설게 느껴질 수도 있어요.

미국을 중심으로 한 지도를 캡처해서 등장인물의 이동 경로를 표시해 보게 했습니다. 내용 이해가 더 쉬워질 거예요. 첫 활동으로 워밍업에도 좋고요.

2. 시간적 배경 이해하기

다음 글을 읽고 아래 질문에 답해 보세요.
- 《우리 모두 해피엔딩》의 시대적 배경(1935년)은 어떤지 정리해 보세요.
  경제 상황이 너무 나빠서 직업을 잃고 못 구한 이들이 많았다. 사람들의 삶이 참담했다. 미국에서 주식 시장이 무너지는 등 가장 먼저 대공황이 일어났다.
- 이러한 상황을 보여 주는 책 속 인물들의 삶의 모습으로 어떤 장면이 떠오르나요?
  아이스크림을 사 먹을 돈이 없는 것, 사람들이 다른 지역으로 멀리 이사를 가는 것

> **이렇게 활용해 보세요**

이 이야기는 대공황 시대를 배경으로 하고 있어요. 풍족함 속에 사는 요즘 아이들이 이해하기 어려운 내용이지요. 참고 자료를 발췌해서 같이 읽어 보았습니다. 시대적 배경을 조금 더 이해할 수 있도록요.

읽은 자료의 내용을 통해 정보를 추출, 요약하는 연습도 하고, 이 책의 내용과 연결시켜 보기도 했어요.

> **책동아리 POINT**
> 경제적 어려움을 보여 주는 상황에 대해 개인마다 떠오르는 장면이 다를 수 있어서 함께 나누면 좋아요.

3. 인물 이해하기: 성격, 직업, 인물 간 관계 등

- 터틀은 어떤 아이인가요? 이름이 상징하는 것은 무엇일까요?

  긍정적이다. 어른스럽다.

  이름은 거북이 등껍질처럼 단단한 성격을 의미한다.

- 아치 아저씨는 어떤 사람인가요?

  집집마다 다니며 온갖 잡화를 파는 사람인데, 사기꾼이다.

- 미니 이모는 어떤 사람인가요?

  빨래를 해서 먹고 산다. 아이들을 키우느라 지쳐서 스트레스가 많다.

- 터틀의 친아버지는 어떤 사람인가요?

  슬로우 포크. 직업은 어부이다.

이렇게 활용해 보세요

이야기가 빠른 속도로 전개되다 보면 각 인물의 특성에 집중하기 어려울 수 있어요. 직업과 같은 기본적인 정보부터 성격, 다른 인물과의 관계에 대해 한번 정리해 보는 것도 의미가 있습니다.

4. 이야기의 흐름 이해하기: 원인과 결과

다음 빈칸을 채워 사건의 원인과 결과를 파악하고 이야기의 큰 흐름을 느껴 보세요.

원인		결과
엄마가 가정부로 일하는 집에서 같이 살 수 없어서	→	터틀이 키웨스트에 가게 됨
터틀이 피아노에서 보물지도를 찾음	→	구들과 보물을 찾으러 가게 됨
아이들이 보물을 찾음	→	터틀은 부자가 되고 엄마가 돌아옴

이렇게 활용해 보세요

이야기를 구성하는 사건들은 원인과 결과로 연결되기도 합니다. 책을 읽은 아이들에게 이해를 묻느라 "왜 그렇게 되었을까?", "그래서 어떻게 되었는데?"라고 물으면 의외로 대답하기 어려워해요. 원인과 결과에 대한 가장 적절한 답을 고르는 데 사고력이 꽤 필요하기 때문입니다.

독서를 하면서 사고력을 키우는 좋은 방법 중 하나가 인과 관계를 되짚어 파악하며 읽는 거예요. 중학년 때부터 이런 표와 화살표를 사용한 도식으로 정리해 보는 게 도움이 됩니다. 몇 개의 인과 관계가 쌓이면 이야기 전체의 핵심 줄기가 완성될 수도 있어요.

5. 주인공과 주변 인물에 대한 글쓰기

〈터틀과 키웨스트 사람들〉이라는 제목으로 원고지에 글을 써 봅시다.

아래 질문들 중 일부에 대한 답으로 글을 써도 좋아요.

- 터틀이 이모네 집에서 만난 사촌들과 동네 아이들은 터틀과 어떤 사이라고 할 수 있나요? 그 관계는 처음 만났을 때와 이야기의 결말에서 어떤 차이를 보이나요?
- 터틀은 새로 만난 사람들과의 생활에 어떻게 적응해 가나요?
- 터틀은 처음 만난 외할머니와의 갈등을 어떻게 해결하나요?
- 이 책의 제목은 왜 '우리 모두 해피엔딩'일까요?
- 터틀은 이제 어디에서 어떻게 살게 될까요?
- 터틀과 슬로우 포크 아저씨와의 관계는 앞으로 어떻게 될까요?

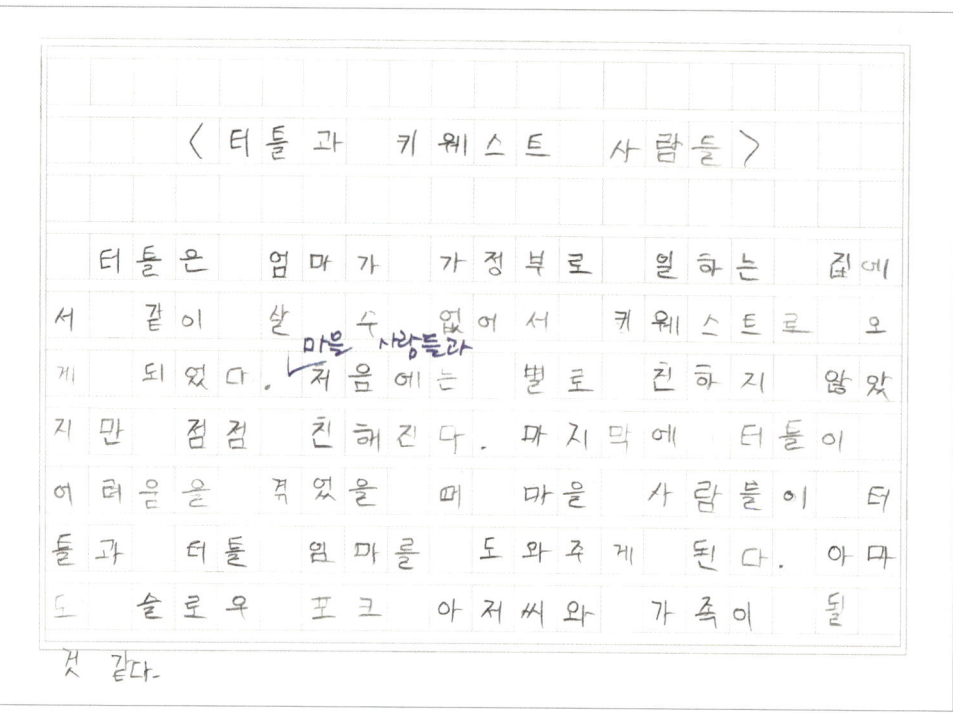

<터틀과 키웨스트 사람들>

터틀은 엄마가 가정부로 일하는 집에서 같이 살 수 없어서(마을 사람들과) 키웨스트로 오게 되었다. 처음에는 별로 친하지 않았지만 점점 친해진다. 마지막에 터틀이 어려움을 겪었을 때 마을 사람들이 터틀과 터틀 엄마를 도와주게 된다. 아마도 슬로우 포크 아저씨와 가족이 될 것 같다.

이렇게 활용해 보세요

주인공과 주변 인물들에 대한 글로 마무리를 해 볼 수 있게 제목을 정해 주었어요. 질문은 충분하게 제공해서 그중에 마음에 드는 것을 골라 글쓰기에 활용하도록 했고요. 어떤 질문을 활용하든 한 편의 완결된 글이 되게 하면 됩니다.

1. 공간적 배경 이해하기

이 책에 등장하는 인물들의 이동 경로를 알아봅시다. 바하마, 키웨스트, 뉴저지, 쿠바를 찾고 경로를 화살표로 표시해 보세요.

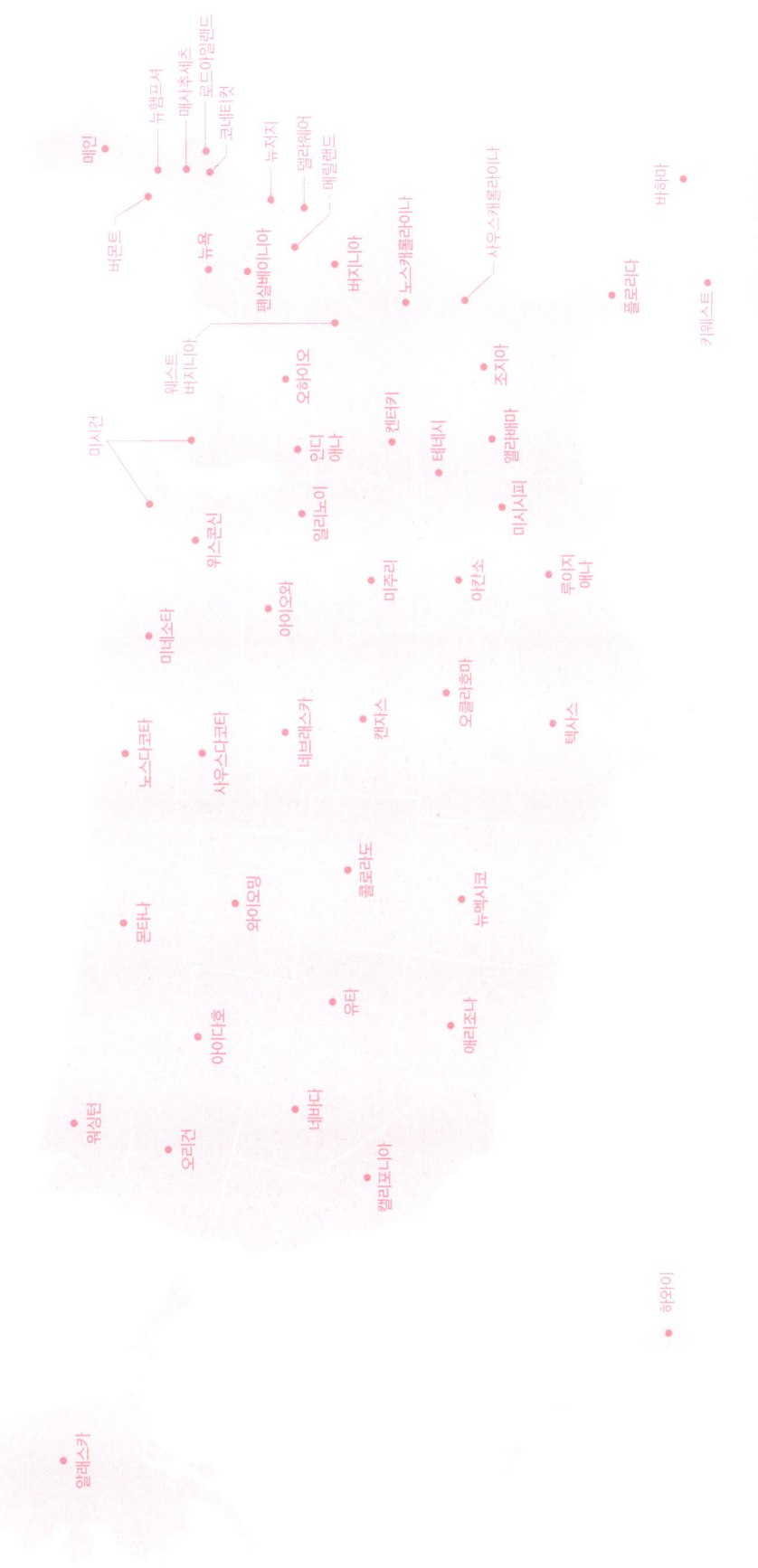

WORK SHEET

2. 시간적 배경 이해하기

다음 글을 읽고 아래 질문에 답해 보세요.

(경제) 대공황: 가장 길고 심한 공황

1929년에 시작되어 1939년까지 세계적으로 지속된 경제의 하강 국면을 대공황(Great Depression)이라고 한다. 대공황은 산업화된 서방 국가들이 경험한 가장 길고 심한 공황이다. 대공황의 발단은 미국이었으나 지구상의 모든 국가들이 생산의 위축과 가혹한 실업, 그리고 심각한 수준의 디플레이션을 경험했다.

대공황의 참담함을 잘 나타내는 통계는 실업률이다. 미국의 경우 실업률은 1929년 3% 수준이었으나 공황의 수렁이 깊었던 1933년에는 25%이었다. 1933년 농업 부문을 제외한 실업률은 무려 37%에 이르렀다. 도시에서 일자리를 찾지 못한 사람이 세 명 가운데 한 명이었으니 그 경제적인 참상은 이루 말할 수 없는 처참한 지경이었다.

※ 출처: 네이버캐스트 경제학 주요개념 김철환(아주대 경제학과 명예교수)

• 《우리 모두 해피엔딩》의 시대적 배경(1935년)은 어떤지 정리해 보세요.

• 이러한 상황을 보여 주는 책 속 인물들의 삶의 모습으로 어떤 장면이 떠오르나요?

3. 인물 이해하기 성격, 직업, 인물 간 관계 등

터틀은 어떤 아이인가요? 이름이 상징하는 것은 무엇일까요?

아치 아저씨는 어떤 사람인가요?

미니 이모는 어떤 사람인가요?

터틀의 친아버지는 어떤 사람인가요?

4. 이야기의 흐름 이해하기 [원인과 결과]

다음 빈칸을 채워 사건의 원인과 결과를 파악하고 이야기의 큰 흐름을 느껴 보세요.

원인	결과
	터틀이 키웨스트에 가게 됨
터틀이 피아노에서 보물지도를 찾음	
아이들이 보물을 찾음	

5. 주인공과 주변 인물에 대한 글쓰기

〈터틀과 키웨스트 사람들〉이라는 제목으로 원고지에 글을 써 봅시다.
아래 질문들 중 일부에 대한 답으로 글을 써도 좋아요.

- 터틀이 이모네 집에서 만난 사촌들과 동네 아이들은 터틀과 어떤 사이라고 할 수 있나요?
  그 관계는 처음 만났을 때와 이야기의 결말에서 어떤 차이를 보이나요?
- 터틀은 새로 만난 사람들과의 생활에 어떻게 적응해 가나요?
- 터틀은 처음 만난 외할머니와의 갈등을 어떻게 해결하나요?
- 이 책의 제목은 왜 '우리 모두 해피엔딩'일까요?
- 터틀은 이제 어디에서 어떻게 살게 될까요?
- 터틀과 슬로우 포크 아저씨와의 관계는 앞으로 어떻게 될까요?

교육 논쟁

#토론 #주장 #근거
#입장 #교육 #공부

글 이기규
그림 박종호
출간 2021년(개정판)
펴낸 곳 풀빛
갈래 비문학(사회)

이 책을 소개합니다

《교육 논쟁》에서는 올바른 교육이 무엇인지 고민하고, 우리나라 교육이 나아갈 방향에 대해 알아봅니다. 첫째, 우리나라 사교육 시장의 모습을 객관적으로 알아보고 과도한 사교육의 문제점을 짚어 봅니다. 둘째, 성적 지상주의, 성적순 혜택 등 평가와 관련된 문제점을 살펴보고 올바른 평가 방법을 논의합니다. 셋째, 수준별 이동 수업, 특수목적고등학교와 국제중학교 등 경쟁 교육이나 수월성 교육을 통해 교육에서의 경쟁과 협동의 장단점을 살펴봅니다. 넷째, 치열한 대학 입시 제도가 옳은지, 수정될 부분은 없는지 진단하고, 마지막으로 우리나라의 영어 교육이 적절한지를 살펴봅니다.

각 주제에 대해 여섯 명의 아이들이 찬반 두 팀으로 나눠 토론을 진행하는 형식이에요. 자기주장만 옳다고 하지 않고 서로의 의견을 듣고 입장을 이해하는 과정이 펼쳐집니다. 이런 논의들을 통해 시사 정보도 얻고, 나와 우리의 교육에 대해 진지한 고민을 하게 될 거예요.

도서 선정 이유

우리 사회만큼 교육에 대해 치열하게 논쟁하는 곳이 또 있을까요? 교육은 끝나지 않을 논쟁거리인 동시에 우리 아이들에게 무엇보다도 중요하기에 더 정확하게 알고 깊이 있게 생각할 필요가 있어요. 이 책은 교육의 주체인 우리 아이들이 교육에 대해 먼저 고민할 수 있도록 도와주는 토론서입니다. 중요한 주제들을 총망라하고 있지만 토론 방식으로 구성되어 이해하기 쉽고 흥미롭습니다.

토론 연습은 많이 해 볼수록 좋아요. 내 생각만 옳다고 주장하며 싸우는 어른들을 보면 참 부끄럽지요. 논리적으로 사고하고, 예의 바르게 말하며, 상대를 존중하는 태도를 어릴 때부터 길러야 해요. 교육에 대한 논점이 잘 정리되어 있어 학부모님들께도 권합니다.

함께 읽으면 좋은 책

비슷한 주제

○ 학교를 구한 양의 놀라운 이야기 | 토마 제르보 글, 폴린 케르루 그림, 곽노경 옮김, 푸른숲주니어, 2019
○ 하기 싫은 공부 왜 하나요? | 필립 체스터필드 글, 책읽는달 편집부 엮음, 이일선 그림, 책읽는달, 2013
○ 칠판만 보이는 안경 | 박부금·이애경 글, 양은아 그림, 풀빛미디어, 2012
○ 토론왕 아무나 하냐? | 김성준 글, 김영곤 그림, 아주좋은날, 2017
○ 토론은 싸움은 아니야! | 한현주 글, 박연옥 그림, 팜파스, 2015

같은 작가

○ 내 동생은 고양이가 아니야 | 이기규 글, 김수영 그림, 책읽는곰, 2021
○ 옛날 옛적 자판기 | 이기규 글, 김은옥 그림, 책읽는곰, 2018
○ 학교, 잘 다니는 법 | 이기규 글, 유경화 그림, 사계절, 2021
○ 인권아 학교 가자 | 이기규 글, 김진화 그림, 미래엔아이세움, 2018

문해력을 키우는 엄마의 질문

1. 토론 이해하기

토론의 기본 형식에 대해 알아봅시다.

> **이렇게 활용해 보세요**

토론에 대한 책을 다루기 전에 토론을 구성하는 요소의 순서와 내용, 주의점에 대해 추가로 읽고 정리하는 시간을 가졌어요. 이 책에서 읽었던 내용을 떠올리며 대입해 볼 수 있을 거예요. 특히 주의점을 되새겨 두면 실제 토론을 준비하고 실행할 때 큰 도움이 될 거라 보았습니다.

2. 나만의 정의 내리기

이 책은 교육 관련 문제들에 대해 다양한 논점을 보여 줍니다. 내가 생각하는 '공부'란 무엇인가요? '공부를 잘하다'는 어떤 의미라고 생각하나요?

- 공부란: 배우기 위해서 하는 행동이다.

- 공부를 잘하는 것이란: 스스로 탐구하는 것을 좋아하고 더 많이 알기 위해 계속 노력하는 것이다. 새로운 정보를 찾아 잘 조직해서 자기 것으로 만드는 것이다. 높은 시험 성적이 꼭 공부를 잘하는 것을 의미하지는 않는다고 생각한다.

> **이렇게 활용해 보세요**

교육에 대한 책을 읽은 김에 '공부'가 무엇인지 각자의 생각을 정리하고, 친구의 생각을 들어 보는 기회를 가졌어요. 두 가지 개념에 대해 정의를 만들어 보는 활동으로 만들었습니다.

부모님과도 이야기 나누어 볼 만한 중요한 문제이지요. 저는 아이가 아주 어렸을 때부터 공부는 인간으로서 평생 하는 것이고, 자기 스스로를 위해서, 스스로 원해서 하는 것이라 아주 행복하고 도움이 되는 행동이라고 주입(?)했어요. 그런 접근이 어느 정도 효과가 있었답니다. 적어도 "공부해라"라는 잔소리를 안 하는 부모가 되려고 지금도 노력 중이에요.

3. 반론하기

책 34쪽에 실린 주장에 대해 다음 신문 기사를 읽고 반론해 보세요.

학습에서 중요한 것은 자발적인 동기로 꾸준히 공부해 나갈 수 있는지이다. 이 주장에서는 선행학습이 학생들의 흥미를 떨어뜨리지 않는다는 것을 증명하지는 않았다. 또한 80%가 한다고 해서 선행학습의 효과가 증명되는 것도 아니다. 그렇게 대부분이 하면 경쟁의 의미도 없다.

그리고 우리나라 학생들의 학력이 세계 상위권이라고 해도 그것이 학생들이 학습에 흥미를 가지고 있음을 의미하지는 않는다. 이 기사에서 보듯이 한국 청소년의 절반 정도가 공부를 가장 큰 고민으로 꼽았다. 지나친 선행학습이 괴롭고 힘들어서 그렇지 않을까. 청소년의 자살까지 심각해진 상황에서 경쟁이 무슨 의미가 있는지 묻고 싶다.

> **이렇게 활용해 보세요**

반론을 연습해 보는 활동이에요. 실제 토론에 참여한다고 생각하고 모의 반론을 해 볼 수 있어요. 책에 실린 내용 중에 적절한 부분을 뽑아 다시 읽어 봅니다. 그 주장에 대해 반론을 해야 하니 반대 입장에 서야겠죠.

비판의 초점을 잡기 위해 추가적인 신문 기사를 제시했어요. 구체적인 데이터가 실린 내용을 읽고 어떤 부분을 활용해야 할지 살펴봅니다. 반박을 잘하기 위해 어떻게 내용을 조직해서 논리적으로 대응할 수 있을지 요리조리 생각해 보는 기회예요.

4. 내 생각 정리하기

다음 주제에 대해 찬성과 반대 중 어떤 생각을 가지고 있나요?

주제	내 생각	그 이유
선행학습	반대	무리한 선행학습을 할 경우 학교에서 배우는 공부는 흥미롭게 제대로 하지 못하고 사교육을 위한 많은 숙제와 경쟁 때문에 스트레스만 쌓이기 때문이다.
상대평가	찬성	등수가 있으면 더 정확하게 자신의 학업 성취도를 알 수 있고 더 잘하려고 노력하게 되기 때문이다.
수준별 이동수업	반대	우등반에서는 경쟁이 더 심할 것이고, 열등반에서는 좌절감이 생길 것이다.
한국 아동의 영어 학습	찬성	영어는 세계 공용어이므로 배워 두면 외국인들과도 의사소통을 잘할 수 있다. 영어로 된 책이나 영상 등을 통해 얻는 것이 많다. 특히 어릴 때 외국어를 배우면 학습 효과가 좋다.

이렇게 활용해 보세요

이 책에 포함된 교육 관련 주제 중에서 같이 생각해 볼 주제를 표에 담았어요. 각자의 입장이 어떠한지, 그렇게 생각하는 이유는 무엇인지 정리해 봅니다.

5. 주제 골라 주장문 쓰기

위의 각 주제에 대해 생각이 다른 책동아리 친구가 있는지 알아보고 토론해 봅시다. 나에게 가장 흥미로웠던 주제는 무엇인가요? 왜 그 주제가 와닿았는지 생각해 보세요. 그리고 자신의 주장에 대해 근거를 들면서 주장하는 글을 원고지에 써 보세요.

- 나의 기본적인 생각은 무엇인가요?
- 찬성 또는 반대를 하는 이유/근거는 무엇인가요?
- 이러한 내 생각에 반대하는 이들은 어떤 근거를 들 것이라고 예상하나요?
- 그러한 상대의 반론에 나는 다시 어떻게 의견을 펼칠 수 있을까요?
- 최종 결론은 무엇인가요?

이렇게 활용해 보세요

위에서 정리한 내 생각을 발표하며 다른 친구들의 입장과 그 이유를 들어 봅니다. 일치하지 않을 가능성이 높아 귀중한 경험이 될 거예요. '그렇게도 생각할 수 있구나, 반대편 토론자라면 그런 이유를 들어 주장하겠구나'를 알게 되는 거죠.

그리고 나서 가장 마음에 남는 주제 하나를 선택합니다. 친구들의 의견을 듣고 위의 생각과 조금 다른 생각을 했을 수도 있고, 생각이 더 깊어졌을 수도 있어요. 제시된 질문의 순서대로 생각을 정리하면 실제 토론에 참여하듯이 주장하는 글을 완성할 수 있어요.

〈내가 상대평가를 찬성하는 이유〉

시험으로 학생을 평가하는 방식에는 상대평가와 절대평가가 있다. 상대평가는 학생들 의중에 등수를 매기는 것이고, 절대평가는 특정 점수를 기준으로 등급을 매기는 것이다. 나는 상대평가를 지지한다. 왜냐하면 경쟁을 통해서 자신의 위치를 알 수 있고 더 노력하게 만들기 때문이다.

물론 절대평가를 지지하는 입장에서는 등수보다는 공부 자체가 더 중요하다고 주장할 것이다. 그러나 범위가 넓은 등급으로만 평가하면 더 좋은 점수를 받기 위해 노력을 덜 하게 되고, 학생을 선발하는 입시에도 문제가 생긴다.

great!

1. 토론 이해하기

토론의 기본 형식에 대해 알아봅시다.

순서	내용	주의점
입안 (입론, 입장 발표)	- 토론 주제인 논제에 대한 나의 생각과 주장을 밝혀요. - 찬성인지 반대인지 밝히고, 그 이유와 근거를 발표해요.	- 주장의 핵심이 잘 드러나야 해요. - 하나의 사례가 근거가 되지는 않아요. 일반적인 사례나 통계치를 활용하고, 출처가 확실한 근거를 사용해야 해요.
조사 (질의)	- 상대의 주장을 확인해요. - 불분명한 용어의 뜻을 물어요. - 근거 자료의 출처나 정확성을 확인해요.	- 상대의 주장을 주의 깊게 들어야 질의할 수 있어요.
반론	- 상대 주장이 타당한지 따져요. - 상대 주장과 근거를 꼼꼼하게 살펴 부정해요.	- 토론 준비가 철저해야 반박할 수 있어요. - 상대의 옳은 주장은 수용해요. - 예의 바르게 말해요.

2. 나만의 정의 내리기

이 책은 교육 관련 문제들에 대해 다양한 논점을 보여 줍니다. 내가 생각하는 '공부'란 무엇인가요? '공부를 잘하다'는 어떤 의미라고 생각하나요?

공부란

공부를 잘하는 것이란

3. 반론하기

책 34쪽에 실린 주장에 대해 다음 신문 기사를 읽고 반론해 보세요.

중고생 평일 하루 8시간씩 자고 주당 평균 6시간 사교육

지난해 우리나라 중·고등학생 4명 중 1명은 일상생활을 중단할 정도의 우울감을 느낀 적이 있는 것으로 나타났다. 13~18세 중고생들의 가장 큰 고민은 공부와 외모였다.

◇ **중고생 25%는 우울감 위험수위…청소년 사망 원인 1위는 9년 연속 '자살'**

25일 통계청이 발표한 '2021 청소년 통계'에 따르면 지난해 중·고등학생 25.2%는 최근 1년 동안 우울감을 경험한 적이 있었다.

(중략)

중고생 가운데 평소 스트레스를 '대단히 많이' 또는 '많이' 느끼는 사람의 비율인 스트레스 인지율은 34.2%로 집계됐다.

(중략)

2019년 기준 청소년(9~24세) 사망 원인은 고의적 자해(자살)가 가장 많았다.

자살은 2011년부터 9년 연속으로 청소년 사망 원인 1위를 차지했다.

◇ **1318 청소년 고민 1위는 '공부'…고민 상담은 친구·엄마에게**

지난해 우리나라의 13~18세 청소년의 절반에 가까운 46.5%는 성적·적성 등 공부가 가장 큰 고민이라고 답했다.

(중략)

학습 시간을 보면 초·중·고등학생(초등학교 저학년 제외) 10명 중 4명(36.6%)은 평일 학교 정규 수업 시간을 제외하고 하루 평균 3시간 이상 추가로 공부를 한 것으로 나타났다.

지난해 사교육을 받은 초·중·고등학생은 전체의 66.5%로 파악됐다.

(후략)

곽민서 기자
ⓒ 연합뉴스(2021. 5. 25.)

4. 내 생각 정리하기

다음 주제에 대해 찬성과 반대 중 어떤 생각을 가지고 있나요?

주제	내 생각	그 이유
선행학습		
상대평가		
수준별 이동수업		
한국 아동의 영어 학습		

5. 주제 골라 주장문 쓰기

위의 각 주제에 대해 생각이 다른 책동아리 친구가 있는지 알아보고 토론해 봅시다. 나에게 가장 흥미로웠던 주제는 무엇인가요? 왜 그 주제가 와닿았는지 생각해 보세요. 그리고 자신의 주장에 대해 근거를 들면서 주장하는 글을 원고지에 써 보세요.

- 나의 기본적인 생각은 무엇인가요?
- 찬성 또는 반대를 하는 이유/근거는 무엇인가요?
- 이러한 내 생각에 반대하는 이들은 어떤 근거를 들 것이라고 예상하나요?
- 그러한 상대의 반론에 나는 다시 어떻게 의견을 펼칠 수 있을까요?
- 최종 결론은 무엇인가요?

호두까기 인형

원제: Nußknacker und Mausekönig, 1816년

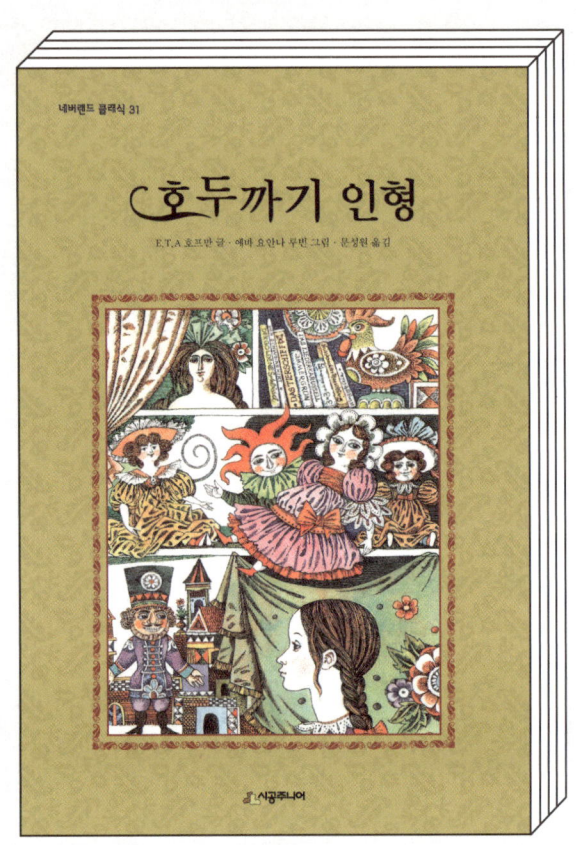

#마법 #용기 #정의 #모험 #꿈
#환상 #크리스마스

글 E. T. A. 호프만
그림 에바 요안나 루빈
옮김 문성원
출간 2018년(개정판)
펴낸 곳 시공주니어
갈래 외국문학(판타지 동화)

 이 책을 소개합니다

　크리스마스마다 만나는 차이코프스키의 발레 공연으로 유명한 그 작품이에요. 일곱 살 소녀 마리 슈탈바움과 호두까기 인형의 이야기로, 열네 장으로 구성된 판타지 동화이지요. 저자 호프만이 친구의 아이들에게 들려주기 위해 썼고, 등장인물인 마리, 프리츠도 실제 아이들의 이름에서 따왔대요.
　마리는 크리스마스이브에 군인같이 생긴 호두까기 인형을 선물 받고 함께 모험을 떠나는 꿈을 꿉니다. 가족들에게 호두까기 인형과 생쥐 왕과의 전투 등 신기한 사건들을 털어놓지만, 모두 믿지 않아요.
　이 작품은 200년 넘는 세월 동안 끊임없이 재출간되고 영화와 애니메이션으로도 만들어지며 꾸준한 사랑을 받아 왔어요. 원작의 신비로운 느낌을 더해 주는 섬세한 삽화와 함께, 중역본에서 자주 누락되었던 호두까기 인형이

저주에 걸린 사연을 담은 '단단한 호두에 대한 동화'도 들어 있어 또 다른 재미를 엿볼 수 있어요.

낮에는 정의로운 법관으로 일하고, 밤에는 자유롭고 열정적인 예술가로 글 쓰는 일에 몰두하는 이중생활로 유명했던 호프만은 《호두까기 인형》을 통해 자신의 문학관을 그대로 드러냄과 동시에, 극 중 드로셀마이어 대부에 투사한 알쏭달쏭한 매력으로 작품의 재미를 배가시킵니다.

 도서 선정 이유

《호두까기 인형》은 프랑스 혁명 시대의 낭만주의 사조를 이해할 수 있는 중요한 작품 중 하나랍니다. 고전은 축약된 책이 아닌 완역본을 읽는 것이 진짜입니다. 어설프게 내용을 요약하고 쉽게 바꾸어 놓은 책으로는 온전한 고전 읽기 효과를 볼 수 없다고 해요.

작가는 동화적인 즐거움뿐 아니라 용감함과 권선징악이라는 메시지까지 담아냈어요. 어른에게도 동심을 되찾게 해 주는 책이니 부모와 자녀가 함께 즐기기 좋아요.

함께 읽으면 좋은 책

비슷한 주제

○ 꽃들에게 희망을 | 트리나 폴러스 글·그림, 김석희 옮김, 시공주니어, 2017(개정2판)

○ 아낌없이 주는 나무 | 쉘 실버스타인 글·그림, 이재명 옮김, 시공주니어, 2017(개정판)

○ 샬롯의 거미줄 | 엘윈 브룩스 화이트 글, 가스 윌리엄즈 그림, 김화곤 옮김, 시공주니어, 2018(개정2판)

○ 홍길동전: 잘못된 세상을 뒤집는 통쾌한 모험 이야기 | 김진섭 글, 양상용 그림, 고래가숨쉬는도서관, 2016(개정판)

○ 갈매기의 꿈 | 리처드 바크 글, 공경희 옮김, 현문미디어, 2015(개정증보판)

○ 백조의 호수 | 차이콥스키 원작, 샤를르트 가스토 글, 최정수 옮김, 보림, 2014

문해력을 키우는 엄마의 질문

1. 고전의 특성 탐색하기

이 책은 약 200년 전인 1816년에 독일 작가 E. T. A. 호프만이 지었어요. 호프만은 이야기 속의 드로셀마이어 아저씨처럼 실제 이웃의 어린 남매들을 위해 이 책을 만들었답니다. 원제는 《호두까기 인형과 생쥐 왕》이지만, 이 이야기를 바탕으로 한 차이코프스키의 발레극이 유명해져서 《호두까기 인형》이라는 제목으로 더 알려지게 되었어요.

쓰인 지 200년이 넘은 이 책을 요즘 동화와 비교할 때 어떤 차이점과 유사점이 있다고 느꼈나요?

차이점	유사점
시대적 배경과 분위기(파티), 아이들이 노는 방식, 독자에게 말하는 방식 등이 다르다.	판타지라는 형식, 인물의 감정 등은 비슷하다.

이렇게 활용해 보세요

고전인 《호두까기 인형》에 대해 간략하게 설명했어요. 모임을 시작하면서 책에 대한 소개가 좀 더 필요할 때가 꽤 많아요.

오래전에 쓰인 책이다 보니 요즘 출간되는 책들과는 차이가 있을 거예요. 반면에, 여전히 비슷한 점도 있겠고요. 요즘 아이들이 고전을 읽을 기회가 많지는 않을 텐데, 읽은 김에 고전의 특성에 대해 살펴봅니다.

2. 배경과 인물 탐구하기

이 책의 배경과 인물에 대해 생각해 봅시다.

주제	내 생각	그렇게 생각한 이유
마리네 가정환경	부유하다.	집이 넓은 저택이고, 아이들을 위해서 엄청나게 귀한 선물을 많이 한다.
마리의 성격	동정심이 많고 천진난만하다.	다치거나 가난한 사람을 불쌍하게 여기고, 상상력이 풍부하다.

프리츠의 성격	활발하고 거침없다.	전쟁놀이를 좋아하고, 있는 그대로 말한다.
드로셀마이어 대부의 성격	손재주가 좋다. 기발하다. 아이들을 좋아한다.	아이들에게 특이한 선물을 직접 만들어 준다.

> **이렇게 활용해 보세요**
>
> 이야기의 배경과 주요 등장인물에 대해 자세히 뜯어보는 활동이에요. 본문에 단어로 직접 드러나지는 않은 내용이라 판단의 이유까지 제시해 보도록 했어요.
>
> 이 활동을 통해 특징을 묘사하기 위해 적합한 어휘를 떠올려 쓰게 되고, 그러한 기술의 근거를 찾는 연습을 하게 됩니다. 시간을 절약하려면 한 명이 배경이나 인물 하나씩을 맡아 발표하고, 다른 아이들은 친구가 말한 내용을 자신의 생각과 결합하여 표를 정리해도 괜찮아요.

3. 이야기의 형식 탐색하기

'액자식 구성'이란 액자에 해당하는 '외부 이야기'와 그림에 해당하는 '내부 이야기'로 되어 있는 것을 말해요. 이야기 속에 또 다른 이야기가 들어 있는 것이죠. 액자식 구성에서는 보통 내부 이야기가 핵심 내용입니다. 《아라비안 나이트》가 대표적인 액자 소설이에요.

《호두까기 인형》에서는 어떤 부분이 '내부 이야기'인지 설명해 보세요.

단단한 호두에 대한 동화: 고등법원 판사가 마리에게 들려준 생쥐 왕의 이야기

> **이렇게 활용해 보세요**
>
> 소설의 장치 중 하나인 액자식 구성에 대해 소개했어요. 실제로 그런 구성이 쓰인 책을 읽었을 때 효과적으로 이해할 수 있으니까요.

4. 비평하기

이 동화의 특징에 대한 내 생각을 정리해 이야기 나누어 보세요.

- 화자가 독자를 가정하는 표현
  - 예 '이 이야기를 직접 읽고 있거나 듣고 있는 여러분...이 직접 상상해 보길 바란다.'
    '...영리한 독자라면... 눈치 챘을 것이다.'
- 환상과 현실이 왔다 갔다 하는 구조
  - 예 드로셀마이어 대부는 '놀라운 일들'이 일어난 상황(39쪽)에 정말 있었을까?
    생쥐 왕의 왕관들은 마리가 예전에 받은 것일까?
    드로셀마이어 대부의 조카는 정말 호두까기 인형의 저주가 풀린 인물일까?

이렇게 활용해 보세요

이 책이 가진 대표적인 특징 두 가지를 꼽아서 그에 대한 생각을 말해 보게 했어요. 작가나 화자가 책을 읽는 독자를 가정하고 말을 건네는 부분이 많이 나오는데, 일부 고전에 쓰이는 이런 표현이 아이들에게 낯설 수도 있어요. 또한 지금까지 판타지 동화는 많이 읽었다 하더라도 이 책의 판타지는 현실과 자주 엇갈리기 때문에 혼란스러울 수 있고요.

읽으면서 이러한 부분에 대해 생각했던 것을 친구들과 이야기합니다.

5. 줄거리와 느낌으로 감상문 쓰기

원고지에 이 책에 대한 독서 감상문을 써 봅시다.
- 줄거리 한 문단(다섯 문장 내외로 요약해 보세요.)
- 내 생각 한 문단(위에서 활동한 내용을 바탕으로 정리해 보세요.)

이렇게 활용해 보세요

어린 시절에 전형적인 독후감을 어떻게 썼었는지 기억나시죠? 그 책의 줄거리도 요약해 써야 하지만, 선생님은 늘 자기가 느낀 점을 많이 쓰라고 강조하셨죠.

오늘은 아예 줄거리와 느낀 점을 각각 한 문단씩으로 하는 감상문을 써 보기로 하고, 조건도 달아요. 줄거리는 다섯 문장 이내로(초등학생에게는 세부적인 내용을 빼고 일반적인 표현으로 짧게 요약하는 게 더 어렵답니다), 느낀 점은 오늘 활동한 내용에서 힌트를 얻어 쓰라고요.

요즘은 인터넷상에서 볼 수 있는 남의 독서 감상문을 베끼는 것도 흔해졌어요. 심지어 질문을 올려 책의 내용을 요약해 달라고, 교훈이 무엇이냐고 묻는 초등학생도 있더라고요. 자신의 힘으로 요약하고, 자신이 느낀 감상을 잘 표현할 수 있어야 한다고 강조해 주세요.

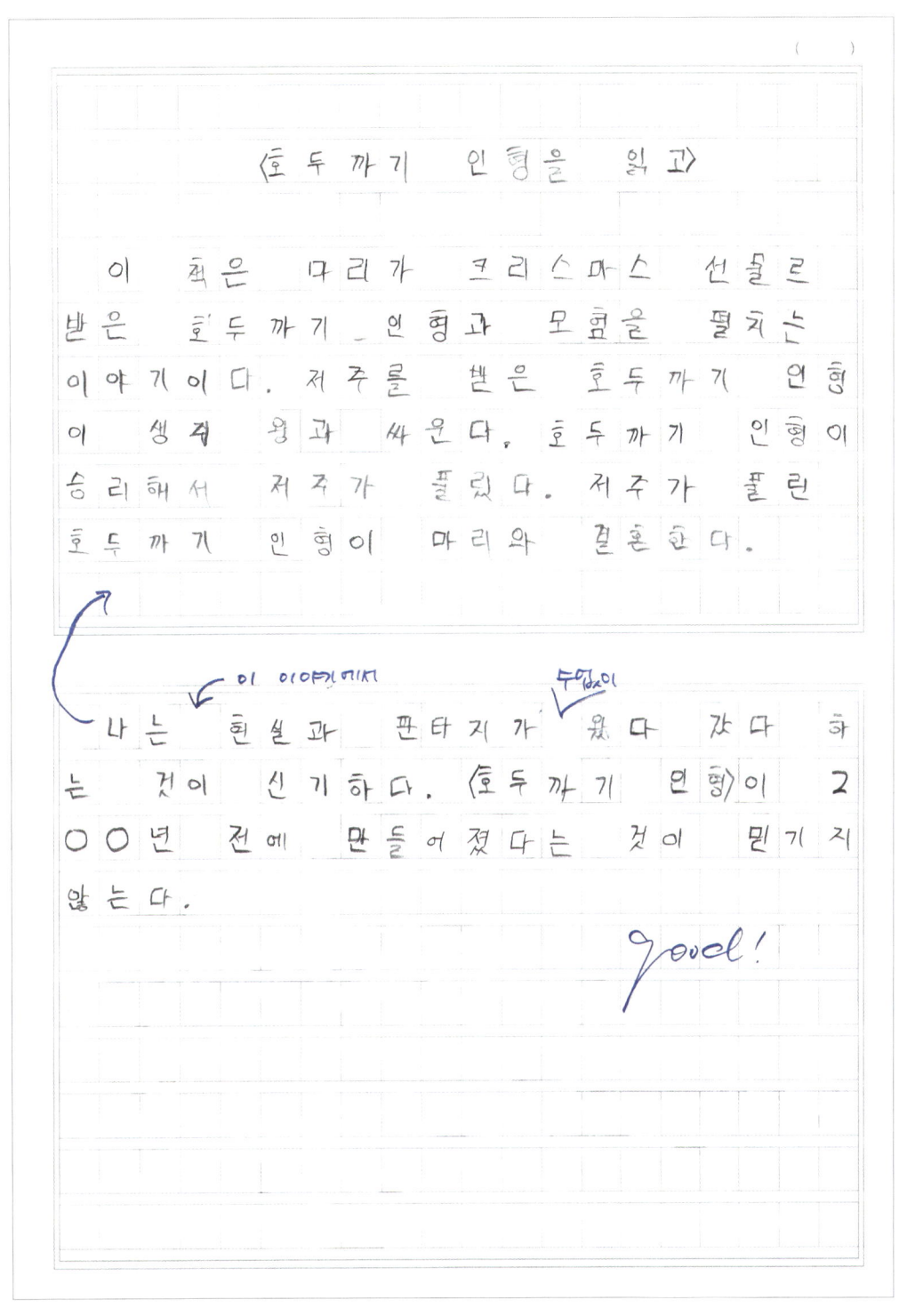

1. 고전의 특성 탐색하기

이 책은 약 200년 전인 1816년에 독일 작가 E. T. A. 호프만이 지었어요. 호프만은 이야기 속의 드로셀마이어 아저씨처럼 실제 이웃의 어린 남매들을 위해 이 책을 만들었답니다. 원제는 《호두까기 인형과 생쥐 왕》이지만, 이 이야기를 바탕으로 한 차이코프스키의 발레극이 유명해져서 《호두까기 인형》이라는 제목으로 더 알려지게 되었어요.

쓰인 지 200년이 넘은 이 책을 요즘 동화와 비교할 때 어떤 차이점과 유사점이 있다고 느꼈나요?

차이점	유사점

2. 배경과 인물 탐구하기

이 책의 배경과 인물에 대해 생각해 봅시다.

주제	내 생각	그렇게 생각한 이유
마리네 가정환경		
마리의 성격		
프리츠의 성격		
드로셀마이어 대부의 성격		

3. 이야기의 형식 탐색하기

'액자식 구성'이란 액자에 해당하는 '외부 이야기'와 그림에 해당하는 '내부 이야기'로 되어 있는 것을 말해요. 이야기 속에 또 다른 이야기가 들어 있는 것이죠. 액자식 구성에서는 보통 내부 이야기가 핵심 내용입니다. 《아라비안 나이트》가 대표적인 액자 소설이에요.
《호두까기 인형》에서는 어떤 부분이 '내부 이야기'인지 설명해 보세요.

4. 비평하기

이 동화의 특징에 대한 내 생각을 정리해 이야기 나누어 보세요.

- 화자가 독자를 가정하는 표현
  - 예 '이 이야기를 직접 읽고 있거나 듣고 있는 여러분... 이 직접 상상해 보길 바란다.'
    '...영리한 독자라면... 눈치 챘을 것이다.'

- 환상과 현실이 왔다 갔다 하는 구조
  - 예 드로셀마이어 대부는 '놀라운 일들'이 일어난 상황(39쪽)에 정말 있었을까?
    생쥐 왕의 왕관들은 마리가 예전에 받은 것일까?
    드로셀마이어 대부의 조카는 정말 호두까기 인형의 저주가 풀린 인물일까?

5. 줄거리와 느낌으로 감상문 쓰기

원고지에 이 책에 대한 독서 감상문을 써 봅시다.

- 줄거리 한 문단(다섯 문장 내외로 요약해 보세요.)
- 내 생각 한 문단(위에서 활동한 내용을 바탕으로 정리해 보세요.)

물고기 선생 정약전

#정약전 #자산어보 #조선 #우애
#바다생물 #유배생활
#지도층 의무(노블레스 오블리주)

글 김일옥
그림 김병하
출간 2016년
펴낸 곳 개암나무
갈래 비문학(역사, 인물)

이 책을 소개합니다

　조선 시대 실학자 정약전이 《자산어보》를 짓는 과정을 작가의 상상력을 더해 펼쳐 낸 역사 동화입니다. 정약전은 천주교를 믿었다는 죄목으로 하루아침에 명문가의 자손이자 대학자에서 죄인의 신세가 되어 낯선 흑산도에 유배됩니다. 그와 마찬가지로 유배지에 있는 동생 정약용과 주고받는 편지에서 형제간의 우애를 느낄 수 있어요. 그는 섬사람들과 스스럼없이 어울리며 그들을 위해 실용적인 책을 쓰게 됩니다. 바다 생물 200여 종의 생김새와 이름뿐 아니라 서식 장소나 쓰임새까지 상세하게 기록한 《자산어보》로, 우리나라의 해양 문화사와 과학사에서 귀중한 사료로 평가받고 있어요.

　뒷이야기를 보면 《자산어보》의 가치를 모르는 마을 사람들이 책을 뜯어 벽지로 썼던 것을 동생 정약용이 알고 제자 이청에게 필사를 부탁해 비로소 세상에 알려지게 되었답니다. 이 책의 부록에서는 정약전과 그가 쓴 《자산어보》를 소개하고, 여기 수록된 바다 생물 일부를 세밀화로 곁들여 소개합니다. 이를 통해 《자산어보》의 원문도 생생하게 접하고, 당시 사람들이 바다 생물을 어떻게 활용했는지도 알아볼 수 있어요.

 도서 선정 이유

정약용에 비해 그의 형 정약전은 잘 모르기 쉽지요. 역사 동화를 읽으면 역사와 과거의 인물을 보다 생생하게 접할 수 있어요. 따분하게 연도만 외우는 게 아니라 흥미진진한 사람 이야기가 담겨 있기 때문이지요. 신분 고하에 얽매이지 않고 서로를 존중하는 정약전과 마을 사람들의 관계를 통해 정약전의 인품과 노블레스 오블리주 정신을 찾아볼 수 있어요.

함께 읽으면 좋은 책

비슷한 주제

○ 홍어 장수 문순득 표류기 | 이퐁 글, 김윤정 그림, 최성환 감수, 책속물고기, 2018
○ 자산어보: 조선의 바다를 품은 해양 생물 백과사전 | 정약전 원작, 손주현 글, 김주리 그림, 파란자전거, 2018
○ 정약전과 정약용 | 홍기운 글, 정주현 그림, 머스트비, 2014
○ 형제, 유배지에서 꿈을 쓰다 | 우현옥 글, 김세현 그림, 전국초등사회교과모임 감수, 토토북, 2019
○ 경주 최 부잣집은 어떻게 베풀었을까? | 황혜진 글, 여현빈 그림, 보물창고, 2015

같은 작가

○ 전염병을 잡아라! | 김일옥 글, 지수 그림, 그레출판사, 2021
○ 거짓말 삽니다 | 김일옥 글, 토리 그림, 스푼북, 2020
○ 할머니의 남자 친구 | 김일옥 글, 네버엔딩스토리, 2010
○ 궁금쟁이 김 선비 옛 동물 그림에 쏙 빠졌네! | 김일옥 글, 백명식 그림, 개암나무, 2014
○ 칠칠단의 비밀 | 방정환 글, 김병하 그림, 사계절, 2016(개정판)
○ 고라니 텃밭 | 김병하 글·그림, 사계절, 2013

 **문해력을 키우는 엄마의 질문**

1. 인물의 특징 탐색하기

이 책의 주인공 정약전은 어떤 사람이었나요? 인물의 특징을 간추려 봅시다. 이 중에서 내가 가장 본받고 싶은 점은 무엇인가요?

겸손함, 신념이 강함, 공부/탐구/책을 좋아함, 친절함, 사회성이 좋음, 신분이 낮은 사람과도 잘 지냄, 형제간에 우애가 깊음

> **이렇게 활용해 보세요**

 인물에 대한 책을 읽었으니 그 사람의 특징이 머리에 남았을 거예요. 돌아가며 하나씩 말해 봅니다. 더 이상 나오지 않을 때까지요.

그리고 각자의 입장에서 가장 인상적이고 본받고 싶은 점을 골라 말해 보게 하세요. 아이마다 달라서 재미있어요.

2. 인물에게 공감하기

- 정약전의 형제들은 왜 죽거나 유배를 가게 되었나요?

  종교적 이유 - 나라에서 금지하는 천주교를 믿었기 때문에

- 그러한 고초를 겪은 이들에 대해 어떤 생각이 드나요?

  새로 들어온 종교를 믿게 된 것인데, 믿음이 대단히 강하다고 생각한다. 종교적 이유로 탄압을 하고 목숨까지 빼앗는 것은 너무하다. 안타까운 생각이 들었다.

- 당시에 외딴 섬에서 유배 생활을 했던 양반들의 삶은 어떠했을까요? 상상해 보세요.

  책만 읽고 정치를 하던 선비들이라 처음 경험하는 어려운 생활에 적응이 어렵고 희망이 없었을 것 같다. 요즘과는 비교도 안 되게 기본적인 의식주가 불편했을 것이다. 요즘보다 태풍 같은 자연재해가 더 무서웠을 것이다. 하인이나 이웃이 도와주지 않는다면 먹을 것도 구하기 힘들었을 것 같다.

- 만약에 내가 어쩔 수 없이 외딴 곳에서 유배 생활을 하게 된다면 어떻게 하루를 보내고, 어떤 일을 할 것 같나요? 귀양을 가면 나쁜 일만 생길까요?

  나라면 나무를 베서 집을 만들고 새, 물고기 등을 잡아 화로에 구워 먹을 것이다. 시간이 날 때마다 집을 보수해서 점점 더 따뜻하고 아늑하게 만들 수 있을 것 같다. 가능한 한 이웃들과 친해져서 도움도 받을 것이다. 체력이 중요하니 몸을 움직여 일을 하고 운동도 꾸준히 할 것이다.

> **이렇게 활용해 보세요**
>
> 이야기 중에 주인공 정약전뿐 아니라 다른 형제(정약용)의 귀양 이야기도 나옵니다. 이를 통해 당시의 시대적 상황을 이해할 수 있었을 거예요. 책 속 인물들의 심정도 이해하고 공감하기 위해 주어진 질문들에 차례로 답해 봅니다.

3. 정보 간추리기

정약전이 섬마을 사람들과 창대의 도움으로 완성한 《자산어보》는 어떤 책인지 간추려 보세요. 이 책을 읽지 않은 친구에게 말해 준다고 생각하며 설명하면 됩니다.

정약전이 흑산도에서 유배 생활을 할 때 바다 생물의 생김새와 특징을 묘사하여 정리한 책이야. 우리나라 최초의 해양 생물 백과사전이라고 볼 수 있어. 사람들에게 정보를 주기 위해서 쓴 거야.

> **이렇게 활용해 보세요**
>
> 이 책에 나오는 중요한 책이 바로 《자산어보》입니다. 어떤 책이냐고 대뜸 물으면 바로 말할 수 있을까요? 다른 사람에게 설명할 수 있으면 제대로 아는 것이라고 볼 수 있지요. 친구에게 설명하듯이 쉽게 말하면서도 중요한 핵심이 포함되고, 온전한 문장으로 완성될 수 있게 도와주세요.

4. 참고 자료 읽고 글쓰기

노블레스 오블리주(noblesse oblige)란, '사회 고위층 인사에게 요구되는 높은 수준의 도덕적 의무'를 뜻해요. 다음 글을 읽고, 아래의 질문들에 대해 생각해 본 뒤 〈정약전과 노블레스 오블리주〉라는 제목의 글을 원고지에 써보세요.

- 우리 사회에서 이런 경우를 본 적이 있나요?
- 학식이 높거나 재산이 많거나 높은 지위에 있는 이가 헌신적으로 봉사하고 남을 위해 베풀어야 하는 이유는 무엇일까요?

- 정약전이 살던 시대에 높은 지위의 양반들은 중인, 상민들을 어떻게 대했을까요?

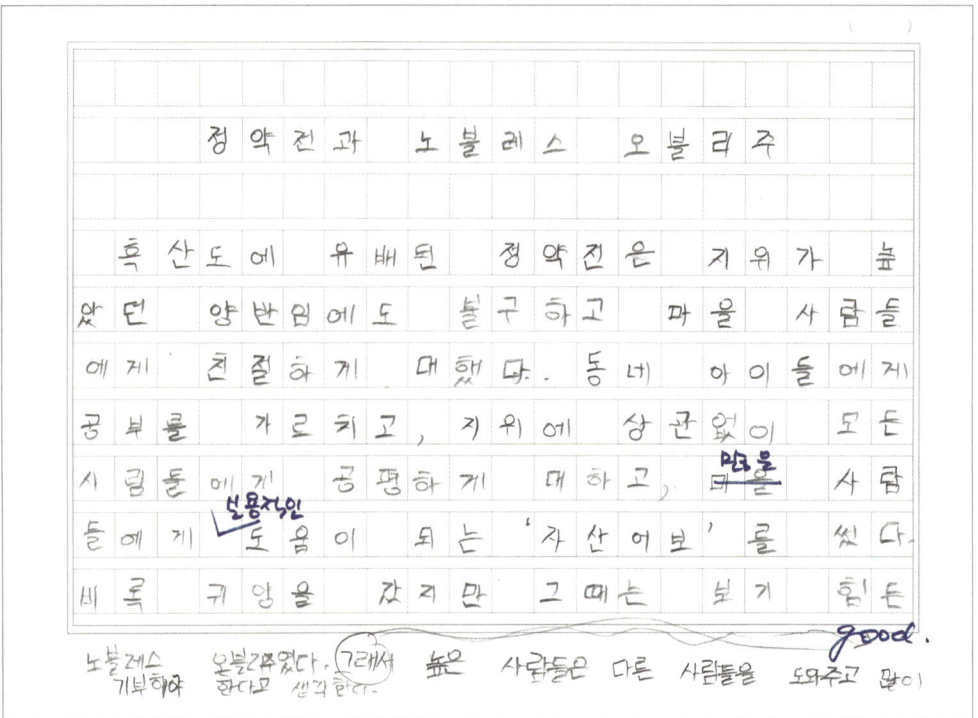

이렇게 활용해 보세요

저도 아이들 덕분에 이 책을 읽고 정약전이라는 인물에 대해 알게 되었어요. 어린이용 정보책이 어른에게도 얼마나 큰 도움이 되는지 몰라요. 읽으면서 노블레스 오블리주가 떠올랐습니다. 낙도로 귀양 간 처지에서도 다른 이들을 생각하고, 늘 베풀려 했다는 것이 인상 깊었습니다.

어려운 개념이라 이해를 돕기 위해 참고 자료를 준비했어요. 노블레스 오블리주의 정의, 유래, 현대적 예시에 대해 읽어 보게 됩니다. 시간이 넉넉하다면 각 문단의 요점이나 구체적인 정보에 대해 질문을 해서 이해를 도울 수 있어요. 문단별로 중심 문장과 뒷받침 문장들에 대해서 짚어 주면 읽기가 쉬워져요.

그리고 준비된 질문으로 돌아와 곰곰이 생각해 보고 정약전의 이야기와 연결하여 글을 완성하도록 합니다. 이야기의 내용에서 거리가 있는 일반화된 문장을 쓰기 어려워할 거예요. 결론이나 중심 문장은 꼭 써 보도록 지도해 주세요.

1. 인물의 특징 탐색하기

이 책의 주인공 정약전은 어떤 사람이었나요? 인물의 특징을 간추려 봅시다. 이 중에서 내가 가장 본받고 싶은 점은 무엇인가요?

2. 인물에게 공감하기

정약전의 형제들은 왜 죽거나, 유배를 가게 되었나요?

그러한 고초를 겪은 이들에 대해 어떤 생각이 드나요?

당시에 외딴 섬에서 유배 생활을 했던 양반들의 삶은 어떠했을까요? 상상해 보세요.

만약에 내가 어쩔 수 없이 외딴 곳에서 유배 생활을 하게 된다면 어떻게 하루를 보내고, 어떤 일을 할 것 같나요? 귀양을 가면 나쁜 일만 생길까요?

3. 정보 간추리기

정약전이 섬마을 사람들과 창대의 도움으로 완성한 《자산어보》는 어떤 책인지 간추려 보세요. 이 책을 읽지 않은 친구에게 말해 준다고 생각하며 설명하면 됩니다.

4. 참고자료 읽고 글쓰기

노블레스 오블리주(noblesse oblige)란 '사회 고위층 인사에게 요구되는 높은 수준의 도덕적 의무'를 뜻해요. 다음 글을 읽고, 아래의 질문들에 대해 생각해 본 뒤 〈정약전과 노블레스 오블리주〉라는 제목의 글을 원고지에 써 보세요.

- 우리 사회에서 이런 경우를 본 적이 있나요?
- 학식이 높거나, 재산이 많거나, 높은 지위에 있는 이가 헌신적으로 봉사하고 남을 위해 베풀어야 하는 이유는 무엇일까요?
- 정약전이 살던 시대에 높은 지위의 양반들은 중인, 상민들을 어떻게 대했을까요?

노블레스 오블리주

노블레스 오블리주(Noblesse oblige)는 '귀족은 귀족답게 행동해야 한다'는 프랑스의 격언이에요. 노블레스(Noblesse)는 '명예'라는 뜻이고, 오블리주(oblige)는 '의무'라는 뜻으로 노블레스 오블리주란 사회적으로 높은 명예에 걸맞은 도덕적 의무를 의미한답니다.

노블레스 오블리주의 기원은 고대 로마 시대까지 거슬러 올라가요. 초기 로마 시대에는 왕과 귀족들이 자발적으로 재산을 국가에 바쳤을 뿐 아니라 전쟁이 일어나면 앞장서서 전쟁터로 달려 나갔지요. 이처럼 국가가 위험에 처했을 때마다 먼저 발 벗고 나서는 로마 귀족들의 솔선수범이 바로 노블레스 오블리주 정신이에요. 로마 귀족들의 노블레스 오블리주는 로마 시민들의 귀감이 되었고, 결과적으로 로마 사회의 결속력을 강화시켰지요.

로마와 카르타고 사이에서 포에니 전쟁이 일어났을 때, 로마 집정관만 13명이 전사했다고 해요. 이와 같은 왕과 귀족층의 노블레스 오블리주 정신 덕분에 로마는 세계적인 대제국으로 발돋움할 수 있었답니다. 노블레스 오블리주는 로마 시대부터 오늘날까지 이어져 내려오며, 동서양을 막론하고 사회 고위층이 가져야 하는 도덕적 책임 정신으로 중요하게 여겨져요.

※ 출처: 서지원 외 4인(2018), 《세상을 바꾼 착한 부자들》, 상상의집, pp. 32~33.

안녕, 베트남

#전쟁 #평화 #시간여행 #화해 #사과

글 심진규
그림 고정순
출간 2018년
펴낸 곳 양철북
갈래 한국문학(판타지 역사 동화)

 이 책을 소개합니다

　베트남전쟁과 한국군의 이야기를 다룬 판타지 역사 동화예요. 열두 살 도현이는 뜬금없이 해외 여행을 보내 달라고 떼를 쓰는 철부지 할아버지 덕분에 베트남 휴양지 다낭으로 여행을 떠나게 됩니다. 그곳에서 뜻밖의 시간 여행을 통해 도현이는 50년 전 베트남전쟁이 벌어지는 밀림 한가운데로 떨어져요. 한국군에게 가족을 잃은 베트남 소년 티엔과 함께 도망을 치다가 만난 친절한 한국 군인이 바로 젊은 시절 할아버지였고요.

　초등학교 교사인 저자는 아무리 아프고 부끄러운 역사라도 우리 아이들이 제대로 알고 기억할 때 진정한 평화로 나아갈 수 있다고 믿는답니다. 주제 의식이 분명하고 쉽게 읽히는 책입니다.

📖 도서 선정 이유

우리 아이들이 배우는 역사에서 비중 있게 다뤄지지 않는 베트남전쟁에 대한 책이라 읽어 볼 만합니다. 교과서보다는 역사 동화에 사람의 이야기가 담겨 있어 감동을 주지요. 참전했던 한국군과 전쟁으로 가족을 잃은 베트남 소년이 50년이 지나 뒤늦게나마 용서와 화해를 펼치는 과정이 뭉클합니다. 근현대사에서 어떠한 비극이 벌어졌고, 그것이 평범한 우리의 삶과 어떻게 이어지는지를 우리 모두 알아야 할 필요가 있어요.

할아버지의 실천을 통해 전쟁과 평화의 의미, 진정한 사과에 대해 생각해 볼 수 있어요. 독서 전후에 배경지식을 더 얻는 시간이 필요해요. 가해자와 피해자가 완벽히 분리되지 않는 전쟁의 양면성과 폭력성에 대해 생각해 보면 좋겠어요.

📖 함께 읽으면 좋은 책

비슷한 주제

○ 꽃할머니 | 권윤덕 글·그림, 사계절, 2010

○ 용서할 수 있을까 | 문경민 글, 정은규 그림, 주니어김영사, 2020

○ 할아버지의 반쪽 미소 | 마이클 모퍼고 글, 제마 오캘러핸 그림, 공경희 옮김, 미래아이, 2018

○ 어머니의 자장가 | 강이경 글, 여찬호 그림, 한마당, 2019

○ 크리스마스 휴전 | 존 패트릭 루이스 글, 게리 켈리 그림, 서애경 옮김, 사계절, 2012

○ 여섯 사람 | 데이비드 맥키 글·그림, 김중철 옮김, 비룡소, 1997

○ 할아버지의 뒤주 | 이준호 글, 백남원 그림, 사계절, 2007

○ 재미있는 전쟁 이야기 | 양오석·송영심 글, 조봉현·권성호 그림, 서울대학교 뿌리 깊은 역사 나무 감수, 가나출판사, 2014

같은 작가

○ 강을 건너는 아이 | 심진규 글, 장선환 그림, 천개의바람, 2020

○ 조직의 쓴맛 | 심진규 글, 배선영 그림, 현북스, 2017

○ 아빠는 캠핑 중 | 심진규 글, 배선영 그림, 연지출판사, 2017

○ 철사 코끼리 | 고정순 글·그림, 만만한책방, 2018

○ 나는 귀신 | 고정순 글·그림, 불광출판사, 2020

○ 가드를 올리고 | 고정순 글·그림, 만만한책방, 2017

문해력을 키우는 엄마의 질문

1. 역사적 배경 알아보기

베트남전쟁에 대한 추가 자료를 읽어 봅시다. 중요하다고 생각되는 부분에 형광펜으로 표시하세요.

> 이렇게 활용해 보세요

이야기와 관련된 배경 지식을 얻기 위해 참고 자료를 읽는 활동이에요. 읽기만 하는 것은 독후 활동으로 별 의미가 없다고 여길 수 있지만, 그렇지 않아요. 읽은 책의 내용을 더 잘 소화하는 데 도움이 되고, 읽기 자체도 (내용이 아동에게 해로운 것만 아니라면) 무조건 이로운 행동입니다. 처음 접하는 어려운 단어가 등장해도 자신이 아는 단어와 모르는 단어를 인식해 가며 유창하게 읽는 것은 초등학생이 많이 연습해야 할 활동이에요. 모르는 단어마다 멈출 필요는 없어요. 이번 기회에 알아 두면 좋을 단어들은 같이 찾아서 기억하면 좋고요.

문단마다 중심 문장처럼 중요한 내용에만 강조 표시를 할 수 있게 알려 주세요. 저는 이 자료 외에도 인터넷 자료들을 검색, 편집하여 몇 쪽 더 제공했어요. 좀 더 넓은 범위의 내용을 알 수 있었고, 초점에 따라 정보가 서로 다른 경우도 있어 아이들이 흥미로워했답니다(예: 미국에 초점을 둔 정도에 따라 전쟁 시작 시점이나 주체를 다르게 제시함).

2. 배경지식 활용하기

베트남전쟁과 한국전쟁 간의 공통점과 차이점은 무엇인가요?

공통점	차이점
나라가 남이랑 북으로 나뉘어 싸웠다. 사회주의와 자유민주주의 간의 대립이었다. 다른 나라들도 개입했다. 많은 사람들이 죽거나 다쳤다.	베트남전이 더 오랫동안 지속되었다(15년~3년). 베트남은 사회주의 국가로 통일이 되었지만, 한국은 남북으로 갈려 휴전을 했다.

4학년을 위한 책동아리 활동 385

> **이렇게 활용해 보세요**

 위에서 추가 자료를 읽고 배경지식을 더 갖게 되었으니 이미 알고 있는 사실과 관련지어 비교, 대조를 할 수 있어요. 이 책의 내용과 직결된 베트남전쟁을 우리나라가 겪은 6·25 한국전쟁과 비교한다면 어떤 공통점과 차이점이 있을까요?

책동아리 POINT

친구들의 의견도 듣고 종합적으로 정리하면 좋습니다.

3. 동화 평론하기

이 책에서 좋았던 부분과 아쉬운 부분을 떠올려 보세요. 다음 항목들에 대해서 뭐라고 비평할 수 있을까요? 평론가가 되어 나만의 생각을 표현해 보세요.

- 장르적 특성

  판타지 동화이지만 판타지적인 성격이 그리 마음에 들지 않는다. 판타지의 장치가 그럴듯하지 않아서 재미가 좀 없다. 도현이가 티엔을 만나기 전에 환영을 계속 보는 게 유치했다.

- 인물 구성

  가족들의 구성이 실제적이어서 좋았다. 하지만 그들 간의 대화는 별로 실제 같지 않았다.

- 문장과 문체

  간결해서 읽기 편하고 이해가 잘되었다.

- 스토리 전개

  2차 세계로 가는 문이 황당하고 재미없었지만, 전체적인 전개 자체는 재미있었다. 주인공이 전쟁 상황을 경험하고 위험에 처한 사람들을 만나는 장면이 흥미로웠다.

> **이렇게 활용해 보세요**

어린이 독자들의 비평 능력을 무시하면 안 된답니다. 아이들이 책 한 권을 오롯이 읽고 모여 뭐라고 평할지 매번 두근두근해요. 가끔은 가볍게 다섯 개 만점의 별점으로 나타내도록 하거나 때로는 이렇게 구체적인 질문을 하여 평가하게 할 수 있어요. 이 내용이 모이면 간단한 서평이 될 수 있으니 글쓰기로 발전시켜도 좋겠지요.

4. 책의 주제 파악하기

이 책의 주제는 무엇일까요?

> (한국에 의한?) 민간인 학살 등 베트남전쟁의 숨겨진 피해를 알리고, 생명을 해치는 전쟁이 다시는 일어나지 않아야 한다는 것을 말하는 책이다.

> **이렇게 활용해 보세요**

전쟁이라는 묵직한 내용을 다룬 책이어서 그 주제를 파악해 보고자 했어요. 처음부터 한 문장으로 깔끔하게 뽑아내기는 쉽지 않으니 같이 이야기를 충분히 나누며 발전시켜 봅니다.

1. 역사적 배경 알아보기

베트남전쟁에 대한 추가 자료를 읽어 봅시다. 중요하다고 생각되는 부분에 형광펜으로 표시하세요.

베트남전쟁

베트남은 어떤 나라인가요?

베트남은 인도차이나 반도 동해안에 있는 나라예요. 베트남은 1883년부터 프랑스의 식민지가 되었고, 2차 세계대전 때에는 일본이 지배했어요. 또 1946년부터는 다시 프랑스의 식민지가 되었어요.

베트남전쟁은 왜 일어났을까요?

1964년, 미국은 베트남 군함이 미국 군함을 먼저 공격한 통킹 만 사건을 구실로 북베트남을 폭격했어요. 베트콩(베트남민족해방전선 NLF: Vietnamese National Liberation Front)도 가만있지 않았어요. 베트콩은 정글에 숨어 미군을 괴롭혔어요. 베트남전쟁은 미국과 베트남만의 전쟁이 아니라 북베트남의 옆 나라인 라오스와 캄보디아까지 확대되었어요. 미국의 도움 요청에 유럽의 여러 나라는 거절했어요. 미국은 우리나라에도 군대를 보내라고 요청했어요. 그때 우리나라도 미국의 요구로 베트남전쟁에 참가했어요. 그 몫으로 경제 지원을 받았지요.

미국은 우리나라의 도움을 받았지만 베트콩한테 밀렸고, 북베트남 군대와 베트콩은 1968년 1월 30일에 남베트남의 서른여섯 개 도시를 공격할 만큼 강해졌어요. 상황이 어려워진 미군은 점점 힘을 잃었어요. 미국의 새 대통령이 된 닉슨은 1969년 5월에 남베트남에서 미군을 철수시켰어요. 그 뒤 1973년 1월 프랑스 파리에서 미국, 남베트남, 북베트남의 대표가 모여 평화회담을 열고 정전 협정을 맺었어요. 그러나 그것도 잠시였어요. 회담은 깨졌고 다시 전투를 시작했는데 1975년 4월에 남베트남이 북베트남한테 항복하면서 길었던 베트남전쟁은 드디어 끝이 났어요.

고엽제 후유증은 뭘까요?

고엽제는 식물의 줄기와 잎을 말려 죽이는 제초제예요. 고엽제에는 사람한테 해로운 다이옥신이라는 성분이 들어 있어요. 미군은 베트콩의 정글에 고엽제를 뿌려 나뭇잎을 말려 죽였어요. 베트남 전쟁에서 고엽제를 맞은 많은 사람들이 아직도 두통과 피부병, 암 같은 후유증으로 힘들어하고 있어요. 베트남 전쟁에 참가한 우리나라 군인들 가운데에서도 고엽제 후유증을 앓는 사람들이 많아요.

※ 출처: 서인영(2008), 《천사와 악마가 말하는 세상을 발칵 뒤집은 전쟁》, 한솔수북, pp. 42~43.

2. 배경지식 활용하기

베트남전쟁과 한국전쟁 간의 공통점과 차이점은 무엇인가요?

공통점	차이점

3. 동화 평론하기

이 책에서 좋았던 부분과 아쉬운 부분을 떠올려 보세요. 다음 항목들에 대해서 뭐라고 비평할 수 있을까요? 평론가가 되어 나만의 생각을 표현해 보세요.

장르적 특성

인물 구성

WORK SHEET

문장과 문체

스토리 전개

4. 책의 주제 파악하기

이 책의 주제는 무엇일까요?

저작권 사용 안내

| 표지 이미지

이 책에 사용된 표지 이미지의 저작권은 모두 해당 책의 저작자와 출판사에 있으며,
저작권자의 허락을 받아 수록했습니다.
단, 일부 도서는 절판, 한국어 판권 계약 만료 등으로 인하여
미처 원 저작자의 양해를 구하지 못하고 수록한 경우가 있습니다.
해당 저작물의 저작권 소유주께서는 ㈜이퍼블릭 단행본팀 앞으로 연락 주시면 감사하겠습니다.

| 기사

250쪽 연합뉴스 한국당, 〈'서민품으로 유턴'…골목상권 보호책 발표〉
https://www.yna.co.kr/view/AKR20170216046400001?input=1195m

323쪽 연합뉴스 〈팬데믹으로 동전 사용도 줄었다…영국 조폐기관 "20% 감소 전망"〉
https://www.yna.co.kr/view/AKR20210216076200009?input=1195m

366쪽 연합뉴스 〈중고생 4명 중 1명 우울감 경험…사망원인 1위는 9년째 '자살'〉
https://www.yna.co.kr/view/AKR20210525082000002?input=1195m

314쪽 제민일보 〈레드퀸 효과와 선행학습〉
http://www.jemin.com/news/articleView.html?idxno=291463

322쪽 어린이조선일보 〈100원짜리 19년 만에 감소〉
http://kid.chosun.com/site/data/html_dir/2017/08/15/2017081501077.html

322~323쪽 어린이조선일보 〈500원에 숨겨진 경제의 비밀?〉
http://kid.chosun.com/site/data/html_dir/2012/02/01/2012020102129.html

| 읽기 자료 참고 문헌 및 참고 사이트

114쪽 시점과 화자
남상욱·최설희(2013), 《개념어휘 한번 알면 평생 국어왕》, 상상의집, pp. 135~136.
김정(2020), 《알콩달콩 초등 국어 개념 사전》, 미래와경영, pp. 71~74.

155, 158쪽 〈어린이 노래〉 가사
강소천 작가 홈페이지 www.kangsochun.com

167쪽 어린이 독후감
제12회 YES24 어린이독후감대회(소년한국일보 공동 주관), 최우수상, 배윤서(서울 대치초등학교 4학년)

356쪽 대공황
네이버캐스트 경제학 주요개념 김철환(아주대 경제학과 명예교수)

382쪽 노블레스 오블리주
서지원 외 4인(2018), 《세상을 바꾼 착한 부자들》, 상상의집, pp. 32~33.

388쪽 베트남전쟁
서인영(2008), 《천사와 악마가 말하는 세상을 발칵 뒤집은 전쟁》, 한솔수북, pp. 42~43.

표지 이미지 및 서지 정보 사용을 허락해 주신 출판사 관계자분들과
기사 사용을 허락해 주신 기자님과 관계자분들,
참고 문헌 자료 수록을 허락해 주신 관계자분들께 감사의 말씀을 드립니다.

초등 문해력을 키우는
엄마의 비밀 `2단계 | 중학년 추천`

초판 1쇄 발행일 2022년 3월 15일
초판 7쇄 발행일 2024년 11월 20일

지은이 최나야 정수정
펴낸이 유성권

편집장 윤경선
편집   김효선 조아윤   홍보   윤소담 박채원   디자인 프롬디자인(표지) 박정실(내지)
마케팅 김선우 강성 최성환 박혜민 심예찬 김현지
제작   장재균   물류   김성훈 강동훈

펴낸곳   ㈜이퍼블릭
출판등록 1970년 7월 28일, 제1-170호
주소   서울시 양천구 목동서로 211 범문빌딩 (07995)
대표전화 02-2653-5131 | 팩스 02-2653-2455
메일   loginbook@epublic.co.kr
포스트   post.naver.com/epubliclogin
홈페이지 www.loginbook.com
인스타그램 @book_login

- 이 책은 저작권법으로 보호받는 저작물이므로 무단 전재와 복제를 금지하며,
  이 책 내용의 전부 또는 일부를 이용하려면 반드시 저작권자와 ㈜이퍼블릭의 서면 동의를 받아야 합니다.
- 잘못된 책은 구입처에서 교환해 드립니다.
- 책값과 ISBN은 뒤표지에 있습니다.

로그인은 ㈜이퍼블릭의 어학·자녀교육·실용 브랜드입니다.